ABITUR TRAINING

Frank-Michael Bülow

Englische Literaturgeschichte

Grund- und Leistungskurs

STARK

ISBN: 3-89449-171-X

2. Auflage 1993

Inhalt

(Fortsetzung nächste Seite)

Autor: Frank-Michael Bülow, M. A.

I. Die Zeit vor der normannischen Eroberung (bis 1066)

ab 449	Besetzung Englands durch Angeln, Sachsen, Jüten	um 700	*Beowulf* (Heldenepos)
597	Christianisierung Englands unter Papst Gregor I. (durch St. Augustin — Erzbischof v. Canterbury)	um 700	Caedmon, Cynewulf: Geistlichenepik
871-901	Alfred der Große von Wessex	ab 880	König Alfred *Anglo-Saxon-Chronicles*
		um 1000	Aelfric, Wulfstan: Predigten

Die englische Literatur wird oft so dargestellt, als würde sie erst mit Chaucer beginnen. Der Grund dafür liegt in der Tatsache, daß der moderne Leser Chaucers Werk, wenn auch mit Mühe, noch lesen und verstehen kann, die Werke vor Chaucer jedoch ohne gute Kenntnisse des Altenglischen unverständlich sind.
Der größte Teil der Dichtung in der frühen angelsächsischen Zeit steht in engem Zusammenhang mit den zwei geschichtlichen Ereignissen dieser Zeit — dem Eindringen der Jüten, Sachsen und Angeln nach England (ab 449) einerseits sowie ihrer Missionierung durch Augustinus (597) andererseits. Die Literatur dieser Zeit ist in vier Handschriften überliefert *(Beowulf*-Manuskript, British Museum; das *Exeter Book,* Exeter Cathedral; das *Junius*-Manuskript, Bodleian Library Oxford; *das Vercelli Book*, Vercelli Italien).

1. Beowulf

Das bedeutendste Werk der Angelsächsischen Zeit ist das Epos *Beowulf* (um 700). Den Stoff zu diesem Epos brachten die Angeln im 6. Jahrhundert mit nach England, aus dem dann um 700 das Epos von einem geistlichen Verfasser gedichtet wurde.
Sowohl Held wie auch Schauplatz des Epos haben nichts mit England zu tun, es handelt nicht einmal von Angeln, sondern von den Skandinaviern:

> Das Epos erzählt von dem Ungeheuer Grendel, das allnächtlich den Dänenkönig Hrothgar in seiner Königshalle Heorot heimsucht. Beowulf, ein junger gautischer Held, kommt mit seinen Kriegern dem Dänenkönig zu Hilfe. Er besiegt Grendel und später auch dessen Mutter, ein See-Ungeheuer, in einer Moorsee-Höhle.
> Im zweiten Teil des Epos ist Beowulf König der Gauten, und als bereits alter Mann muß er sein Land gegen einen rachedurstigen, wütenden Drachen verteidigen. Beowulf findet dabei den Tod. Sein Leichnam wird feierlich verbrannt und in einem Hügel, der aufs weite Meer hinausblickt, beigesetzt.

Über die reine Heldengeschichte hinaus zeichnet das Epos ein eindrucksvolles und geschlossenes Bild des damaligen heldischen Lebens und der höfischen Gesellschaft, wobei die heidnischen Vorstellungen der germanischen Vergangenheit mit christlichen Tugenden und dem Glauben an die göttliche Vorhersehung unlösbar vermengt sind.

Wie alle angelsächsischen Lieder ist das Epos in Langzeilen verfaßt. Die Zeilen reimen sich nicht, aber jede Zeile enthält eine Alliteration. Die Sprache ist gekennzeichnet durch einen extensiven Wortschatz und eine bildhafte Ausdrucksweise; so wird z.B. aus “sea” — “swan’s road” und aus “body” — “bone-house”.
In der altenglischen Literatur ist das Beowulf-Epos in Komposition und epischer Technik einzigartig, und so liegt die Vermutung nahe, daß die antike Dichtkunst, besonders die Vergils, dem Verfasser vertraut war.

Neben *Beowulf* sind noch einige kürzere germanische Lieder überliefert, deren Gegenstand jedoch die aktuellere Geschichte ist, was sie in die Nähe des Preisliedes stellt.

2. Geistlichenepik

Da die christlichen Missionare bald erkannt hatten, daß sie vergeblich gegen die heidnischen Heldengeschichten ankämpften, benutzte die Kirche die heidnische Dichtung für ihren Zweck. So entstand religiöse Dichtung in heidnischem Gewand. Damit vermischen sich drei Kulturen in dieser Geistlichenepik: der Aufbau entstammt dem Vorbild der antiken Epik, Vers- und Sprachmittel liefert das germanisch-heidnische Heldenlied, Stoff- und Wirkungsabsicht die christlich-biblische Welt.
Aus dieser Zeit sind uns zwei Dichter namentlich bekannt: CAEDMON und CYNEWULF. CAEDMON, Hirte des Klosters Whitby, soll, nach dem Besuch von einem Engel, die Geschichten des Alten und Neuen Testaments in englische Versepen umgeschrieben haben. Doch was man mit Sicherheit Caedmon zuschreiben kann, ist allein der neunzeilige Schöpfungshymnus *Genesis.* Höchstens kann man von einer CAEDMON-SCHULE sprechen, deren Tätigkeit (eine Reihe überlieferter Lieder, die Caedmon zugeschrieben werden) um etwa 670 anzusetzen wäre.
CYNEWULF, dem man mit Sicherheit wenigstens 2700 Verse zuschreiben kann, dürfte um etwa 800 gedichtet haben. Bei ihm treten neben den Helden mehr die leidgeprüften Märtyrer in den Vordergrund seiner Darstellungen.

3. Altenglische Prosa

Als Begründer der altenglischen Prosa gilt KÖNIG ALFRED (849-899). Er verfaßte oder veranlaßte die Übersetzung der für die Zeit bedeutsamsten lateinischen Schriften ins Englische, und man verdankt ihm die Sammlung und Weiterführung der verstreuten Annalen, die als *Anglo-Saxon Chronicles* (880-1154) in mehreren Handschriften erhalten sind.

Das nächste Zeugnis altenglischer Prosa findet sich erst mehr als ein halbes Jahrhundert später. AELFRIC (ca. 955- ca. 1012), Schüler der Klosterschule von Winchester und später Abt von Eynsham, schrieb, um die Predigtvorbereitungen der Seelsorger zu erleichtern, zwischen 989 und 992, vierzig *Homiliae Catholicae* (Predigten).
Sie wurden ergänzt durch weitere Predigten, die dann volkstümlichen Geschichten breiteren Raum boten.
Sein Stil ist elegant und klar. Seine Sprache ist rhythmisch, ausgefeilt und in ihrer Wirkung der Versdichtung näher verwandt als die direkte und sachliche Prosa von Alfred.

Ein weiterer Name, der in der Entwicklung der altenglischen Prosa genannt werden muß, ist der des Bischofs WULFSTAN (1002-1023, Erzbischof von York), eines Zeitgenossen und Freundes von Aelfric. Er hat etwa zwanzig Predigten geschrieben. Die bekannteste davon trägt den Titel *A Sermon of the Wulf* ("Sermo Lupi ad Anglos", 1014), in der

> Ethelred als schwacher und feiger König angeklagt wird, der Land und Volk den Dänen überließ und in die Normandie floh. Der Grundgedanke der Predigt sieht in der Heimsuchung Englands durch die Dänen eine verdiente Strafe Gottes.

Die Predigten Aelfrics wollten belehren, die Wulfstans wollten beeindrucken und wirken. Die rhythmische und alliterative Prosa sowie vielfältige Wiederholungen sind von eindrucksvoller Kraft.

In dem Vorwort zu einer seiner Predigten schrieb Aelfric, daß das Ende der Welt nahe sei. Nun, nicht das Ende der Welt war gekommen, jedoch das der angelsächsischen Welt.

II. Das Mittelalter (1066—1485)

1066	Normannische Eroberung
1215	Magna Charta
1265	Simon de Montforts Parlamentsreform
1338-1453	"100jähriger" Krieg mit Frankreich
1348/49	"The Black Death"
1381	Bauernaufstand
1455-1471	Rosenkriege
1476	William Caxtons Druckerpresse

1136	Geoffrey of Monmouth (1100-1154), *Historia Regum Britanniae*
1250	*King Horn* (frühester Versroman in Englisch)
ab 1300	Mysterienspiele und Moralitäten
um 1377	William Langland, *Piers Plowman*
ab 1387	Geoffrey Chaucer (1340-1400), *Canterbury Tales*
um 1390	John Gower (ca. 1325-1408), *Confessio Amantis*
um 1500	*Everyman* (bedeutendste Moralität)

Die Eroberung Englands durch die Normannen fand nicht nur politisch, sondern auch in kultureller Hinsicht statt.

Französisch (i.e. Normannisch) wurde zur Hof- und Verkehrssprache, und Englisch verschwand für lange Zeit aus dem Blickfeld des literarischen Interesses. Als dann die landessprachliche Literatur wieder an die Oberfläche drängte, war sie der gesprochenen Sprache ähnlicher als je zuvor (starker Formenverlust und weitere Vereinfachungen).

Das führte auch dazu, daß die mittelalterliche Literatur sprachlich uneinheitlich und weit stärker als die angelsächsische Dichtung eine Dialektliteratur ist.

Erst im 14. Jahrhundert entstand dann die englische Schriftsprache, die vor allem von Chaucer gefördert wurde und durch die Einführung des Buchdrucks Verbreitung fand.

Kulturhistorisch sah das Mittelalter den Wandel vom Feudalismus mit seiner höfischen Kultur zu einer neuzeitlichen Gesellschaftsordnung, in der allmählich ein durch Handwerk und Handel erstarktes Bürgertum zum wesentlichen Träger der geistigen und kulturellen Belange wurde. Auch politisch erhob der neue Mittelstand Ansprüche, was in der Entwicklung einer parlamentarischen Regierungsform seinen Niederschlag fand.

In die Zeit des Mittelalters fielen auch die ersten Universitätsgründungen (Oxford 1249, Cambridge 1348).

Wissenschaftlich gesehen stand das Mittelalter ganz im Einfluß der Scholastik (i.e. die in den Schulen des christlichen Mittelalters auf der Grundlage antiken Gedankenguts ausgebildete Philosophie und Theologie).

Entscheidenden Einfluß auf die Literatur hatte jedoch weniger die Philosophie als vielmehr die greifbare Institution der Kirche, die den Alltag und auch das Denken des Volkes

bestimmte. Die Kirche war immer weniger in der Lage, ihre Vormachtstellung zu behaupten und ihre Aufgaben angemessen zu erfüllen. Dies führte zu Korruptionserscheinungen, die u.a. auch von den Dichtern (Langland, Chaucer, Gower) beklagt oder satirisch dargestellt wurden.
Innerhalb des weiten Rahmens christlich-abendländischer Denkformen bietet die mittelalterliche englische Literatur eine große Vielfalt von Formen und Inhalten. Geistliches und Weltliches, mahnende Predigten und humorvolle Satire, langatmige wissenschaftliche Darstellungen und unterhaltende Erzählung, inbrünstige Lieder und gedrängte Lyrik, das alles wird umspannt von der Ganzheitlichkeit des mittelalterlichen Weltbildes, das seine Maßstäbe der christlichen Kirche verdankt.

1. Chronik und Versroman

Im 12. Jahrhundert kam die englische Chronik in der Landessprache vorerst zum Erliegen. Die Historiographie in lateinischer Sprache feierte ihren Einzug, eine Geschichtsschreibung, die trotz fremdsprachlichen Gewandes nationale Standpunkte vertritt. Der für die englische Literatur einflußreichste lateinische Chronist war GEOFFREY OF MONMOUTH (ca. 1100-54). Seine *Historia Regum Britanniae* (1136) hat die historische Gestalt König Arthurs zum Mittelpunkt ihrer Darstellung. Auch wenn der Verfasser den Wahrheitsgehalt seiner Darstellung betont und sich offensichtlich um korrekte historische Daten bemüht, entspricht die Chronik mit ihrer in hohem Maße romantisierten Darstellung König Arthurs bei weitem noch nicht den heutigen Vorstellungen von Geschichtsschreibung.

In LAYAMONs *Brut* (1205) wird dann dieser König Arthur-Stoff wieder aufgegriffen und in über 16 000 Langzeilen zu einer gigantischen englischen Verschronik gestaltet. Trotz enger Ausrichtung an Vorlagen hat Layamons Werk durchaus eigenen Charakter. An die Stelle des Romanzenhaften ist ein herberer, auf Kampf und Heldentum abgestimmter Ton getreten.
Layamon steht der germanischen Welt näher als der höfisch-ritterlichen. Auch im Stil ist über Jahrhunderte hinweg die Verwandtschaft mit dem *Beowulf*-Epos fühlbar.

Auf dem Gebiet der Unterhaltungsliteratur erlebte die Versromanze im Mittelalter ihre Blüte (vergleichbar mit der Stellung des heutigen Romans). Als jedoch Werke dieser Art in der englischen Landessprache verfaßt wurden, war der Höhepunkt der mittelalterlichen Epik auf dem Kontinent bereits überschritten.
Eine der ältesten Romanzen des englischen Sagenkreises ist
King Horn (ca. 1250):

> Der junge Königssohn Horn wird von den Feinden, die seinen Vater besiegt haben, in einem Boot ausgesetzt, das ihn in ein fernes Land verschlägt, wo er sich in die dortige Königstochter verliebt. Zunächst hat er sich jedoch in Abenteuern zu bewähren, und als er nach sieben Jahren zu seiner Geliebten zurückkehrt, kann er gerade noch eine erzwungene Heirat der Königstochter mit einem anderen verhindern. — Ein zweites Mal muß er seine Geliebte aus den Händen eines Verräters befreien, der sie auf eine dunkle Burg entführt hat, während er selbst das Land seines Vaters zurückeroberte.

Stilistisch fällt die Geradlinigkeit des Erzählens auf. Der Erzählstoff ist auf den reinen Handlungsablauf beschränkt. Und auch die Metrik der Verserzählung vermittelt den Eindruck einer einfach-urtümlichen Erzählweise. Es handelt sich um eine Mischung aus einem noch dem germanischen Versgefühl verwandten Langzeilenvers und einem romanischen vierhebigen Kurzvers.
Um dieselbe Zeit wie *King Horn* ist die Heldenromanze *Havelok* entstanden:

> Havelok ist ein dänischer Königssohn, der von dem ungetreuen Verwalter und Verräter verstoßen und einem Fischer und seiner Frau zur Ermordung übergeben wird, aber überlebt, weil die Fischersleute das Königsmal an der Schulter ihres Schützlings erkennen. Die Fischersleute fliehen mit dem Königssohn nach England, wo er später dann als Küchenjunge in gräfliche Dienste tritt. Der Graf, ebenfalls ein Verräter, vermählt die ihm anvertraute Königsstochter mit dem vermeintlichen Küchenjungen. Später gewinnt Havelok das Reich seines Vaters zurück und rächt sich an den beiden Verrätern.

Auch bei diesem Versroman, wie schon bei *King Horn*, deuten Einleitung und Stil darauf hin, daß er zum Repertoir des Spielmanns gehörte. Da jedoch das höfische Element hier völlig in den Hintergrund tritt — das Geschehen wird vom Standpunkt des Volkes aus gesehen — liegt die Vermutung nahe, daß das Publikum wahrscheinlich im Personal des Schlosses oder im Volk anläßlich örtlicher Jahrmarkte zu suchen ist.
Erwähnt werden soll auch *The Tale of Gamelyn*, eine Verserzählung, die in ihrer Ursprünglichkeit den beiden oben dargestellten Versromanzen ähnelt.

> Inhaltlich handelt es sich bei dieser Erzählung, die Chaucer wahrscheinlich als Vorlage für seine *Cook's Tale* diente, um ein gänzlich unhöfisches Werk, dem sogar das gängige Liebesmotiv fehlt. Es behandelt die Geschichte eines Räuberhauptmanns und seiner Einstellung, Gewalt geht vor Recht, die sehr an die Robin Hood-Balladen erinnern.

Der einzige überlieferte Versroman dieser Zeit, der einen jüngeren historischen Stoff zur Grundlage hat, ist der Versroman über Richard Löwenherz, der sich allerdings mit seinen über 7 000 Versen von der kürzer gefaßten Spielmannsepik abhebt und stärker an die Gattung der Chronik angrenzt. Richard ist jedoch der typische Romanzenheld, der Wundertaten vollbringt. Szenen und Schilderungen, die sonst das höfisch-ritterliche Erziehungsideal veranschaulichen, treten hier in den Hintergrund zugunsten einer Demonstration patriotischen Bewußtseins, das Richard zum Idealhelden des Kreuzrittertums und zum Volkskönig erhebt.
Die einzige englische Romanze, die den Parzivalstoff verarbeitet, ist *Sir Perceval of Gales* (Wales). Vermutlich ist hier eine ursprünglich volkstümliche Erzählung mit dem Arthurstoff verbunden worden, wozu als weiteres Stoffelement die Gralssage trat.

Der Hauptheld der mittelalterlichen englischen Arthurromanzen ist Gawein, der älteste der Arthurritter.
Die bekannteste Romanze ist hier wahrscheinlich *Ywain and Gawein*, die eindeutig dem französischen Vorbild, Chrétiens *Ivain ou le Chevalier au Lion*, folgt, welches als der Höhepunkt der französischen höfischen Epik gilt. Die Streichung der Monologe und Seelenanalysen führt zu einer Einbuße an psychologischem Tiefgang gegenüber der Vorlage, aber auch zu einer Steigerung und Betonung des dramatischen Geschehens.

Die vielleicht beste Romanze des Gawein- und Arthurzyklus und zugleich ein Werk, das den Höhepunkt der nordwestlichen Stabreimdichtung des Mittelalters bezeichnet, dürfte der Versroman *Gawein and the Green Knight* sein, der um 1370 im nordwestlichen Mittelland entstand. Kunstvoll handhabt der Dichter die äußerst schwierige, dreiteilige Strophenform, die eine unterschiedliche Zahl von stabenden Langzeilen aufweist und jeweils abgeschlossen wird durch vier Kurzverse mit alternierendem Reim (abab), die selbst durch einen zwei- oder dreisilbigen Reimvers mit dem stabenden Teil der Strophe verbunden sind.

Bei einer Neujahrsfeier Arthurs und seiner Ritter auf Schloß Camelot reitet ein grün gekleideter Ritter in die Halle und fordert die Ritter heraus. Wenn jemand Mut genug habe, so dürfe er ihm mit der Axt einen Schlag versetzen unter der Bedingung, daß er, der Grüne Ritter, nach einem Jahr diesen Schlag zurückgeben dürfe. Gawein nimmt die Herausforderung an und enthauptet den Grünen Ritter. Dieser aber hebt seinen Kopf vom Boden auf, ermahnt Gawein, sich in einem Jahr an der Grünen Kapelle zum Empfang des Gegenschlages bereitzuhalten, und verschwindet. Knapp ein Jahr später, auf dem Weg, sein Versprechen einzulösen, gelangt Gawein nach vielen Abenteuern auf ein Schloß, dessen Besitzer Bertilak ihm Gastfreundschaft gewährt und ihn zum Bleiben auffordert, da die Grüne Kapelle ganz in der Nähe ist. An jedem der drei folgenden Tage seines Aufenthaltes wird nun Gawein von der Dame des Hauses in Versuchung geführt, während Bertilak jeweils auf der Jagd ist. Am Abend eines jeden Tages schlägt der Schloßherr vor, mit Gawein zu tauschen, was jeder im Laufe des Tages erworben hat. So erhält am Abend des ersten Tages Gawein den erjagten Hirsch, während er dem Schloßherrn den von der Herrin erhaltenen Kuß zurückgibt. Der dramatischen Eberjagd des nächsten Tages entspricht die deutlichere Werbung durch die Dame. Am dritten Tag, dem Tag der Fuchsjagd, erhält Gawein von der Dame zum Zeichen ihrer Liebe einen grünen Gürtel geschenkt, der seinen Träger im Kampf unverwundbar macht. Diesen Gürtel jedoch unterschlägt Gawein dem Schloßherrn beim abendlichen Beutetausch.

Am vorherbestimmten Tag stellt Gawein sich dem Grünen Ritter an der Grünen Kapelle. Dieser verletzt Gawein jedoch nur leicht und gibt sich anschließend als Bertilak zu erkennen. Er verrät Gawein auch, daß er selbst seine Frau veranlaßt habe, Gawein zu versuchen, und daß sowohl Herausforderung als auch Versuchung eine Prüfung seiner Ritterlichkeit bedeutet hätten. Die kleine Wunde sei für die kleine Verfehlung, die Verheimlichung des grünen Gürtels.

In dieser Romanze sind zwei Themenkreise kunstvoll miteinander verknüpft worden: "the challenge" (Herausforderung) oder "the beheading game" (Enthauptungs-Spiel) und "the temptation" (Versuchung). Diese Motivkomplexe sind so eng verwoben, daß die Einheit der Handlung erhalten bleibt. Der Schluß ist etwas gedämpft und verrät die Neigung des Dichters zum Maßvollen, aber auch Menschlichkeit und Weisheit. Gawein hat sich als Held und Mensch bewährt, aber er wird nicht glanzvoll entlassen, sondern als der Beschämte, dessen Ehre dann erst durch die Verständnisbereitschaft der Tafelrunde wieder hergestellt wird.

Als gleichwertig und damit als Höhepunkt, zugleich aber auch als Ende der stabenden Kunst ist *The Pearl* (ca. 1370) anzusehen. Die kunstvolle Form ist augenfällig. Vierhebige, alliterierende Verse werden durch Endreime zu zwölfzeiligen Strophen zusammengefaßt. Der jeweils letzte Vers einer Strophe wiederholt sich in den nachfolgenden fünf Strophen. So erhält das ganze Werk, das aus 101 Strophen besteht, einen zyklischen Aufbau.

Es ist das Klagelied eines Vaters auf seine "Perle", seine Tochter, die im Alter von noch nicht zwei Jahren gestorben ist. An ihrem Grab schläft der Vater und Dichter ein, und im Traum erscheint ihm seine Tochter inmitten einer exotischen Paradieslandschaft als weiß gekleidetes Mädchen. Es folgt ein Gespräch über die gottlose Trauer des Erzählers. Nach weiteren theologischen Erörterungen läßt ihn das Mädchen schließlich einen Blick auf das jenseits des Flusses liegende himmlische Jerusalem werfen, in dem sich ein großer Zug weiß gekleideter, glückseliger Jungfrauen (Bräute Christi), angeführt von dem Lamm, auf Gottes Thron zubewegt. Der Erzähler erkennt plötzlich seine noch eben in seiner Nähe geglaubte Tochter unter den glückseligen Jungfrauen. Dann, versöhnt durch die erfahrene Erkenntnis über seinen kleinmütigen Glauben, erwacht der Erzähler.

Das Werk zeigt in so beeindruckender Weise inhaltlichen Tiefgang und geschlossene Form, daß die Tatsache, daß es Elemente unterschiedlicher Gattungen aufweist (Elegie, Allegorie, Vision etc.), nicht weiter störend wirkt.

2. Die Dichtung Chaucers und seiner Zeit

GEOFFREY CHAUCER (ca. 1340-1400) hatte für sein dichterisches Werk die Sprache der Hauptstadt zur Verfügung, die nicht nur die Sprache des Hofes und der beiden Universitäten war, sondern auch als Sprache der Literatur für das ganze Land verbindlich werden sollte. Dieser Umstand führte wahrscheinlich dazu, daß oft behauptet wird, mit Chaucer beginne die englische Dichtung der Neuzeit.

Um 1340 geboren, wuchs Chaucer als Sohn eines Weinhändlers in das Milieu des aufstrebenden Bürgertums hinein. Durch Beziehungen der Familie zum Hofe machte Chaucer erst als Soldat und später als Diplomat in höfischen Kreisen Karriere. Auf seinen Reisen, vor allem nach Frankreich und Italien, lernte er Dichter und Dichtung des Kontinents kennen.

Als Chaucer selbst zu dichten begann, orientierte er sich an dem höfischen (i.e. französischen) Stil, denn was an englischer Dichtung vorlag, wendete sich mehr an bürgerliches Publikum, während er seine Werke bei Hofe vorlas. Es war seine, wie später auch Gowers Aufgabe, die englische Sprache hoffähig zu machen.

Selbst wenn er nicht der Verfasser von *The Romance of the Rose*, der Übersetzung des Rosenromans, sein sollte, so kannte er doch die Vorlage gründlich und hatte sich die höfische Redeweise, die feine Herzenssprache voll zu eigen gemacht.

So bewegt sich seine frühe Dichtung sicher in der von höfischer Etikette und Konvention vorgegebenen Traum- und Visionswelt. Dies zeigt sein *The Book of the Duchess* (1369), eine Allegorie anläßlich des Todes von Blanche, der Gattin von John of Gaunt, und *The House of Fame*, ebenfalls ein Visionsgedicht, in dem der Dichter träumt, er befinde sich im Tempel der Venus. Diese Gedichte und seine Lieder und Balladen hätten ihn zu einem

bemerkenswerten Dichter seines Jahrhunderts gemacht. Aber drei weitere Werke heben ihn als großen Dichter über die Grenze seines Jahrhunderts heraus: *Troilus and Criseyde*, *The Legend of Good Women* und die unvollendet gebliebenen *Canterbury Tales*.
Von diesen Werken erscheint *Troilus and Criseyde* (1385-87) das durch künstlerische Geschlossenheit ausgeglichenste Werk Chaucers. Als Quelle diente Boccaccios *Filostrato*. Es schildert die Geschichte von Troilus' Liebe zu Criseyde und ihrer Untreue. In seiner Darstellung der Liebe bleibt Chaucer der mittelalterlichen Liebesauffassung zugewandt. Doch sind seine Figuren, wenn auch klar und deutlich gezeichnet, viel komplexerer Natur als die Helden der Romanzen. Das trifft nicht nur auf die Liebenden selbst zu, sondern vor allem auf Pandarus, Criseydes Onkel, der seinen Vorgänger, Boccaccios Pandaro, weit übertrifft. Als weiser Ratgeber und Freund, dazu aber auch geistreich, erfinderisch und selbst ein gescheiterter Diener des Liebesgottes, weiß er sich zur Zielscheibe seines eigenen Spottes zu machen. Chaucers Pandarus, der die Komödie inmitten der Tragödie ermöglicht, gilt als die erste komplett gezeichnete Figur in der englischen Literatur.

Im Vergleich zu *Troilus and Criseyde* erscheint *The Legend of Good Women* (1386) als ein leichteres Werk mit seinen kurzen Schilderungen des unglücklichen Schicksals von Cleopatra, Thisbe, Philomela und anderen Frauen, die um der Liebe willen zu leiden hatten. Im Prolog kehrt Chaucer zur Allegorie, hier dem mittelalterlichen Rosengarten, zurück.

> In einer Traumvision auf einer Wiese liegend, begegnet dem Dichter der Liebesgott mit seinem Hofstaat. Der Liebesgott erklärt dem Dichter, daß er sich durch den Dichter beleidigt fühle — neben anderer Vergehen vor allem durch die Übersetzung des Rosenromans und des Troilus-Epos. Als Buße wird der Dichter dann dazu verurteilt, wenigstens einen Teil seiner Kunst zum Lobe treuer Frauen zu verwenden.

In *The Legend of Good Women* erscheint erstmalig das 'heroic couplet', nachdem Chaucer in *The Complaint unto Pity* den 'rhyme royal' (siebenzeilige 'Chaucerstrophe': fünfhebig, mit Reimschema ababbcc) in der englischen Dichtung eingeführt hat.
Als Hauptwerk Chaucers gelten allgemein die *Canterbury Tales* (1387-1400), die die erste reife novellistische Leistung der englischen Literatur darstellen.
Alle Erzähler der einzelnen Geschichten sind als Pilger unterwegs nach Canterbury. In Southwark kehren sie im Tabard Inn ein, wo der Wirt den Vorschlag macht, daß jeder Pilger auf der Hin- und Rückreise je zwei Geschichten erzählen solle, was insgesamt 120 Erzählungen ergeben hätte. Dieser ehrgeizige Plan ist leider nur zu einem geringen Teil verwirklicht worden. Insgesamt liegen 24 Geschichten vor, von denen zwei unvollendet sind.
Die Idee zu der Rahmenhandlung mag Chaucer von Boccaccio entliehen haben, aber kaum mehr. Bei Chaucer bleibt der Rahmen keine Äußerlichkeit wie bei Boccaccio, sondern wird in seiner Handlung selbst bedeutsam. Gerade in dem rahmenschaffenden Prolog sowie in den die Einzelerzählungen verbindenden Zwischengliedern findet Chaucer ein reiches Feld für Charakter- und Milieuschilderungen, zumal Chaucers Erzählerfiguren der einzelnen Geschichten sich auf alle Schichten des Volkes verteilen.
Obwohl Chaucer vor der Vollendung und endgültigen Überarbeitung und Ordnung seines Werkes starb, bieten die *Canterbury Tales* ein umfassendes Bild seiner Zeit und deren Gesellschaft.

Mit JOHN GOWER (ca. 1325-1408) bleiben wir in der Zeit Chaucers. Beide waren offensichtlich miteinander befreundet, denn Chaucer widmet ihm *Troilus und Criseyde*, wobei er sich seiner 'Korrektur' unterwirft und ihn als "moral Gower" bezeichnet. Und Gower wirkt auf den ersten Blick tatsächlich als der ernsthaftere Dichter, dem Chaucers überlegener Humor und heitere Genialität fehlen, der aber deswegen sicherlich kaum weniger begabt war. Gegenüber Chaucer wirkt Gower konservativ und stärker an die Tradition gebunden. So begann er erst relativ spät, in englischer Sprache zu dichten.
Das englische Werk Gowers, das seinen Ruhm begründet, ist die *Confessio Amantis* (ca. 1390), bestehend aus 34 000 kurzen Reimpaar-Versen in der Sprache der Hauptstadt und des Hofes. In dem Rahmen, der die über 100 Geschichten vereint, bekundet er seine Absicht, über die Liebe zu sprechen und dabei Belehrung und Unterhaltung zu vereinen.

> Der schon bejahrte Dichter begegnet im Mai der Liebesgöttin, die ihn zur Beichte an ihren Priester Genius verweist. Die Methode der Liebesbeichte lehnt sich eng an die der kirchlichen Beichte an, wodurch Gower die höfische Liebe mit der christlichen Liebe verbinden kann. Zum Schluß entfernt Cupido selbst den früher auf den Dichter abgeschossenen Pfeil, und Venus hält ihm ihren Spiegel vor, in welchem er sich als alter Mann erkennt. So von seiner Torheit geheilt, kann er Venus bitten, ihn aus ihren Diensten zu entlassen, um von Genius seine Absolution zu erhalten.

Die Neuartigkeit seines Werkes liegt nicht in der Verschmelzung höfischer Liebe mit christlicher Moral, sondern darin, daß der Dichter die Institution Liebe nicht mehr begreifen kann und sie von moralischem Standpunkt aus sogar verurteilen muß.
Die klare und geradlinige Erzählweise, die sichere Handhabung des Verses und der Verzicht auf überflüssigen rhetorischen Schmuck verleihen seinem Werk Natürlichkeit und in gewissem Sinne etwas Zeitloses.

Auch wenn, gerade durch Chaucer und Gower, der mittelenglische Dialekt der Hauptstadt dabei war, zur Standardsprache zu werden, gab es zu dieser Zeit noch das Nebeneinander unterschiedlicher Dialekte. So lebte im Westen Englands noch eine Dichtung, die wenig gemein hatte mit der Chaucers. Herausragend ist hier *The Vision of Piers Plowman*, ein Werk, das uns in rund 50 Handschriften erhalten ist, die sich drei Versionen A, B, und C zuteilen lassen: die A-Version mit 2 572 Versen aus der Zeit um 1362, eine erweiterte und umgearbeitete B-Version von 7 241 Versen (1377-1379) sowie die C-Version mit 7 354 Versen, erneut bearbeitet um etwa 1390.
Der Dichter aller drei Fassungen dürfte WILLIAM LANGLAND sein, der um 1330 in Shropshire geboren wurde und als niederer Kleriker später in London lebte.

> Das Stabreimgedicht beginnt mit einer Vision, die der Dichter auf den Malvern Hills hat, von einem "feld ful of folk" zwischen Himmel und Hölle und von einem Treiben tätiger Menschen aller Schichten und Berufe. Eine weiß gekleidete Frauengestalt als Allegorie der heiligen Kirche erläutert dem Dichter im Traum die Bedeutung dessen, was er erblickt. In einer ausgedehnten Folge zahlreicher Szenen wird nahezu jeder Aspekt des Lebens im 14. Jahrhundert dargestellt.

Die wesentliche Aussage läßt sich dahingehend zusammenfassen, daß die wahre Erlösung nur in harter Arbeit und im Dienst Gottes zu finden sei. Trotz seiner Rauhheit und Unebenheit ist dieses Werk die der Göttlichen Komödie von Dante am nächsten kommende Darstellung des christlichen Lebens in der englischen Literatur.

3. Das mittelalterliche Drama

Das mittelalterliche Drama entwickelte sich etwa ab dem 10. Jahrhundert aus der katholischen Liturgie der Festgottesdienste (Osterliturgie, später auch auf Weihnachten übertragen), Resten germanischer Riten und aus Darbietungen fahrender Schauspieler und Gaukler.
Bis zur Mitte des 13. Jahrhunderts beschränkten sich die Vorformen des Dramas im wesentlichen auf die Kirche, wo mit Handlungen und Szenen biblische Texte veranschaulicht wurden. So enthielten z.B. die szenischen Darstellungen des Grabbesuches der Jünger Christi und ihre Entdeckung des leeren Grabes bereits dramatische Elemente, die weiterentwickelt werden konnten. Derartige Szenen wurden dann ausgebaut und um weltliche Handlungen erweitert. Solche dramatischen Aufführungen wurden später auch zur Veranschaulichung anderer Bibeltexte — über die Festtagsliturgie hinaus — oder Heiligenlegenden herangezogen, woraus sich dann das *Mysterienspiel* ('mystery play' oder 'miracle play') entwickelte.
Im Laufe des 14. Jahrhunderts setzte der Säkularisierungsprozeß ein. Die mittlerweile erheblich erweiterten Spielszenen wurden nun auch von weltlichen Gruppen, wie z.B. von Handwerkergilden, in englischer Sprache auf Marktplätzen öffentlich aufgeführt, allerdings unter strenger Aufsicht der Behörden.
Einige dieser Mysterienspiele, im Laufe der Zeit ständig überarbeitet und erweitert, sind erhalten geblieben. Von diesen ist mit 48 Stücken der *York*-Zyklus das umfangreichste Werk dieser Art.

Neben den Mysterienspielen entstand im 14. Jahrhundert eine neue dramatische Gattung, die *Moralität* ('morality play'). Hier wurde mit Hilfe der die mittelalterliche Literatur beherrschenden Allegorie der Kampf zwischen den guten und den bösen Mächten um die Seele des Menschen thematisiert und auf der Bühne zur Darstellung gebracht.

> Im Mittelpunkt steht jeweils der Mensch ('Humanus Genus' oder 'Mankind' genannt), der, begleitet von seinem guten und seinem bösen Engel, dem Zuschauer auf den entscheidenden Stationen seines geistlichen Lebensweges begegnet.
> Um ihn kämpfen die personifizierten menschlichen Eigenschaften, wie z.B. Laster, Wollust einerseits sowie Vernunft und Mitleid auf der anderen Seite, jeweils unterstützt von den Figuren Tod und Teufel bzw. Gnade und Göttliche Liebe. Unrettbar verfällt der Mensch der Sünde und dem Tod, aber seine Seele wird der Hölle streitig gemacht und durch die Göttliche Gnade schließlich für das Himmelreich gewonnen.

Die Handlung ist zugleich Spiel und Belehrung. Eine besondere Bedeutung im Hinblick auf die weitere Dramenentwicklung kommt der Figur des Lasters ('Vice') zu, die über ihre Aufgaben hinaus, den Menschen zum Bösen zu verleiten, mit anzüglichen Späßen und häufig direkter Hinwendung an das Publikum für komischen Kontrast sorgt und im Laufe der Zeit ihren eigentlichen Charakter immer mehr mit der Rolle eines einfachen Spaßmachers vertauscht.
Die wohl berühmteste Moralität ist *The Summoning of Everyman* (um 1500):

> Gott sendet den Tod aus, den Menschen zur Rechenschaft vor das göttliche Gericht zu laden. Der Tod spricht Everyman an mit den Worten: "Hast thou thy

Maker forgot?" ("Hast du deinen Schöpfer vergessen?"). Auf dessen Erschrecken hin gibt er Everyman einen Tag Aufschub bis zum Erscheinen vor Gericht. Everyman sucht nun nach einem hilfreichen Gefährten für die Reise und wendet sich dabei an die äußeren Gaben der Fortuna, an Freundschaft, Verwandtschaft und Weltliche Güter, die sich ihm aber alle versagen. Knowledge (Erkenntnis) bringt ihn schließlich zum reinigenden Fluß der Beichte und Reue und dann zum Priester, der ihm das Sterbesakrament erteilt. Danach wird er — von Schönheit, Kraft, Sinne und Verstand verlassen — von Good Deeds zum Grab begleitet. Ein Engel besingt dann zum Schluß die Ankunft seiner Seele im Himmel.

Die Bedeutung der Moralitäten liegt zunächst darin, daß sie nicht an heilsgeschichtliche Vorlagen gebunden sind, sondern ethische Entscheidungen darstellen und somit die dramatische Ursituation, die Entscheidung einer Figur zwischen verschiedenen Möglichkeiten, zum Mittelpunkt haben. Dazu kommt, daß sie gegenüber der lockeren Szenenfolge der Mysterienspiele bereits über einen planvollen Aufbau verfügen, der sowohl an der Stelle, wo der Mensch versucht wird, wie auch an der Stelle seiner Errettung dramatische Spannung aufweist.

III. Die Zeit der Renaissance (1485—1603)

1485-1509	Heinrich VII. (Tudor)
1509-1547	Heinrich VIII.
1532-1534	Bruch mit Rom
1534	"Act of Supremacy"
1553-1558	Maria I. ("Bloody Mary") Wiederherstellung des Papsttums in England
1558-1603	Elisabeth I.
um 1565	Beginn des Puritanismus
1587	Hinrichtung Maria Stuarts ("Queen of Scots")
1588	Sieg der englischen Flotte über die spanische Armada
1516	Thomas More (1478-1553), *Utopia*
1564	William Shakespeare geboren (gestorben 1616)
ab 1575	Edmund Spenser (ca. 1552-1599), *Shepheardes Calender; Faerie Queene*
1577	Holinshed (ca. 1520- ca. 1593) *Chronicles of England, Scotland and Ireland* (wichtigste Quelle für Shakespeares Historien)
1578	John Lyly (1554-1606), *Euphues*
ab 1590	Shakespeares Dramen
1592	Thomas Kyd (1558-1594), *Spanish Tragedy*

Die Renaissance, literaturgeschichtlich häufig in Frührenaissance (1485-1558) und Elisabethanisches Zeitalter (1558-1603) unterteilt, begann in England mit der Tudorzeit. Heinrich VII. errang die Krone in der Schlacht von Bosworth (1485), wo er Richard III. besiegte, und festigte seinen Anspruch durch seine Heirat mit Elisabeth aus dem feindlichen Hause York. Er vererbte Heinrich VIII. (1509-1547), dem ersten wirklichen Renaissance-Fürsten in England, eine gefestigte Monarchie.

Noch 1521 vom Papst mit dem Ehrentitel "Defensor Fidei" ausgezeichnet, führte Heinrich VIII. den Bruch mit Rom herbei, als der Papst die Scheidung der Ehe mit Katharina von Aragonien nicht billigte, und veranlaßte das Parlament, ihn zum Oberhaupt der neugegründeten Anglikanischen Staatskirche zu ernennen. Heinrichs Ziel war ein Mittelweg zwischen dem Katholizismus und der reformatorischen Bewegung. Diese Politik fand ihre für die Entwicklung des englischen Renaissance-Geistes wichtige Nachfolge in der kirchlichen Politik des Mittelweges Elisabeths I., die nach den Schwankungen zum extremen Protestantismus unter Eduard VI. (1547-1553) und zum katholischen Extrem unter Maria I. das so von Glaubenskämpfen zerrissene Land zu einer erneuten Blütezeit führte. Als Schülerin machiavellistischer Renaissancepolitik und fern allem Fanatismus war sie mehr an der Staatstreue ihrer Untertanen interessiert, als an deren religiöser Überzeugung. Die Verfolgung von Katholiken geschah nicht ihres Glaubens, sondern ihrer Staatsfeindlichkeit wegen. In der Außenpolitik war Elisabeth I. sehr erfolgreich. Der von Schottland drohenden Gefahr begegnete sie durch die Hinrichtung Maria Stuarts. Und durch den Sieg der englischen Flotte über die spanische Armada erlangte England Geltung als Seemacht. Entdeckungsreisen britischer Seefahrer hatten koloniale Ausdehnung zur Folge. Und so wurden Handel und Wohlstand zum sichtbaren Zeichen einer erfolgreichen Herrschaft, unter der sich auch der Prozeß geistiger Emanzipation vollzog, die Befreiung vom scholastischen Autoritätsglauben sowie die Loslösung von der gesellschaftlichen Struktur des Mittelalters.

Geistesgeschichtlich war diese Zeit eine Epoche, in der der moderne Staat und die Naturwissenschaften entstanden, in der die Reformation stattfand und die englische Sprache zu einem Medium höchster dichterischer Ausdruckskraft wurde. Die Verbreitung der Druckkunst (W. Caxton, ab 1470) bereitete dem im 13. und 14. Jahrhundert in Italien wiedergeborenem Interesse an der Antike den Weg nach England. Diese geistige Bewegung des Humanismus hatte nicht nur wissenschaftlichen Charakter, sondern strebte vor allem die Formung der Gesamtpersönlichkeit des Menschen an. Unter dem Patronat der Universitäten, des Adels und des Hofes erreichte der Humanismus in England seinen Höhepunkt in der Tudorzeit.

1. Die Prosa des Humanismus

Der wahrscheinlich einzige englische Humanist von europäischer Geltung und über England hinaus wirksamem Einfluß war THOMAS MORE (1478-1535). Als bereits bekannter Humanist und in diplomatischen Diensten Heinrichs VIII. verfaßte er seine — in Latein geschriebene und später ins Englische übersetzte — *Utopia* (1515-16):

> *Utopia* (griechisch: kein Ort, nirgendwo) ist die Beschreibung eines Traumstaates idealistischer Prägung, beeinflußt von Platos *Republik* und vor allem von Augustinus' *Gottesstaat*. Die Staatsform von Utopia trägt die idealistischen Züge einer Demokratie. Frei von jeglichem Anspruch auf persönlichen Besitz baut sich das Gesellschaftsleben der Utopier auf Gütergemeinschaften auf, einer Art religiösem Kommunismus. So gibt es keine Armut in Utopia. Das Gemeinwohl gilt vor dem Glück des einzelnen als höchstes Gut. Ganz im Sinne des Humanismus und der Renaissance werden Vernunft und Natur gleichgesetzt, und die Bereiche des sittlichen Verhaltens und des Glaubens werden einer Religion, die frei von Dogmen ist — einzig die Unsterblichkeit der Seele und die göttliche Vorhersehung dürfen nicht geleugnet werden — zugewiesen, deren Grundlage die Toleranz ist. Hinter diesem 'universalen Theismus' wird die Heiterkeit vernünftiger Lebensbejahung sichtbar, die den strenggläubigen More deutlich von der 'innerweltlichen Askese' der späteren Puritaner unterscheidet. So gilt z.B. Verachtung der körperlichen Schönheit als Undankbarkeit gegenüber der Natur.

Die Versuche, dieses Werk zu deuten, sind äußerst vielfältig und teilweise widersprüchlich. So hat man es z.B. als eine Flucht in die Phantasie oder auch als Entwurf einer besseren Gesellschaft bezeichnet. Die Gründe für das Auseinandergehen mancher Interpretationen liegen in einer gewissen Doppelgesichtigkeit des Werkes, das einerseits sicherlich Kritik an sozialen Mißständen seiner Zeit üben will, sich aber andererseits in heiterem und ironischem Spiel gefällt.

Daneben bestand das mehr pädagogische Prosaschrifttum der protestantischen Humanisten. Sie betonen ausdrücklich ihre Absicht, das praktische Leben ihrer Leser zu beeinflussen, und sind daher in Englisch geschrieben.
So schrieb THOMAS ELYOT (1490-1546) einen Fürstenspiegel, *The Boke Named The Governour* (1531), mit dem er die herrschende Klasse erziehen wollte, indem er die künftigen politischen Führer zu harmonischen Menschen heranbildete.
Diese Tradition wurde fortgesetzt von dem Gelehrten ROGER ASCHAM (1516-1568), dem Erzieher der Königin Elisabeth I., mit seinem unvollendeten Werk *The Scholemaster* (1579 posthum), einem praktischen Handbuch der Erziehung.
Dem von diesen humanistischen Gelehrten gegebenen Beispiel der Bevorzugung der Landessprache gegenüber dem Lateinischen folgte dann auch die Lehre einer aus Quintilians und Ciceros Rhetorikschriften abgeleiteten englischen Kunstprosa, die die gesamte Literatur der Zeit beeinflußte und im sogenannten 'Euphuismus' zu einem eigenen Kunststil entwickelt wurde.
Die Reformatoren, neben den Humanisten die Träger der englischen Prosa dieser Zeit und den Humanisten nahestehend, lehnten diesen Kunststil ab und entwickelten einen einfachen, der Sprache des Volkes angenäherten Stil. Gefestigt wurde dieser einfach Stil vor allem durch WILLIAM TYNDALE (ca. 1495-1536), der mit seiner Übersetzung des Neuen Testaments (1526) bewies, daß die einfache englische Sprache auch für eine Bibelübersetzung reichhaltig und flexibel genug war.

Gegenüber den Humanisten und Reformatoren treten die Chronisten im 16. Jahrhundert als Träger der Prosa kaum in den Vordergrund. Genannt seien hier deshalb nur die Chroniken von EDWARD HALL und RAPHAEL HOLINSHED, die vor allem als Quellen für Shakespeare Bedeutung erlangten.

2. Die Dichtung der Frührenaissance

Die höfische Renaissancedichtung beginnt mit einer Gruppe von jungen Dichtern am Hofe Heinrichs VIII., deren handschriftlich verbreiteten Gedichte dann später in der ersten elisabethanischen Anthologie zusammengefaßt wurden, die unter dem Titel *The Book of Songs and Sonnets* 1557 bei dem Verleger R. Tottel erschien, meistens "Tottel's Miscellany" genannt.
Die bedeutendsten Beiträge stammen von SIR THOMAS WYATT und HENRY HOWARD, EARL OF SURREY, die besonders durch ihre genaue und natürliche Nachahmung des italienischen Dichters Petrarca zu Wegweisern in der englischen Lyrik wurden.
SIR THOMAS WYATT (1503-1542) brachte vor allem das italienische Sonett nach England, eine 14zeilige Strophe aus elfsilbigen Versen mit verschränktem Endreim (abba abba cdc dcd bzw. dce cde), der auf eine Gliederung des Gedichtes in Oktave und Sextett hinweist.
HENRY HOWARD, EARL OF SURREY (ca. 1517-1547), Wyatts großer Schüler, wandelte dann die italienische Sonettform in die englische um, die drei Quartette mit einem Reimpaar ('heroic couplet') aufweist, gekennzeichnet durch das Reimschema (abab cdcd efef gg).

Inhaltlich orientierten sich Wyatt und Surrey an den Liebessonetten der Petrarcisten, die sich einer komplexen Bildersprache ('conceit') bedienen. Das Liebeslied ist hier immer die Klage über die grausame, abweisende und unerreichbare Geliebte, bei der alle werbenden Bemühungen vergebens sind. Darüberhinaus erlangte Surrey Bedeutung durch die Einführung des Blankverses, den er zum erstenmal bei seiner Übersetzung des zweiten und vierten Buches von Vergils *Aneis* verwendete. Der reimlose jambische Pentameter (5 mal xX) wurde dann dank Shakespeare und Marlowe zum bestimmenden Versmaß der englischen Dramendichtung.
Zu dem Kreis um Wyatt und Surrey gehörten noch eine Reihe anderer Dichter, die allerdings ohne größeren Einfluß blieben, wie überhaupt die mittleren Jahrzehnte des 16. Jahrhunderts die bedeutsamen Ansätze der frühen Tudorzeit nicht weiterentwickelten und hinsichtlich der Dichtung eine Phase der Stagnation bedeuteten.

Erwähnenswert, weil er als Maßstab für den Geschmack und das Interesse des damaligen Lesepublikums dienen kann, ist der *Mirror for Magistrates* (1559), ein Sammelwerk mittelalterlich-tragischer Verserzählungen, das eine Art nationales Geschichtswerk darstellen soll. Auf der Grundlage der damaligen Auffassung, daß Geschichte ein Spiegel sei, in dem die Gegenwart das politische und moralische Verhalten früherer Menschen und Völker erkennen kann, das zu ihrem Glück oder Unglück geführt hat, schildert es in didaktisch-moralisierender Absicht Episoden aus der Vergangenheit.
Der dichterisch beste und sozial angesehenste Mitarbeiter in der zweiten Ausgabe (1563) war THOMAS SACKVILLE, EARL OF DORSET (1536-1608), der als naher Verwandter der Königin nach dem Tode Leicesters ihr vertrauter Ratgeber wurde.

3. Die Dichtung der Hochrenaissance

Etwa knapp 30 Jahre nach *Tottel's Miscellany* setzte die zweite englische 'Sonett-Welle' ein, die in den neunziger Jahren ihren Höhepunkt erreichte. Im Laufe dieser Zeit wurden mehr Sonette verfaßt als jemals wieder in der englischen Literatur. Wie überall birgt auch hier die Masse viel Mittelmäßiges, dennoch gehört einiges zur besten englischen Dichtung, fast ausschließlich geschaffen von den drei großen Sonettdichtern ("sonneteers") Englands: Spenser, Sidney und Shakespeare.
SIR PHILIP SIDNEY (1554-1586) war nicht nur eine der glänzendsten Erscheinungen am Hofe Elisabeths, sondern auch ein begnadeter Dichter, der auf so verschiedenen Gebieten wie der Lyrik, der Prosaromanze und der Literaturkritik zu den ersten seiner Zeit gehörte. Sein Sonett-Zyklus *Astrophel and Stella* (entstanden um 1580, gedruckt 1591) ist vor dem Hintergrund seiner Liebe zu Penelope Devereux zu sehen. Befreundet mit Sidney, wollte der Graf von Essex ihn mit seiner damals dreizehnjährigen Tochter Penelope verheiraten. Das Verlöbnis wurde jedoch nach dem Tode des Grafen gelöst, und Penelope heiratete Lord Rich. Dennoch darf der Sonett-Zyklus nicht biographisch gedeutet werden, zumal Penelope weder damals noch in ihrem späteren Leben dem Idealbild, das sich in den Stella-Gedichten darstellt, entsprochen haben dürfte.

> Die Sonette, als Monologe der Liebenden dargestellt, behandeln im Verlauf der Entwicklung des Liebesverhältnisses unterschiedliche gedankliche Themen, wie den Streit zwischen Tugend und Liebe oder die platonische Liebesvorstellung.

Zu Beginn des Verhältnisses spielt Astrophel mit der Liebe, wird dann aber plötzlich von ihr gefangen (Sonett 16) und erleidet ihre vielfältigen Schmerzen.
Mit dem Sonett 31 ("With how sad steps, oh Moone, thou climb'st the skies ...") beginnt die zweite, nahezu tragische Phase der Liebesbeziehung. Astrophel versäumt die Gelegenheit, Stella zu gewinnen. Gequält von Selbstvorwürfen und dem immer stärker idealisierten Bild Stellas in seinem Herzen, ruft er vergeblich den Schlaf um Hilfe (39: "Come sleepe, oh sleepe, the certaine knot of peace ...").
Die Darstellung der Liebesbeziehung erreicht ihren dramatischen Höhepunkt, als Stella sich ihm zuneigt, wenn auch nur in schwesterlicher, tugendhafter Liebe (Sonett 62). Astrophel, höchst beglückt, will sich jedoch nicht mit schwesterlicher Liebe begnügen, und es kommt zur endgültigen Trennung. So endet der Zyklus im Ton der Verzweiflung und des Schmerzes.

In der Form schließt sich Sidney eng an das italienische Vorbild an, zeigt aber auch die Anwendung französischer Anregungen sowie eine gewisse Vorliebe, seine Sonette mit einem Reimpaar zu beschließen.

EDMUND SPENSER (ca. 1552-1599) schrieb seinen Sonett-Zyklus *Amoretti* (1591-94) ganz in der englischen Form. Auch hier läßt sich ein gewisser biographischer Hintergrund erkennen, nämlich die Werbung um Elisabeth Boyle, die er dann 1594 heiratete.
In den 88 Sonetten wird die Überhöhung der Liebe in reine Geistigkeit stärker als bei den anderen Sonettdichtern vollzogen. So steht bei Spenser die reine Idee der Schönheit, der Abglanz des Himmlischen ("image of that heavenly ray"), im Mittelpunkt seiner dichterischen Gestaltung.
Dies wird auch deutlich in seinem Hochzeitslied, *Epithalamium* (1595), wo er das ritterliche Ideal einer veredelten Liebe mit der christlichen Liebesvorstellung, als Abglanz der göttlichen Liebe, vereint, indem er seine Hochzeit mit heidnischen Anrufungen an Muse und Nymphen feiert, um dann von der anschließenden Lobpreisung der geistigen Schönheit überzuleiten zu der christlichen Hochzeitszeremonie.
Als Markstein in der Entwicklung der englischen Dichtung gilt Spensers *The Shepheardes Calender* (1579), das, gewidmet dem "Maister Philip Sidney", der elisabethanischen Dichtergeneration ein künstlerisches Programm geben wollte. Die stilistischen Anmerkungen von E.K. (Edward Kirke, Cambridger Studienfreund Spensers) deuten auf die Absicht hin, die künstlerischen Erkenntnisse aus dem Studium der antiken Dichtung für die landessprachliche Dichtung zu verwerten. So kommt eine Vielfalt von Redeweisen (höfische Redeweise, rauhe Hirtensprache etc.) in unterschiedlichsten Formen und metrischen Schemata (einheimische Chaucerstrophe ebenso wie italienische oder französische Kunstformen) zum Ausdruck. Es gelang Spenser nicht ganz, die Vielfalt von Erzählungen, Glossen, Gesprächen und Gedichten durch die pastorale Liebesgeschichte und den Monatskalender zu einer geschlossenen Einheit zu binden, aber gewichtige Inhalte und die Bereicherung der englischen Dichtersprache sind überzeugend.
In seiner Verserzählung *Faerie Queene* (6 Bücher und 2 Cantos, gedruckt 1596) wollte er in zwölf Büchern die zwölf aristotelischen Tugenden abhandeln und der Königin Elisabeth ein Denkmal setzen. Mit dem Tode Sidneys und Leicesters schwanden jedoch wesentliche Helden seiner Traumallegorie, und so ist mit dem Werk von mehr als 3 800 neunzeiligen Strophen nur etwa die Hälfte seines geplanten Epos vollendet.

Das zentrale Thema ist der vielfältig dargestellte Kampf zwischen Wahrheit und Lüge im metaphysischen Sinne. Der Gesamtplan ergibt sich aus dem an Sir Walter Ralegh gerichteten Einleitungsbrief des Autors. Die "Faerie Queene" symbolisiert in abstraktem Sinne den Ruhm, in konkreter Hinsicht soll sie die Königin Elisabeth verkörpern. Die Feenkönigin hält ihr jährliches, zwölftägiges Fest ab. An jedem Tag wird einer ihrer zwölf Ritter — sie verkörpern die zwölf aristotelischen Tugenden — auf ein Abenteuer ausgeschickt.

Prinz Arthur, die Verkörperung der höchsten Tugend der 'Magnificence', der sich seit eines Traumes von der Feenkönigin Gloria auf der Suche nach ihr befindet, wird in die Abenteuer der einzelnen Ritter verwickelt und verhilft ihnen zu einem guten Ausgang.

Spenser hat dieses Epos in einer von ihm selbst erfundenen Strophe geschrieben: acht jambische Pentameter, gefolgt von einem Alexandriner (sechshebige jambische Verszeile) mit dem Reimschema ababbcbcc. Dieses anspruchsvolle Reimschema, das jeder Strophe einen der drei Reime viermal abverlangt, die üppige Laut- und Wortmalerei sowie der für den Zeitstil übliche Gebrauch von Vergleichen, Metaphern und Personifikationen — all das vereinigt sich zu wirkungsvoller Pracht, was dazu führt, daß immer wieder die poetische Ornamentik mehr Aufmerksamkeit auf sich zieht als der Inhalt des Gedichtes.

Die Entstehungszeit der *Sonnets* von WILLIAM SHAKESPEARE (1564-1616) ist noch heute umstritten, aber man kann davon ausgehen, daß die meisten Sonette in der ersten Hälfte der neunziger Jahre entstanden. Die 154 Sonette lassen sich in zwei Gruppen unterteilen. Die ersten 126 Sonette richten sich an einen Freund des Dichters, die restlichen 28 Sonette befassen sich größtenteils mit einer "Dark Lady". Inwieweit die Sonette persönliches Erleben widerspiegeln und ob die beiden Figuren des jungen Freundes und der dunklen Dame über den fiktiven Raum hinausweisen, wird wohl immer ein Rätsel bleiben, da die Sonettsammlung auf einen Raubdruck von Thomas Thorpe zurückgeht, der nicht nur in der Anordnung der Sonette umstritten ist.

Die beiden Verserzählungen *Venus and Adonis* (1593) und *The Rape of Lucrece* (1594) hat Shakespeare selbst herausgegeben und — wie damals üblich — einem hochgestellten Gönner, Henry Wriothesley, Earl of Southhampton, gewidmet.

In *Venus and Adonis* erweitert Shakespeare die ovidsche Vorlage über die vergebliche Werbung der verliebten Venus um Adonis zu einer umfassenden Schilderung der Themen Schönheit, Lust und Welt. Die Darstellung der schönen Welt wird durch den Rhythmus der sechszeiligen Strophenform mit abschließendem Reimpaar sowie durch die Gewandtheit des Ausdrucks in gelungener Form unterstützt.

Rhetorisch bemüht wie *Venus and Adonis* ist auch die in Chaucerstrophen geschriebene, deutlich umfangreichere Verserzählung *The Rape of Lucrece*. Allerdings scheint sich hier die Rhetorik zu verselbständigen. Die Beredsamkeit, wie sie z.B. in den Bitten Lucretias an den unerbittlichen Tarquinius und in ihren Klagen nach ihrer Schändung zum Ausdruck kommt, wirkt nicht mehr angemessen.

Das kürzere aber vieldeutige Gedicht *The Phoenix and Turtle* (1601) stellt die mystische Liebesvereinigung der beiden Vögel im Tode lyrisch dar. Durch das Verschmelzen von intensivem Gefühl mit kaum nachvollziehbarer Phantasie, unterlegt mit einem distanzierenden, ironischen Ton, erzielt dies Gedicht beim Leser eine höchst eigenwillige Wirkung.

4. Der elisabethanische Roman

Die Prosaerzählung vorwiegend zur Unterhaltung war eine verhältnismäßig junge Form und daher noch stark empfänglich für die Wünsche des angesprochenen Leserpublikums. Die Leser, meist in höfischen Kreisen zu suchen, erwarteten moralisch-belehrende Abhandlungen in unterhaltender, erzählender Form. Dem werden Lylys Erziehungs- und Sidneys Schäferroman sowie die Prosaromanzen von Lodge und Green gerecht.

Erst im letzten Jahrzehnt des 16. Jahrhunderts gelangte mit Schelmengeschichten und Spottgeschichten über die Schattenseiten des Londoner Lebens ein bürgerliches Element in die Prosadichtung.

The Arcadia schrieb SIR PHILIP SIDNEY (1554-1586) um 1580 zur Unterhaltung seiner Schwester, der Countess of Pembroke, die es dann 1590, nach Sidneys Tod, veröffentlichte.

Die fünf Bücher der *Arcadia* werden jeweils durch ein Bündel von Eklogen (altrömisches Hirtengedicht) getrennt, das durch Prosaabschnitte zusammengehalten wird.

> Die Handlung spielt in Arkadien (griechische Landschaft) mit seinen Blumenwiesen, wo "shepherd boys pipe as tho' they would never be old".
> Die Geschichte ist ein Geflecht von unterschiedlichen romantischen Abenteuern, erzählt in blumigem, ausschweifendem Stil. Die moralischen und politischen Absichten werden in der Darstellung des untätigen Herrschers deutlich, dessen Schwäche den Aufstand der Massen ermöglicht, in der ironischen Darstellung des Volkes und seiner Vertreter sowie in der Erörterung von Recht und Rechtsträgern.

Den künstlichen Stil mit seiner Vorliebe für sprachlichen Schmuck, weit hergeholte Vergleiche, Antithesen und Alliterationen nennt man gewöhnlich "Euphuismus" nach dem etwa zur gleichen Zeit geschriebenen Roman *Euphues, or the Anatomy of Wit* (1578) von JOHN LYLY (1554-1606). Obwohl bei Lyly die recht dürftige Romanhandlung in erster Linie dazu diente, die Sammlung von moralischen Lehrsätzen zusammenzuhalten, waren gerade diese Anspielungen auf reale Orte und Ereignisse mitbestimmend für den großen Erfolg, was den Autor zu der erzählfreudigen Fortsetzung *Euphues and his England* (1580) ermunterte.

> Lyly belehrt durch Unterhaltung. Indem er dem Leser die Entwicklung und Wandlung Euphues vom Höfling bis hin zum Weisen vorführt, behandelt er alle die Gesellschaft bewegenden Themen: Liebe, Freundschaft, Religion, Gott, Tugend, Laster, Hofleben, Mode etc. Euphues wird zum beispielhaften Vertreter des Geistes ("wit").

Stärker noch als der Inhalt verhalfen Form und Stil dem *Euphues* zu modischem Ruhm und vielen Nachahmungen. Laute und Lautgruppen, Wörter, Satzteile und ganze Sätze werden parallel oder gegensätzlich aufeinander bezogen. Wortspiel, Alliteration, Reim, all das dient dem großen Ziel der Symmetrie und Balance. Hinzu kommen Bilder und Vergleiche, die weit hergeholt aus imaginärer Geschichte, phantastischer Naturgeschichte oder humanistischen Medizinbüchern entnommen sind. Das Ergebnis dieser konsequent durchgehaltenen Stilprinzipien war ein künstlicher, preziöser Stil, der nicht nur viele Nachahmer gefunden hatte, sondern auch zum Objekt von Spott und Satire wurde (cf. Shakespeares Spott auf diesen Stil in *Love's Labour Lost).*

Unter den Nachahmern Lylys und Sidneys ist ROBERT GREENE (1560-1592) zu nennen, ein akademisch gebildeter Journalist mit untrüglichem Gefühl für die Wünsche des Lesers. In den achtziger Jahren schrieb er eine Reihe von Erzählungen im Stil des *Euphues* und beeinflußte auch THOMAS LODGE (ca. 1558-1625) zu dessem einzigen populären Roman *Rosalynde, Euphues Golden Legacie* (1590), dessen Geschichte Shakespeare als Handlungskern für *As you like it* verwendete.
In seinen letzten, autobiographisch geprägten Prosawerken *Greene's Never too late* (1590) und *Greene's Groatsworth of Wit bought with a Million of Repentance* (1592) wendet sich Greene, mittlerweile abgestoßen von der höfischen Welt, mehr der Wirklichkeit und der ungeschminkten Darstellung der menschlichen Leidenschaft zu und bereitet so den Weg für den Abenteuer- und Schelmenroman vor.

Das pikareske Schurken-Element des Schelmenromans, wie er in Spanien bereits vorgebildet war, wurde dann durch THOMAS NASHE (1567-1601) mit *The Unfortunate Traveller* (1594), dem vom Helden in der Ich-Form erzählten bedeutendsten Abenteuerroman der Epoche, voll entfaltet.

> Der Roman erzählt die Lebensgeschichte Jack Wiltons in London und Frankreich sowie seine Erlebnisse in Diensten des Grafen Surrey, auf dessen Reisen er ihn begleitet. Dabei trifft er in Rotterdam Erasmus und Morus, hört in Wittenberg Luther disputieren und erlebt in Rom die sprichwörtliche Sündhaftigkeit mit Mord, Vergewaltigung, Folter und Hinrichtung. Durch den in "the Sodom of Italy" gewonnenen Eindruck bekehrt, macht er sich auf den Weg zurück nach England, wo die Geschichte im Heerlager des Königs von England dann endet.

Die bunte Fülle von Abenteuern ist frisch und fesselnd erzählt und lebt von lebendiger Beobachtung ebenso wie von kraftvoller und farbiger Sprache. Typisch englische Züge werden in der Mischung von tragischen mit komischen Elementen sowie in der Handlungsmotivation deutlich: Der Held wird nicht wie der Picaro durch Not und Armut, sondern von Abenteuerlust getrieben. Er gehört auch nicht der niedrigsten sozialen Schicht an, sondern ist, wie er selbst sagt, "a Gentleman at least".

5. Das Drama vor Shakespeare

Das englische Drama des 16. Jahrhunderts wuchs aus der ausgeprägten heimischen Tradition der *Mysterienspiele* und *Moralitäten*, wobei im 16. Jahrhundert die *Interludien* ("interludes") die Moralitäten ablösten. Die *Interludien* — eine schwer deutbare Gattungsbezeichnung — waren Stücke, die am Hof oder an Universitätskollegien von berufsmäßigen Schauspielern aufgeführt wurden und eine kürzere Episode mit einer begrenzten Zahl von Figuren zur Handlung hatten.
Sie unterscheiden sich von den *Moralitäten* oft nur durch die stärkere Betonung der komischen oder farcenhaften Elemente. Daneben gelangten, vor allem im Bereich von Schule und Universität, klassische Stücke zur Aufführung, die zu Nachdichtungen in der Landessprache anregten. So behandelt NICHOLAS UDALL nach Motiven der lateinischen Komödiendichter Plautus und Terenz die verunglückte Werbung des großmäuligen *Ralph Roister Doister* (ca. 1550) um die Gunst und das Vermögen der Dame Custance. Bei diesem Stück wird zum erstenmal, wenn auch nur äußerlich, der klassische Aufbau in Sze-

nen und fünf Akten angewendet. Aber auch die Senecatragödien, zunächst in lateinischer Sprache an der Cambridge Universität nachgedichtet und aufgeführt, regten die Entwicklung des englischen Dramas an.
Als erstes Beispiel sei hier die von den beiden Juristen THOMAS SACKVILLE und THOMAS NORTON verfaßte Blankverstragödie *Gorboduc, or Ferrex and Porrex* (1561) erwähnt, bei der es sich um ein vollends durchstrukturiertes Drama mit nur einem Helden und einem Gegenspieler handelt, und das eine innere Handlung — seelische Vorgänge treiben das Geschehen voran — aufweist.

Damit sich nun das große elisabethanische Drama entwickeln konnte, waren aber auch äußerliche Voraussetzungen, wie die Gründung von Schauspielertruppen und die Einrichtung fester Theater, notwendig. So wurde 1576 das erste feste Theater ("The Theatre") in London gebaut, dem bald weitere folgten ("Swan", 1595 / "Globe", 1599). Neben den Freilichttheatern ("public theatres") gab es auch die bevorzugten, sogenannten "private theatres", die allerdings über nur etwa 500 Plätze verfügten, also nur etwa ein Fünftel von dem, was die meisten öffentlichen Theater faßten. Das bekannteste "private" Theater ist das "Blackfriars"-Theater (1596).
Charakteristisch für das elisabethanische Theater ist die weit in den Zuschauerraum hineinragende, von drei Seiten einsehbare Bühne, die über eine oder mehrere Versenkungen verfügte. Auf allen Seiten vom Publikum umgeben zu sein, war für den Schauspieler — es gab damals keine Schauspielerinnen; weibliche Rollen wurden von Knaben gespielt — ebenso selbstverständlich wie der Verzicht auf szenische Ausstattungen (ausgeglichen durch die mit Sprache und Gebärden des Schauspielers gestaltete "work scenery"). Diese Ansprüche an den Schauspieler und seinen Text sowie sein Verhältnis zum Publikum wirkten sich auch auf die Struktur des Dramas aus.

a) Die Komödie

Als Schöpfer der elisabethanischen Liebeskomödie gilt JOHN LYLY (ca. 1554-1606). Er schrieb seine Komödien für Aufführungen am Hofe und orientierte sich ganz an dem dort vorherrschenden Geschmacksideal. Für seine Komödien übernahm er Typen und Konventionen der lateinischen Komödie, wie z.B. den klugen Diener, den alternden Liebhaber sowie absichtliche und unfreiwillige Verwechslungen, die er mit der schwankhaften Komik einheimischer Tradition durchsetzte. Im Mittelpunkt seiner Komödien steht das feste Zeremoniell der höfischen Liebe mit all seinen stilisierten Verhaltensweisen, wie z.B. das Sonetteschreiben des Liebhabers und die abweisende Sprödigkeit der angebeteten Dame.
Die Handlung in Lylys Komödien ist sorgfältig aufgebaut, wobei vor allem die symmetrische Figurenanordnung sowie die kunstvolle Spiegelung der Haupthandlung in den Nebenhandlungen auffällt. Seine Stoffe hat Lyly in erster Linie der antiken Geschichte und Mythologie entlehnt.

> In seiner ersten Komödie, *Alexander and Campaspe* (1584), verliebt sich Alexander in die entführte Thebanerin Campaspe, sie aber zieht den Maler Apelles vor. Alexander, hier nicht nur Überwinder seiner Feinde, sondern auch seiner selbst, verzichtet und ermöglicht so den glücklichen Ausgang des Stückes.

In seinen Liebeskomödien, wie z.B. *Sapho and Phao* (ca. 1584) und *Endimion* (1588), gestaltet Lyly hauptsächlich Stoffe aus der antiken Mythologie, wobei er in die Nebenhandlungen Figuren englischer Schwänke und satirische Passagen einbaut, die man als allegorische Hinweise auf politische Ereignisse und Verhältnisse auffassen kann.
Das einzige Stück Lylys, das ganz im englischen Alltagsleben spielt, ist *Mother Bombie* (ca. 1594).

> Der Kern der Handlung ist die Heirat mehrerer junger Paare gegen den Willen ihrer Eltern mit Hilfe listiger Diener. Mit mehrfachen Verkleidungen und Verwechslungen, nach dem Vorbild Plautus', wird dieser Kern zu einer komplexen Handlung gestaltet, die unbeengt von mythologischen Elementen ihren volkstümlichen Charakter entfalten kann.

In der kunstvollen Verbindung traditioneller Komödienelemente mit der höfischen Liebesthematik sowie vor allem in der Verfeinerung der Komödiensprache — rhetorisch und geistreich — leistete Lyly einen entscheidenden Beitrag zur elisabethanischen Komödie und beeinflußte auch Shakespeare nachhaltig, wie viele nachgewiesene Entlehnungen beweisen.

Von den vielen Nachahmern und Nachfolgern Lylys als Komödienschreiber soll hier nur auf die zwei bedeutendsten Vertreter eingegangen werden.
GEORGE PEELE (1556-1596) hat, vor allem in seinem Stück *The Old Wives' Tale* (1595), das lylysche Muster der volkstümlichen Komödie weiterentwickelt, indem er durch die Gegenüberstellung von Wirklichkeit und Märchen die Handlung zu einer humorvollen Lösung führt (cf. Shakespeare *The Two Gentlemen of Verona*).

ROBERT GREENE hat in seinen Stücken (z.B. *The Historie of Orlando Furioso, The Honorable Historie of Friar Bacon and Friar Bungay*, 1591, u.a.) die romantische Grundstimmung der volkstümlichen Komödie weiter ausgestaltet, die dann bei Shakespeares *A Midsummer Night's Dream* in vollkommener Form Ausdruck findet.

b) Die Tragödie

Eine ähnliche Rolle, wie sie Lyly und die genannten Dramatiker für die Komödie spielten, kommt Kyd und Marlowe hinsichtlich der Entwicklung der elisabethanischen Tragödie zu.
THOMAS KYD (1558-1594) schuf, beeinflußt von Senecas Tragödien, eine dramatische Form, die zum Modell für die elisabethanische Tragödie schlechthin wurde. Von seinem Werk, zu dem wahrscheinlich auch eine verlorengegangene Hamlet-Tragödie gehörte, ist allein das in seiner Zeit äußerst erfolgreiche Drama *The Spanish Tragedy* (ca. 1592) erhalten geblieben.

> Die Handlung, sicherlich beeinflußt von dem aktuellen politischen Hintergrund des Sieges der Spanier (1580) im spanisch-portugiesischen Krieg, wird — ganz in der Manier Senecas — bestimmt von Liebe, Intrige, Rache und Blut. Die sehr verwickelte Handlung findet ihren Höhepunkt in der Rache Hieronimus, eines spanischen Marschalls, an den Mördern seines Sohnes Horatio, die im Verlauf einer höfischen Theateraufführung (Beispiel für 'Spiel im Spiel') auf drastische Weise vollzogen wird.

Der Erfolg dieser Tragödie gründet sich auf die geschickt konstruierte Handlung — Aktionsszenen wechseln mit handlungsverzögernden, von dunklen Vorahnungen durchtränkten Szenen — sowie auf die Tatsache, daß die zahlreichen Greueltaten direkt auf der Bühne zur Darstellung gelangen und nicht, wie bei Seneca, nur berichtet werden.
Bedingt durch den Erfolg dieser Tragödie, wurden viele Motive und einzelne Elemente in späteren Rachetragödien wieder aufgegriffen und so zu Konventionen: der zur Rache auffordernde Geist eines Verstorbenen, der aus übergroßem Schmerz geborene Wahnsinn, der gespielte Wahnsinn, das Spiel im Spiel, der machiavellistische Schurke, deklamatorische Bühnenreden und vieles andere.

Erheblichen Einfluß auf die elisabethanische Tragödie hatte auch CHRISTOPHER MARLOWE (1564-1593), der in seiner Tätigkeit als Geheimagent der Regierung im Alter von 29 Jahren bei einer Messerstecherei in einem Wirtshaus in Deptford getötet wurde. Sein zweiteiliges Stück *Tamburlaine the Great* (ca. 1587) erzielte ähnlichen Erfolg wie Kyds *The Spanish Tragedy.*

> Der erste Teil des Dramas handelt von dem Aufstieg des scytischen Schafhirten Tamburlaine, der sich aufmacht, die Welt zu erobern. Mit zunehmender Macht offenbaren sich auch seine ungezügelte Gier und unüberbietbare Grausamkeit. Seine Wildheit wird einzig und allein gemildert durch seine Liebe zu Zenocrate, seiner gefangenen Sklavin.
> Der zweite Teil zeigt die Fortsetzung seines Feldzuges bis nach Babylon, wohin er in einem Wagen, gezogen von besiegten und gefangengenommenen Königen, gelangt. Das Stück endet mit dem Erkennen der Grenzen seiner Macht, als er sich vergeblich gegen den Tod Zenocrates und gegen seinen eigenen auflehnt.

Wie Tamburlaine erscheinen auch die Helden der anderen Dramen Marlowes als übermenschliche Figuren.

> Getrieben von übermäßigem Erkenntnisdrang versucht Faust in *The Tragical History of Doctor Faustus* (ca. 1588), die Grenzen des menschlichen Geistes zu sprengen, und verkauft seine Seele dem Teufel. Doch auch er endet in verzweifelter Ausweglosigkeit, die in Fausts Monolog, in der Schlußszene, gipfelt.

> Grenzenlos grausame Rache sucht der jüdische Wucherer Barabas in *The Jew of Malta* (ca. 1589) für seine ungerechte Behandlung durch die Christen. Anfangs ist seine durch Intrigen und Hinterlist bestimmte Handlungsweise noch erfolgreich. Er findet jedoch sein Ende in einer von ihm selbst gestellten Falle.

Mit Marlowes in Blankversen geschriebenen Tragödien hat sich ein neuer tragischer Dramentypus entwickelt, das Charakterdrama. Im Mittelpunkt dieses Dramas steht der Held. Seine Tragik liegt aber nicht im Sturz des Helden aus Reichtum und Glück in Not und Elend, sondern in dem Widerspruch zwischen unersättlichem Drang nach übermenschlichen Zielen und dem Eingebundensein in die menschliche Natur.

6. Shakespeares Dramen

WILLIAM SHAKESPEARE (1564-1616) wurde als Sohn bürgerlicher Eltern in Stratford-on-Avon geboren und am 26.4.1564 dort getauft. Er besuchte eine unabhängige Lateinschule in seinem Geburtsort. 1582 heiratete er Anne, die Tochter von Richard Hathaway aus Shottery. Bis etwa 1585 soll er in Stratford als Schulmeister tätig gewesen sein. In einer nicht bekannten Zeit siedelte er nach London über, wo er die Bekanntschaft des jungen Earl of Southhampton machte, der sein Mäzen wurde. Ab 1594 war er Schauspieler und Teilhaber einer Londoner Theatergruppe ("Lord Chamberlain's", 1603 umbenannt in "The King's Players"), die am "Theatre", "Globe", "Curtain" und ab ca. 1609 am "Blackfriars" spielten. Sein frühestes Werk als Dramatiker, die drei Teile von *Henry VI.*, ist um 1590/91 entstanden. Als geschäftstüchtiger Mann brachte Shakespeare es zu Wohlstand und umfangreichem Grundbesitz in Stratford, wo er dann ab 1612 seine letzten Lebensjahre verbrachte.

Die Überlieferung seines Werkes ist seit Jahrhunderten schon Gegenstand literaturgeschichtlicher Forschung. Die von Heminge und Condell zusammengestellte und 1623 herausgegebene Gesamtausgabe umfaßt 36 Stücke. Sie wird nach ihrem Format als "Folio" bezeichnet. 20 Stücke waren bereits zu Lebzeiten Shakespeares in Einzeldrucken im Quartformat ("quartos") unterschiedlicher Zuverlässigkeit erschienen. Die zuverlässigen Quartausgaben ("good quartos") sind von der Theatergesellschaft autorisierte Texte, während es sich bei den schlechten Quartausgaben ("bad quartos") um Raubdrucke handelt, denen stenographische Mitschriften, Gedächtnisreproduktionen und illegal erworbene Einzelrollen zugrundeliegen.

a) Die Historien

Der Fachbegriff 'Historien' darf nicht dazu verleiten, zu glauben, daß es sich hier um eine säuberlich getrennte und streng definierte Gattung des 16. Jahrhunderts handelt. Der Terminus "history" wurde meist rein beschreibend als Synonym für "story" verwendet.
Heminge und Condell waren es, die in ihrer Folioausgabe die Dramen der Lancester-Tetralogie *(Richard II, Henry IV, Henry V)*, der York-Tetralogie *(Henry VI, Richard III, King John)* und das späte Drama *Henry VIII* unter dem Begriff "histories" als Gattung den Tragödien und Komödien zur Seite gestellt haben.

In Shakespeares Historien ist das Schicksal einer Reihe von verschiedenen Herrschertypen gestaltet, die, mit Ausnahme von Henry V, einen tiefen Sturz in Elend oder Tod erleben.
Als typische Handlungsstruktur kann die Episodenhaftigkeit angesehen werden, die allerdings in den einzelnen Stücken unterschiedlich klar zum Ausdruck kommt. Begnügt sich Shakespeare in seinen ersten Historien mit der Individualisierung und Verlebendigung der historischen Quelle, so nähert er sich später mit immer stärkerer Betonung der Mittelfigur den Tragödien. Als Hauptquelle für das historische Material seien hier Holinsheds *Chronicles of England, Scotland and Ireland* (1587) genannt.

Die drei Teile von *Henry VI* (1590-92) zeigen noch sehr stark den Episodencharakter der früheren "chronicle plays", lediglich der mittlere, figurenreiche Teil ist durch die Darstellung der Rosenkriege dramatisch wirkungsvoll gestaltet.

Die Historie *Richard III* (1592-93), eine Dramatisierung der letzten Stationen des von Bürgerkriegen beherrschten Leidenswegs des Landes vor dem Anbruch der segensreichen Tudordynastie, läßt Richard III als gottgewollte Geißel erscheinen, die zur Bestra-

fung Englands gesandt ist, denn alle seine Opfer, mit Ausnahme des jungen Prinzen, sind selbst schuldig und sich dessen auch bewußt. Das ausgerechnet der Schurke Richard III das Urteil vollzieht, macht die dem Stück zugrundeliegende Ironie aus, denn Richards Thronbesteigung versinnbildlicht den Höhepunkt des politischen Chaos und der pervertierten Ordnung.
Für die abstoßende und zugleich faszinierende Figur Richards dürfte die "Vice"-Figur der mittelalterlichen *Moralitäten* als Vorbild gedient haben, die als personifizierte Bosheit mit ihren Täuschungen und Schurkereien die Handlung vorantrieb. Von Richards Handeln hängt das dramatische Interesse ab, seine Willenskraft und List überwindet alle Hindernisse. Das Publikum, von Richard selbst durch seine ständigen ironischen Kommentare (meist in "asides") und ausführlichen Planungsmonologe informiert, wird in eine Art ironisches Komplizenverhältnis gedrängt und in seinem Interesse ganz auf die Gestalt Richards fixiert.
Zahlreiche Leitmotive (Schuld, Gewissen, etc.) tragen zur Verknüpfung der Handlungsfäden bei, und auch Sprachgesten (wie z.B. Prophezeihungen, Träume, Vorahnungen, etc.) wirken in ihrem wiederholten Auftreten verbindend.

Der Held des *King John* (1594) ist nicht mehr der idealisierte Märtyrer der Vorlagen, sondern eindeutig der Usurpator, der den rechtmäßigen Erben Arthur vom Thron fernhält. Als Gegenfigur zu dem König dient der Bastard — als Figur eine Schöpfung Shakespeares — ein illegitimer Sohn von Richard Löwenherz namens Faulconbridge, der aus einer Nebenfigur heraus immer stärker zur beherrschenden Gestalt des Dramas wird und sich nach Johns Tod mit seinem Verzicht auf die Krone als das imponierende Gegenbild zu König John erweist.

Das erste Stück der Lancaster-Tetralogie, *Richard II* (1595), ist eine Charakterstudie des im Mittelpunkt stehenden, zwischen Schwäche und Willkür schwankenden Helden. Mit seiner Darstellung, wie sich aus der seelischen Anlage ein tragisches Schicksal entwickelt, und vor allem mit der Gegenüberstellung von Richard II und seinem Gegenspieler Bolinbroke liegt das Stück bereits in dem Bereich der Tragödie. Das Stück zeigt, daß Richards Fall zwar unvermeidbar und selbstverschuldet war, aber seine Ermordung bleibt Unrecht. So gesehen wird die Deutung der kommenden Entwicklung mit dem Höhepunkt der Rosenkriege als Strafe Gottes für den Mord an einem König verständlich.

Mit den Stücken *Henry IV* (1596-97) und *Henry V* (1599) hat Shakespeare sich endgültig von jeglicher Vergleichbarkeit mit zeitgenössischen Beispielen befreit und zur eigentlich vollendeten Historienform gefunden. Ernste und komische Szenen mischen sich und zeigen in gelungener Verknüpfung die ganze Vielfalt der wirklichen Welt. Ernst und Komik, Hofleben und Wirtshausmilieu, politischer und privater Bereich werden ständig in Beziehung zueinander gesetzt. Im Unterschied zu den früheren Historien steht die Titelfigur nicht mehr im Mittelpunkt der Handlung. Der alternde Herrscher, der durch seine Usurpation die Schuld an der Uneinigkeit des Landes auf sich geladen hat, setzt im ersten Teil von *Henry IV* die politische Handlung in Gang, die sich sogleich auf die Rebellion der Percys konzentriert. Der eigentliche Held ist Percy Hotspurs Sohn, Prinz Hal, der als einziges Bindeglied zwischen dem politischen, ernsten und dem mehr privaten, komischen Handlungssträngen fungiert, indem er sich den Wirtshäusern ergeben hat. In diesem letztgenannten Milieu findet sich die Figur des Falstaff, Shakespeares überzeugendste Verkörperung des Humors, die mit König Percy Hotspur zusammen als Gegensatzpaar die Autonomie von politischem und privatem Bereich symbolisiert. Das Stück *Henry V*, Shakespeares letzte Historie, zeigt dann Prinz Hal auf dem Höhepunkt seiner Laufbahn und bringt die Lancaster-Tetralogie in Form eines vaterländischen Festspiels voll breiter Geschichtsgemälde zu einem positiven Abschluß.

b) Die Komödien

In seinen Komödien folgt Shakespeare der Forderung Sidneys nach einer Komödie "full of delight", im Gegensatz zu der üblichen Komik, die nur auf satirisches Verlachen menschlicher Schwächen und Laster abzielte.
Als Ort der Handlung beläßt er fast ausnahmslos die mittelmeerischen Schauplätze der Vorlagen.
Seine Komödien lassen sich nach ihren jeweiligen inhaltlichen Grundstrukturen in heitere Komödien, Problemstücke und Romanzen oder Märchenkomödien gruppieren.

Shakespeares heitere Komödien sind Liebeskomödien, deren Handlungsverlauf sich vielleicht am besten mit folgenden zwei Zitaten kennzeichnen läßt:

> "The course of true love never did run smooth ..." *(Midsummer Night's Dream*, I, i)
> "Jack shall have Jill;
> Nought shall go ill." *(Midsummer Night's Dream*, II, ii)

Für den Aufbau der heiteren Komödien Shakespeares ist charakteristisch, daß die zentralen Liebeswirren der meist adeligen Helden und Heldinnen in burlesken und possenhaften Nebenhandlungen um Personen niederen Standes gespiegelt und kontrastiert werden. Als Liebeskomödien enden sie mit der glücklichen Vereinigung der durch innere Spannung oder äußere Hindernisse entzweiten Paare, ausgeschlossen von diesem "happy end" sind nur die Außenseiter der Komödiengesellschaft (wie z.B. eingefleischte Bösewichter, verbitterte "malcontents", etc.).

Shakespeares wahrscheinlich früheste Komödie, *Comedy of Errors* (1590-93), folgt der Handlungsstruktur von Plautus' Komödie *Menaechmi*. Das uralte Verwechslungsmotiv in verstärkter Form (Zwillingsherren und Zwillingsdiener) ist zu einem ausgeklügelten, farcenhaften Verwechslungsspiel gestaltet und durch die Einführung der Liebe dem romantischen Lustspiel angenähert.

Die erste 'romantische' Komödie Shakespeares *The Two Gentlemen of Verona* (1593) unterscheidet sich von den späteren vor allem dadurch, daß hier das Ideal einer alles überwindenden Liebe und Freundschaft, in überschwenglicher Rhetorik dargestellt, nur gelegentlich ironisch gebrochen wird, und die antiromantischen Aspekte noch auf einzelne, nicht ganz eingebundene Nebenszenen beschränkt bleiben.

In *The Taming of the Shrew* (1594) verknüpft Shakespeares drei verschiedene Handlungsstränge zu einer komplexen Komödienstruktur: die Rahmenhandlung um den betrunkenen Kesselflicker Sly, den eine übermütige Hofgesellschaft aus seinem Rausch aufweckt, als Schloßherrn behandelt und ihm die eigentliche Komödie vorspielen läßt; die Zähmung der widerspenstigen Kate durch Petruchio; und als dritter Handlungsstrang die Intrige um Bianca und ihre drei Freier.

In *Love's Labour's Lost* (1594), Shakespeares literarischster Komödie, hat die Sprache eine vorrangige Bedeutung für die Charakterisierung der Figuren und wird in der gegenseitigen Kommentierung der Figuren sogar zum zentralen Gegenstand des komischen Geschehens gemacht. So wird der Plan Ferdinands von Navarra und seiner drei Höflinge, sich zu humanistischen Studien zurückzuziehen, durch die künstliche, überspitzte Redeweise als unnatürliche Pose charakterisiert, die mit der Ankunft der Prinzessin und ihrer drei Hofdamen dann auch zusammenzubrechen beginnt. Darüberhinaus werden die sprachlichen Verirrungen der Aristokraten durch Nebenfiguren karikiert. Dem künstlichen Reiz der sprachlichen Gestaltung entsprechen die symmetrisch ausgewogene Personengruppierung sowie die stilisierte Handlungsführung und Dialogtechnik.

In *A Midsummer Night's Dream* (1595) vereinigt Shakespeare drei an sich nicht zusammengehörende Welten: den anachronistischen Hof eines vorhomerischen Athens, die realistische Welt der Landbevölkerung sowie das zeitlose Feenreich.
Diese drei Welten werden äußerlich zusammengehalten durch den Rahmen, innerlich durch die Idee, eine Phantasie über das Verwandlungsvermögen der Liebe.

> Das Hochzeitsfest von Theseus und Hippolyta bildet den Rahmen und das Ziel für das Irrspiel von fünf Paaren zwischen Liebe und Vernunft, in dem alle Handlungsfäden dann zusammenlaufen. Theseus, der Herzog von Athen, gibt gemäß dem Gesetz Hermia vier Tage Zeit, dem Willen ihres Vaters folgend Demetrius zu heiraten, andernfalls Kloster oder Todesstrafe drohen. Hermia weigert sich, weil sie Lysander liebt, und flieht mit Lysander in die Wälder. Demetrius und Hermias Freundin Helena, das zweite Liebespaar, folgen ihnen einzeln nach. Die Wälder, bzw. der Zauberwald, ist aber das Reich des Herrscherpaares der Feenwelt, Oberon und Titania, die sich gegenseitig frühere Liebschaften mit Theseus und Hippolyta vorwerfen und die Hochzeit ihrer Günstlinge durch ihre Anwesenheit segnen wollen. Über diese Verknüpfung der beiden Schauplätze und Reiche hinaus sind aber auch die einzelnen Handlungsstränge miteinander verflochten. Puck, als spitzbübischer Kobold und Zaubergehilfe Oberons, stiftet mit dem Saft einer Zauberblume völlige Verwirrung unter den Liebespaaren im Athener Wald, der dann schließlich auf Befehl Oberons, mit Hilfe des barmherzigen Nebels des Vergessens, ein Ende bereitet wird. Alle Liebenden kehren zu ihren Partnern zurück, den Geflüchteten wird vergeben, und das Stück endet mit einer von Handwerksgesellen unfreiwillig komisch aufgeführten Theaterdarbietung des eigentlich tragischen Stückes 'Pyramus und Thisbe' anläßlich der dreifachen Hochzeit.

A Midsummer Night's Dream gilt als ein erster Höhepunkt innerhalb Shakespeares Komödienschaffen, in dem er viele Situationen und Motive früherer Versuche meisterhaft gestaltet.
Der Charakter der Liebe zwischen Vernunft auf der einen und Narrheit, Traum und Phantasie auf der anderen Seite kommt in allen Darstellungsbereichen zum Ausdruck. So herrscht am Hofe Athens die männliche Vernunft Theseus, die sich nicht nur in den Figuren der Athener Liebespaare, sondern auch in ihrer euphuistischen Rhetorik darstellt, während im Wald bei Athen die zauberische Atmosphäre deutlich durch die zarte lyrische Poesie der Elfen bestimmt wird, eher noch verstärkt als gestört durch die derb-komische Prosa der Rüpelszenen. Dieser dualistische Wesenszug bestimmt auch die Verknüpfung

von Stilebenen, die sich in der von gegensätzlichen Leitmotivpaaren kunstvoll durchwirkten Bildersprache äußert: Tag und Nacht, Träumen und Wachen, Ordnung und Chaos, etc. Dieses Spiel zwischen den Polen der Vernunft und der Narrheit offenbart die ganze Gestaltungskraft der Liebe, aber mehr noch die alles umfassende Macht der Phantasie, und verdeutlicht ihr Produkt, die Illusion. Denn die von den Handwerkern zur Farce verunstaltete Tragödie macht als Spiel im Spiel dem Zuschauer den Scheincharakter der ganzen Komödie bewußt.

Sehr umstritten ist die Einordnung des Stückes *The Merchant of Venice* (1596). So wird es als Komödie, wegen des glücklichen Ausgangs, oder als Tragikomödie, aufgrund der lebensbedrohlichen Intrigen Shylocks, aber auch als Problemstück oder gar als Tragödie aufgefaßt. Auch wenn dem tragischen Aspekt ungewöhnlich viel Platz eingeräumt wird, steht doch der freudlosen Welt des jüdischen Wucherers in dem Kreis um Antonio und mehr noch im arkadischen Bereich von Belmont eine sinnenfreudige Welt gegenüber. Außerdem werden die Wertgegensätze des vordergründigen Handlungsgerüsts von einer tieferen, jenseits des Ethischen in einer Traumwelt angesiedelten, zweiten Gestaltungsebene relativiert. Shylock, der Fremdkörper in der Komödienwelt, wird überspielt, und so endet das Stück in verklärter, heiterer Atmosphäre mit dem Bild dreier glücklich vereinter Paare, begleitet von Sphärenmusik, die zwischenmenschliche und kosmische Harmonie ausdrückt.

Mit einem Übergewicht an rein farcenhaften Spielelementen hebt sich *The Merry Wives of Windsor* (1597), eine Fortsetzung der Falstaff-Komik aus *Henry V*, deutlich von den 'romantischen' Komödien Shakespeares ab. Mit ihren elf Intrigen und Gegenintrigen erweist sich diese Komödie als harmloses, durchwegs lustiges Spiel, wie es der Titel verspricht.

Zentrales Thema in *Much Ado About Nothing* (1598/99) ist die Verwirrung stiftende Macht des Scheins. So bestimmen immer wieder Täuschungsmanöver aller Art den Gang der Handlung, bei der die beiden Liebespaare im Mittelpunkt zweier Intrigen stehen. Zentrales Symbol der Scheinhaftigkeit des Geschehens ist der festliche Maskenball (II, i), dem im Kontrast die Enthüllungsszene des letzten Aktes entspricht, in der die Liebe und die Harmonie über die Welt des verwirrenden Scheins und der arglistigen Täuschung triumphiert.

In *As You Like It* (1599) folgt Shakespeare der Handlung des modisch-euphuistischen Prosaromans von T. Lodge, *Rosalynde*, setzt dabei jedoch neue Schwerpunkte und führt zwei neue Figuren, Jaques und Touchstone, ein.
Shakespeare gelingt es, nahezu die ganze Handlung der Vorlage im ersten Akt unterzubringen, und er hat damit Raum für die breite Ausgestaltung der pastoralen Liebesszenen im Wald von Arden, der die pastorale Konvention des 'locus amoenus' (idyllischer Ort des Glücks) mittels realistischer Aspekte ironisiert, besonders unterstrichen durch die Kommentierung aus der Perspektive des Narren Touchstone und des zynischen Melancholikers Jaques.

Twelfth Night; or What You Will (1601), das dem Titel zufolge wahrscheinlich in der zwölften Nacht nach Weihnachten, also am Vorabend zum Dreikönigstag, uraufgeführt wurde, ist die letzte und zugleich der Höhepunkt von Shakespeares heiteren Komödien. Das Stück ist durch Freude an Streichen und Spiel, an Verkleidung und Täuschung geprägt.

> Sebastian und Viola, Zwillinge, verlieren sich als Schiffbrüchige an Illyriens Küste aus den Augen. Verkleidet als Knabe Cesario gelangt Viola in den Dienst von Herzog Orsino, der sie für seine Werbung um die schöne Olivia einsetzt. Viola/Cesario verliebt sich allerdings in ihren Herrn Orsino, dessen umworbene Dame, Olivia, wiederum an Cesario großen Gefallen findet. Diese Dreiecksgeschichte wird nun zusätzlich verwirrt durch die Ankunft von Violas Zwillingsbruder Sebastian. Diese Doppelgänger-Verwirrungen, die die zweite Hälfte der Komödie bestimmen, stellen eine Steigerung des Motivs von Sein und Schein dar, in dem die Irrungen und Täuschungen der Liebe veräußerlicht werden.
> In der komischen Nebenhandlung findet sich dieses Motiv karikiert bei dem Haushofmeister Malvolio, der sich in seiner grotesken Eitelkeit für einen würdigen Freier um die Hand seiner Herrin Olivia hält. Diese Nebenhandlung wird durch die weiteren Figuren Sir Toby, Maria und dem prahlerischen Sir Aguecheek (Junker von Bleichenwang) sowie durch die Brief-Belauschungsszene und dem absurden Duell zwischen Aguecheek und Cesario/Viola zu einem Höhepunkt der gesamten Komödienliteratur.

Die verschiedenen Stilebenen und Tonlagen dieser gelungenen Komödie spiegeln sich in der breiten Vielfalt der Lieder des Narren Feste ebenso wider, wie in der Differenzierung der sprachlichen Ausdrucksmittel: Orsinos petrarkistisch stilisierter Bilderreichtum wird ironisiert in der geschraubten Ausdrucksweise Malvolios. Und der wandlungsfähigen, nuancenreichen Sprache Violas stehen Sir Tobys burlesker Wirtshauston sowie das sprachliche Unvermögen Sir Andrew Aguecheeks gegenüber.

In deutlichem Kontrast zu den heiteren Komödien stehen die Stücke *Troilus and Cressida* (1601-03), *All's Well That Ends Well* (1600-04) und *Measure for Measure* (1603-04), da hier stärker als bisher das Niedere und Bösartige in die Welt der Komödie eindringt und Raum erhält. In *Troilus and Cressida* geht das sogar so weit, daß die positiven Figuren aus dem Mittelpunkt der Handlung verdrängt werden. Im Hinblick auf den elisabethanischen Gattungsbegriff sind diese Stücke aufgrund ihres Aufbaus — anfängliche Schwierigkeiten werden zu einem glücklichen Ende gebracht — unzweifelhaft Komödien, wobei das Stück von Troilus und Cressida, da es nur thematisch geschlossen ist und sich somit nicht in dieser Weise eindeutig zuordnen läßt, wohl tatsächlich eine Zwischenstellung zur Tragödie einnimmt.
Die Tatsache, daß der Handlung dieser Stücke jeweils eine schwierige und nicht eindeutig entscheidbare Gewissensfrage zugrundeliegt, die auch den Zuschauer in einen Entscheidungszwiespalt drängt, hat dazu geführt, daß man diese Stücke, die bis in das 19. Jahrhundert hinein als 'dunkle Komödien' ("dark comedies") bezeichnet wurden, heute unter dem Begriff 'Problemstücke' ("problem plays") einordnet.

Die letzte Gruppe der Shakespeareschen Komödien, die Romanzen (oder 'Märchendramen'), stellen eine der geschlossensten Gruppen im Gesamtwerk Shakespeares dar und sind alle nach 1608 entstanden. Für den Elisabethaner war der Begriff "romance" mit einer sehr gemischten und vielfältigen Textgruppe literarischer wie volkstümlicher, fremder wie einheimischer, narrativer wie dramatischer Werke verbunden. Und diese Textgruppe der "romances" diente als Quelle und Vorlage für viele Handlungselemente der Märchendramen (z.B. Meer — Sturm — Schiffbruch / Trennung und Wiedervereinigung von Liebenden und Familien / etc.). Gemeinsam ist diesen Märchenspielen auch die thematische Grundstruktur: Alle führen von Glück über die Zerstörung dieses Glücks zu neugewonnenem Glück.

Pericles, Prince of Tyre (1606-08) ist die erste Romanze Shakespeares. Akt I und II des Dramas unterscheiden sich durch stilistische Schwächen von der zweiten Hälfte des Dramas. Da aber alle fünf Akte die gleiche Konzeption aufweisen, ist weniger eine Kollaboration Shakespeares mit einem anderen Dramatiker anzunehmen, als vielmehr eine Revision eines bereits vollständig vorliegenden Stückes durch seine Hand. Die Handlung geht auf den hellenistischen Roman *Apollonius von Tyrus* zurück, wobei als Vorlage die Behandlung der Geschichte in John Gowers *Confessio Amantis* gedient haben dürfte. Dieser Gower tritt in dem Stück selbst als Erzähler auf und verbindet so die episodenhaften Szenen der einen großen Zeitraum umfassenden Handlung. Im Mittelpunkt des Spiels von Sturm, Schiffbruch und Rettung steht die Figur Marinas, deren Liebe die Verzweiflung des von Schicksalschlägen heimgesuchten Perikles zum Frieden wendet. Trennung und Wiedervereinigung, Scheintod und Wiedergeburt, Chaos und Harmonie, dies sind die, wie für alle Romanzen, typischen Themen.

Auch das überreiche Geschehen des *Cymbeline* (1609-10) ist in seiner notwendig epischen Anlage noch ein Versuch, auch wenn trotz unterschiedlicher Qualität der Text ganz von Shakespeare stammen dürfte. Aufgebaut in zwei Handlungskreisen, die sich teilweise überschneiden, geht es um das Thema von Verfall und Regeneration. Das Geschehen umfaßt eine Abfolge von unglücklichen Verwirrungen, die durch die Schuld einzelner Personen ausgelöst werden. Das Schicksal scheint als Strafe den Schuldigen ihre nächsten Angehörigen zu nehmen, um sie ihnen nach ihrer Buße aber überraschend wiederzuschenken.

Ebenfalls von den Folgen getäuschten Vertrauens erzählt *The Winter's Tale* (1610-11), für die Shakespeare die zu seiner Zeit sehr beliebte Prosaromanze *Pandosto* von Greene als Quelle benutzte. Das Geschehen wird ganz von der Figur Leontes beherrscht, in der Shakespeare versucht, die verheerende Wirkung von Eifersucht darzustellen. Nachdem der eifersüchtige König den Freund verbannt und die Gattin in den Kerker hat werfen lassen, bringt ihn der plötzliche Tod von Mamillius und Hermione wieder zur Besinnung. Die glückliche Verbindung mit Hermione, die seine lange Bußzeit beendet, wird durch einen wundersamen Kunstgriff ermöglicht.

The Tempest (1611) ist, wenn man von der umstrittenen Historie *Henry VIII* absieht, offensichtlich das letzte Stück Shakespeares. Im Gegensatz zu den früheren Romanzen bemüht sich Shakespeare hier um einen streng organisierten Plot und eine geradezu klassizistisch strenge Einheit von Ort, Zeit und Handlung. Handlungs- und Aufführungszeit dekken sich beinahe vollständig, da sich die Handlung auf die Darstellung der Krise und Lösung des eigentlich umfangreichen Geschehens beschränkt.

> Prospero, Herzog von Mailand, von seinem Thron verdrängt durch seinen Bruder Antonio und mit seiner Tochter Miranda dem Meer preisgegeben, ist an einer einsamen Insel, dem Verbannungsort der Hexe Sycorax, gestrandet. Mit Hilfe seiner magischen Fähigkeiten befreit Prospero verschiedene von der Hexe mit Zauberkraft festgehaltene Geister, so auch Ariel, die dann seinen Befehlen gehorchen. Auch Caliban, den Sohn der Hexe und einzigen Bewohner der Insel, nimmt er in seine Dienste. Nach zwölf Jahren strandet ein Schiff mit Antonio, dessen Verbündetem, dem König von Neapel, und dessen Sohn Ferdinand an Bord durch Prosperos Zauberkraft an der Insel. Alle Passagiere überleben den Schiffbruch. Jedoch wird Ferdinand von den anderen getrennt und für ertrunken gehalten, während er seinerseits denkt, er sei der einzige Überlebende. Ferdinand und Miranda treffen zusammen, verlieben sich und versprechen sich die Ehe. Unterdessen spielt Ariel, auf Prosperos Befehl, Antonio und dem König von Neapel übel mit. Nachdem Prospero den Bösewichtern durch Ariel ihre Schuld vor Augen geführt hat, ringt er sich zur Vergebung durch und führt Antonio seinem Sohn wieder zu. Alles endet glücklich, da auch das Schiff von Geister Hand wiederhergestellt ist, und sich alle vorbereiten, die Insel zu verlassen, nachdem Prospero seinen magischen Kräften abgeschworen hat. Nur Caliban bleibt, als einziger Bewohner der Insel, wie schon zu Beginn, zurück.

Alle Geschehnisse stehen durch Ariel unter der Kontrolle Prosperos. Dadurch wird jeder Zufall ausgeschlossen und von Anfang an der harmonische Ausgang gesichert. Prospero ist damit nicht nur handelnde Figur, sondern zugleich Regisseur und Zuschauer des Spiels. Als organisierende und eingreifende Ordnungsmacht geht es ihm dabei nicht so sehr um die Wiederherstellung seiner Rechte, sondern in selbstloser Weise um die Besserung der Schuldigen zu deren eigenem Nutzen. Er bedient sich dabei der Magie als Instrument, unterscheidet sich darin aber von der Hexe Sycorax, die mit dem Teufel im Bunde steht, indem seine Magie ('weiße Magie') nur zu guten Zwecken angewendet werden kann. Prospero, wenn auch über die menschliche Ebene erhoben, ist nicht allmächtig. Er vermag Antonio ("evil nature") ebensowenig zu wandeln, wie den Trunkenbold Stephano und den Narren Trinculo. Was Ariel in seinem Lied als "seachange" bezeichnet, den Wandel von Schmerz zu Glück, von Tod zu Schönheit, vollzieht sich auf der sittlichen Ebene nur in König Alonso. Am Ende des Spiels ist das Böse zwar unter Kontrolle, aber es bleibt als bedrohliche Macht bestehen. Und wie im Spiel bleibt auch das Leben steter Gefährdung ausgesetzt. So sind, wie der Epilog besagt, nicht nur die Schauspieler, sondern die Menschen insgesamt auf Nachsicht angewiesen, die Menschen, die, wie es in dem vielleicht berühmtesten Zitat aus diesem Stück heißt, wie Träume sind:

> "We are such stuff
> As dreams are made on; and our little life
> Is rounded with a sleep:" (V, i)

c) Die Tragödien

Die englische Renaissance kennt keine genau ausgeführte Theorie der Tragödie, die detaillierte Vorschriften bezüglich der Handlung oder Charaktere formuliert. Die Tragödienauffassung dieser Zeit basiert entsprechend der mittelalterlichen Tradition auf zwei Grundvorstellungen: Zum einen ist da die Vorstellung vom sich ewig drehenden Rad der Fortuna; zum anderen die Vorstellung vom Aufbau des Kosmos als "chain of being", einer Seinskette, die jedem Wesen den ihm gemäßen Platz zuweist; und wer dies mißachtend nach Höherem strebt, kommt zu Fall.

Im Gegensatz zur griechischen Tragödie, in der das tragische Geschehen sich aus einer feststehenden Schicksalslage ableitet, wird der Held in der Renaissancetragödie mitverantwortlich gemacht. Schicksalsentwicklung wird ersetzt durch eine Reihe verknüpfter Handlungen, die sich aus der sich entfaltenden Veranlagung des Helden ergeben. Damit setzt sich die Handlung der Tragödie zusammen aus äußerem und innerem Geschehen. Der äußere Kampf zweier gegnerischer Parteien, deren Ideen oder Leidenschaften wird begleitet von einem Konflikt und der daraus sich entwickelnden Auseinandersetzung in der Seele des Helden. Damit ist ein neuer Tragödientyp entstanden, die Charaktertragödie.

Zur Zeit Shakespeares haben sich innerhalb der als Tragödie bezeichneten Dramen Unterarten entwickelt je nach Thematik oder Plot-Struktur. So gibt es die "tragedy of revenge", in der eine Rachehandlung, verzögert und behindert durch Täuschungen, Intrigen und Fehler, blutig und bis zur letzten Konsequenz vollzogen wird. Der mitschuldig gewordene Rächer geht dabei meist auch zugrunde.

Eine weitere Tragödienart ist die "domestic tragedy", in der private Vergehen (Ehebruch, etc.) und deren Sühne behandelt werden.

Und schließlich gibt es noch die "historical tragedy", bei der es um machtpolitische Konflikte, um Fragen von Tyrannei oder unrechtmäßiger Machtaneignung geht.

Als frühe Experimente Shakespeares in der Tragödienform sind *Titus Andronicus* (1590) und *Romeo and Juliet* (1595) zu sehen. Während das erstere — in dem tragisches Mitleid nicht aufkommen kann wegen der Unmenschlichkeit des Helden — künstlerisch wenig geschätzt wird, gilt das zweite als poetisches und dramatisches Kunstwerk.

Die große Periode der Shakespeareschen Tragödienkunst beginnt jedoch erst mit dem Drama *Julius Caesar* (1599), das wie die anderen beiden Römerdramen ("Roman plays") Plutarchs klassische Lebensbeschreibungen zur Vorlage hat.

Die Handlungsstruktur wird bestimmt durch zwei sich parallel entwickelnde Tragödien, der des Caesar und der des Brutus, die sich jedoch in entscheidenden Szenen berühren und kreuzen. Höhepunkt und Wendepunkt der Handlung ist der Tod des Titelhelden in der Mitte des Stückes (III. Akt). Mit der Ermordung stirbt jedoch nur Caesars Person, die in der ersten Hälfte des Stückes mit all ihren menschlichen Schwächen erhellt wird und die Verschwörung vielleicht gerechtfertigt erscheinen läßt. Gerade aber die Verschwörung und der Sturz Caesars ermöglichen es, daß sich Caesars Geist immer stärker durchsetzt, und schließlich die Verschwörer im Freitod ihre Schuld sühnen.

Wesentliches thematisches Element, dargestellt in allen vier Hauptfiguren, ist der Konflikt zwischen privater Moral und politischer Aufgabe. Besonders erwähnenswert ist die berühmte Rede von Antonius auf dem Forum (III, ii) als ein Musterbeispiel demagogischer Beeinflussung des wankelmütigen Volkes.

In dem Drama *Antony and Cleopatra* (1606-07) zieht Shakespeare, stärker noch als bei den anderen Römerdramen, die Charakteranalyse historischer Gestalten der Darstellung geschichtlicher Geschehensabläufe vor. Geschichte fungiert hier nur als Hintergrund — geschichtliche Ereignisse finden nur als Botenberichte Eingang in das Drama und werden erst in den seelischen Reaktionen der Hauptfiguren wesentlich — für den Untergang der Liebenden. In den ersten drei Akten steht Antony im Vordergrund der Darstellung, schwankend zwischen seiner Liebe zu Cleopatra, den politischen Zwängen und seinen Aufgaben als Feldherr. Die beiden Schlußakte — der letzte Akt gehört Cleopatra allein — werden dann ganz beherrscht von dem Pathos des heroischen Untergangs.
Herausragend bei diesem Drama ist die große Vielfalt der dramatischen Sprache und die Intensität ihrer Bilder, die unlösbar an die dramatische Situation gebunden sind.

Im *Coriolanus* (1608) ist es Shakespeare gelungen, Rom selbst in seiner Volksmenge zu dramatisieren. Da in dem Stück nicht nur das Verhältnis des stolzen Patriziers Coriolanus zur Masse des Volkes, sondern überhaupt das Problem der Verpflichtung des einzelnen gegenüber der Gemeinschaft des Staates erörtern wird, hat man in dem Stück eine grundsätzliche Kritik an der menschlichen Gesellschaft (auf die elisabethanische Aktualität übertragen) gesehen. Charakteristisch dafür ist die Parabel vom Aufstand der Glieder des Körpers gegen den Bauch, mit der der alte Patrizier Menenius das aufgewiegelte Volk beruhigt.
Die äußere Handlung ist klar und überschaubar aufgebaut: Die Gegnerschaft des Patriziers Coriolanus und des römischen Volkes hat ihren Wendepunkt in Coriolanus' Kandidatur und Niederlage bei der Konsulwahl. Dieses zentrale Ereignis geht direkt aus seiner heldischen Rolle im Krieg gegen die Volksker hervor und führt unmittelbar zu seiner Verbannung aus Rom. Die äußere Handlung ist bestimmt durch die innere, die sich aus der Entfaltung der seelischen Veranlagung des Helden ergibt. Klassenstolz und hybrides Ehrgefühl, Resultate der Erziehung durch seine Mutter, die den früh vaterlosen Knaben einzig nach ihrem ehrgeizigen Leitbild römischer Größe, dem des unbeugsamen Kriegsmannes, erzog, sind so stark entwickelt, daß er, als er auf Drängen der Mutter die Sohnespflicht über seine Mannhaftigkeit stellt und aus taktischen Gründen eine Pose der Demut einnimmt, dies als Selbstverrat werten muß. Seine anschließende Verbannung und das Überlaufen zum Landesfeind sind dann nur mehr Veräußerlichungen des inneren Zwiespalts. Das Ende ist kein Heldentod wie in den übrigen Römerdramen. Zwar wird die Figur des Helden am Schluß summarisch aufgewertet, aber sein Schicksal, dramatische Notwendigkeit, wird als unvermeidlich empfunden, und die Einsicht in die großen Gesetze des Seins bleiben aus.

Kurz nacheinander, zwischen 1601 und 1606 erschienen die vier Dramen *Hamlet, Othello, King Lear* und *Macbeth* , die oft als die vier 'großen Tragödien' bezeichnet werden. Die Homogenität dieser vier Dramen liegt in der Verwandtschaft ihres Weltbildes sowie in der gemeinsamen Konzeption des Helden, der ganz allein als menschliches Individuum, nicht aufgrund seiner öffentlichen Funktion oder seiner geschichtlichen Situation, in tragischen Konflikt gerät.

Hamlet, Prince of Denmark (um 1600) ist eine Tragödie, die auf einem weiten staatlichpolitischen Hintergrund das Einzelschicksal und seine tragische Verflechtung darstellt.

Der Held sieht sich in ein Übel verstrickt, das ein anderer verursacht hat, und muß nun danach trachten, das Unrecht zu vergelten. Jedoch nicht die Fabel, sondern der Held steht im Vordergrund. Und in ihm wird die moralische Problematik der Rachetragödie — das notgedrungene Schuldigwerden in Ausübung der Rache — besonders durchsichtig gemacht, indem ihre ethischen Implikationen reflektiert werden. Hinzu kommt die innere psychologische Handlung (das Zweifeln und Zögern), die der vom Ehrenkodex, der die private Rache für Hamlet zur Pflicht macht, vorangetriebenen Handlung entgegenwirkt.
Innerhalb des umfassenden Zusammenhangs durch das Motiv der Rache zeichnen sich in Ansätzen noch andere Handlungselemente ab. So verweist der Beginn der Beziehung zwischen Hamlet und Ophelia auf das Thema der "romantic love", das jedoch in einer Welt, in der alle zwischenmenschlichen Beziehungen durch Mißtrauen vergiftet sind, keinen Raum zur Entwicklung findet. Auch das Motiv der Familienfehde klingt an, kommt jedoch nicht zur Ausgestaltung, da Claudius die klare Frontstellung verändert, indem er im eigenen Erben den Feind sieht und im Vaterrächer Laertes ein willkommenes Instrument zur Vernichtung seines Gegners findet.

Bei *Hamlet* handelt es sich um eine Tragödie, in welcher das Leben der Hauptfiguren von der Täuschung oder dem Durchschauen von Täuschungsversuchen abhängt. Somit kommt dem Thema 'Schein und Sein' eine Schlüsselstellung in dem Stück zu. So muß Hamlet die Wahrheit herausfinden — diesem Ziel dient auch das 'Spiel im Spiel' — und will den Schein nicht gelten lassen, muß zu diesem Zweck sich aber selbst der Maske, des Scheins, bedienen. Herausragend sind auch die ungewöhnlich vielfältigen Sprachschattierungen. Gemäß den vielen Rollen, die Hamlet im Verlauf der Handlung annimmt, sind seine Sprachmittel flexibel und schöpfen aus der breiten Fülle sprachlicher Möglichkeiten wie keine andere Figur Shakespeares. Weitere Schattierungen finden sich in der förmlichen Rede bei Hofe: die rhetorische Redeweise des Königs; die gewundene, durch verschachtelten Satzbau und Einschränkungen komplizierte Sprache seines Ratgebers Polonius; die affektierte Sprechweise des Höflings Osric.
Lyrische Sprache kennzeichnet Ophelias Wahnsinnsszenen, während in die Prosa des Totengräbers umgangssprachliche Elemente einfließen.
Hamlet ist das seit Shakespeares Lebzeiten am meisten kommentierte und in seiner Deutung umstrittenste seiner Dramen. Wobei die Mehrzahl der Interpretationen auf einer Charakteranalyse des Helden basiert. Doch ist es nicht gelungen, das Drama ebenso wie den Charakter seines Titelhelden auf eine einzige Deutung festzulegen — und vielleicht ist es gerade das, was seinen Reiz ausmacht.

Der Stoff für die "domestic tragedy" *Othello, the Moor of Venice* (um 1603) ist einer Novelle des italienischen Schriftstellers Cinthio entlehnt. Im Hinblick auf seinen theatergerechten Aufbau hat man *Othello* das beste Stück Shakespeares genannt. Es kommt von allen Tragödien Shakespeares der Wahrung der Forderung nach Einheit der Handlung, des Ortes und der Zeit am nächsten.
Die geradlinige Handlung, von deren zügigem Ablauf die Intrige Jagos abhängt, trägt dazu bei, daß sich das Interesse der Zuschauer ganz auf den Gang der Tragödie konzentriert. Der Konflikt setzt verhältnismäßig spät ein, dann jedoch wird Othello durch zwei Unterredungen in einer einzigen Szene (III, iii) vom Mißtrauen bis zu dem Punkt geführt, an dem er allem abschwört, was Sinn und Inhalt seines Lebens gewesen ist. Von da an wirkt der

Bazillus des Verdachts so rasant, daß Jago die Fäden der Intrige entgleiten und er seinen Plan durch spontane Improvisation ersetzen muß. Für Jago gibt es eine Reihe unterschiedlicher Deutungen, die vom Repräsentanten des Teuflischen über den machiavellistischen Rechner bis zur Reinkarnation der "Vice"-Figur reichen. Grundzug seiner Persönlichkeit ist jedoch ein Zynismus, der ihn die Gegebenheiten des Lebens klarer erkennen läßt als die anderen Figuren, ihn jedoch veranlaßt, diese Gegebenheiten nur negativ zu sehen.
Othello ist Jagos Gegenpol. Er zeigt alles, was Jago verspottet: Loyalität, Ehrfurcht, Fähigkeit zur Liebe. So vollzieht er seine Rache auch nicht aus persönlicher Eifersucht, sondern um der Wiederherstellung einer Sinn- und Wertordnung willen. Die Erkenntnis der schrecklichen Täuschung und seine Bereitschaft zur Sühne zeigen die volle Größe des tragischen Helden, der sich selbst am Ende nennt:

"One that lov'd not wisely, but too well."

Wie im *Othello* steht auch in *King Lear* (um 1603), der vielleicht gewaltigsten und erschütterndsten der Shakespeareschen Tragödien, die menschliche Qual im Vordergrund; nur daß sie hier ins Übermenschliche gesteigert wird. Die Sage vom alten König, der von seinen drei Töchtern die geliebteste und beste verstößt, um dann von ihren undankbaren Schwestern, unter die er sein Reich teilt, Mißhandlungen und Verachtung zu erfahren, ist im 16. Jahrhundert allgemein bekannt, steht im Holinshed und ist schon vor Shakespeare dramatisiert worden *(The True Chronicle History of King Leir)*. Die parallele Nebenhandlung von Gloucester und seinen Söhnen ist Sidneys *Arcadia* entlehnt. Gegenüber den Vorlagen variiert Shakespeare das tragische Ende, so daß es dem tragischen Weg Lears zur Selbsterkenntnis angemessen ist und außerdem die Gestalt Cordelias verklärt wird. Wesentlich neu ist auch die Umformung des Stoffes, so daß er auf Lears innere Erfahrung hin ausgerichtet ist. In den Wahnsinnsszenen auf der nächtlichen Heide läßt Shakespeare durch Spiegelungen des inneren Aufruhrs im Sturm der Naturgewalten das Bild einer aus den Fugen geratenen Welt entstehen. Um die anfänglich auf Illusion beruhende Narrheit Lears, seinen späteren Wahnsinn und seine aus leidvoller Erfahrung gewonnene Einsicht stärker hervorzuheben, stellt Shakespeare Lear die Gestalt Fool als als Begleiter zur Seite.

Lear, König von Britannien, ein uneinsichtiger und querköpfiger alter Mann, hat drei Töchter: Goneril, die Gattin des Duke of Albany; Regan, die Gattin des Duke of Cornwall und Cordelia, um deren Hand der König von Frankreich sowie der Herzog von Burgund anhalten. In der Absicht, sein Königreich unter seine Töchter aufzuteilen gemäß ihrer Liebe zu ihm, bittet er sie, ihm zu sagen, wer von ihnen ihn am meisten liebe. Goneril und Regan geben Bekenntnisse ihrer überwältigenden Liebe ab, und jede von ihnen erhält ein Drittel des Reiches. Eigenwillig und abgestoßen von der Heuchelei ihrer Schwestern antwortet Cordelia, sie liebe ihn, wie es ihre Pflicht verlange, nicht mehr und nicht weniger. Außer sich vor Wut über diese Antwort, gibt Lear Cordelias Anteil an dem Reich ihren Schwestern, worauf der Herzog von Burgund seinen Heiratsantrag zurückzieht und der König von Frankreich sie, auch ohne Mitgift, nimmt.
Der Earl of Kent wird, weil er Cordelias Partei ergreift, verbannt. Nun zeigen Goneril und Regan ihren wahren, herzlosen Charakter. Sie mißgönnen ihrem Vater sogar noch den Unterhalt, den er sich vor Übergabe seines Reiches ausbedungen hat, und treiben ihn schließlich aus dem Schloß in den Sturm hinaus. Der Earl of

Gloucester, der sich des Königs erbarmt, wird der Verschwörung mit den Franzosen, die in England gelandet sind, verdächtigt und von Cornwall geblendet, der bei dieser Auseinandersetzung selbst tödlich verwundet wird. Gloucesters Sohn Edgar, bei seinem Vater von seinem Stiefbruder Edmund verleumdet, nimmt die Verkleidung eines geistesgestörten Bettlers an und kümmert sich um seinen Vater bis zu dessen Tod. Lear, durch Wut und Leiden dem Wahnsinn verfallen, wird vom treuen Kent, in Verkleidung, nach Dover geleitet, wo ihn Cordelia empfängt.

Unterdessen haben Goneril und Regan beide ihre Liebe zu Edmund entdeckt. Im Kampf als Rivalinnen vergiftet Goneril Regan und nimmt sich dann selbst das Leben. Die englischen Truppen besiegen unter der Leitung von Edmund und Albany die Franzosen, und Lear sowie Cordelia werden gefangengenommen. Auf Befehl Edmunds wird Cordelia gehängt, und Lear stirbt an gebrochenem Herzen. Der Verrat Edmunds, seine Machterschleichung durch die Verleumdung seines Bruders, wird von Edgar aufgedeckt. Albany, der Goneril bei der Mißhandlung ihres Vaters nicht unterstützt hat, wird König von Britannien.

Der Leidensweg Lears findet sich gerafft und bildhaft skizziert in einer Folge ausdrucksstarker Bilder wieder: der König vor der Karte seines Reiches bei der Reichsteilung; der wahnsinnige Lear, begleitet von Narr und Bettler; der Vater, der die tote Tochter auf den Armen trägt.

'Narrheit' wird zum schillernden Leitmotiv in diesem Stück. Narrheit heißt einmal, aus Gründen des inneren Heils irdische Güter preiszugeben, andererseits dann aber auch um äußeren Besitzes willen inneres Gut zu verlieren. Narrheit wird zur Maske der Hilflosen und Helfen-Wollenden. Und schließlich ist es Wahnsinn, der Erkenntnis bringt ("reason in madness").

Die Deutungsversuche dieser Tragödie sind vielfältig. Sieht man einmal von ethischen Wertungen ab, kann die Tragödie als Auseinandersetzung zweier Zeitalter, als das mythische Drama vom Wandel der Zivilisation gesehen werden. Zwei gegensätzliche Ordnungssysteme stehen sich gegenüber, das eine gegründet auf Ehrfurcht und die Heiligkeit der Tradition, das andere auf das Recht des Stärkeren und den Vorstoß des Individuums (E. Muir). Das Ende Lears hinterläßt, trotz Erreichen der Grenze menschlicher Leidensfähigkeit, nicht den Eindruck resignierender Verzweiflung, sondern gibt dem schmerzlichen Erkenntnisweg des Menschen einen metaphysischen Sinnbezug:

"Men must endure
Their going hence, even as their coming hither:
Ripeness is all." (V, ii)

Als letzte der großen Tragödien Shakespeares dürfte *Macbeth* um 1605/06 entstanden sein. Die Hauptvorlage für das Drama war die Chronik von Holinshed. Das schottische Thema lag nach der Thronbesteigung James I. (James VI of Scotland) nahe.

Kunstvoll hat Shakespeare einen dramatischen Helden gestaltet, der zum Repräsentanten des Bösen wird, dabei jedoch dank der geschickten Sympathielenkung immer der Mensch bleibt, der selbst am Bösen leidet und somit nie unter eine bestimmte Sympathieschwelle absinkt, was seine tragische Wirkung ermöglicht.

Generäle des schottischen Königs Duncan, Macbeth und Banquo, kehren von einem siegreichen Feldzug gegen Aufständische zurück und treffen auf drei Hexen, die ihnen prophezeien, daß Macbeth Thane of Cawdor und später König werden soll, während Banquo zum Ahnvater von Königen wird, ohne selbst je König zu sein.

Unmittelbar danach erhalten sie die Nachricht durch ihnen vom Hof entgegengesandte Boten, daß Macbeth für seine Verdienste tatsächlich zum Thane of Cawdor ernannt worden ist. Verleitet durch die im ersten Teil bereits bestätigte Weissagung und angetrieben durch seine ehrgeizige Frau, Lady Macbeth, ermordet Macbeth Duncan während eines Besuches auf seinem Schloß. Duncans Söhne, Malcolm und Donalbain, können entfliehen, und Macbeth erringt die Krone. Um die Erfüllung der Weissagung hinsichtlich Banquo zu verhindern, organisiert er die Ermordung Banquos und dessen Sohnes Fleance, der jedoch seinen Mördern entkommt. Verfolgt von Banquos Geist, sucht Macbeth bei den Hexen Rat und erfährt, daß er sich vor Macduff, dem Thane of Fife, hüten solle, daß keiner, der von einem Weib geboren wurde, Macbeth schaden könne und daß er solange nicht besiegt werden solle, solange nicht der große Birnams-Wald zum Dunsinan emporsteige.

Als Macbeth erfährt, daß Macduff sich mit Malcolm verbündet hat, der dabei ist, in England eine Armee aufzustellen, überfällt er das Schloß von Macduff und läßt Lady Macduff sowie ihre Kinder umbringen.

Lady Macbeth, von verdrängten Schuldgefühlen gepeinigt, wird wahnsinnig und stirbt. Die Truppen von Malcolm und Macduff rücken gegen Macbeth vor, und während sie durch den Birnams-Wald kommen, tarnen sie sich mit belaubten Zweigen. Macduff, vor der Zeit aus dem Mutterleib geschnitten, tötet Macbeth, und Malcolm wird König von Schottland.

Der Handlungsverlauf wird bestimmt durch die dramatische Technik der tragischen Ironie. So wird bereits in der ersten Begegnung mit den Hexen auf die Tarnung des Bösen im Streit zwischen Gut und Böse und auf die Schwierigkeit, Sein und Schein auseinanderzuhalten, hingewiesen: "Fair is foul, and foul is fair". Deutlich und entscheidend zeigt sich die tragische Ironie dann in den handlungsauslösenden Prophezeiungen der Hexen, die mit ihren doppelseitigen Wahrheiten Macbeth zu trügerischen Schlußfolgerungen verleiten und ihn auch noch in falscher Sicherheit wiegen. Die Verheißungen werden von Macbeth in einer seinem Streben entsprechenden Möglichkeit ausgelegt, im Gang der Handlung erweist sich jedoch die andere Möglichkeit als die wahre.

Die tragische Ironie bestimmt aber auch die innere Situation des Helden. All seiner anfänglichen Erfolge zum Trotz, vermag er nie, sich dieser Erfolge zu freuen oder sie auch nur kurzzeitig zu genießen. Seine Monologe offenbaren seine ständige Bereitschaft zur Furcht und sein immer waches Gewissen. Das ständige Wissen, daß es Unrecht ist, was er aus Machtstreben und um sich als Mann zu erweisen tut, ist seine Tragödie.

Lady Macbeth, fasziniert von der Größe des Ziels, unterdrückt ihr Gewissen, das sich dann aber doch am Ende in den Schlafwandelszenen Durchbruch verschafft und sie in Wahnsinn und Selbstmord treibt.

Indem sie Macbeth erhöhen will, ebnet sie ihm den Weg ins Verbrechen und stellt damit die Weichen zu seinem Niedergang. Die Tatsache, daß gemeinsames Ziel und dann gemeinsames Schuldigwerden beide nur scheinbar verbindet, in Wirklichkeit aber isoliert, ist die persönliche Tragik dieser Bindung.

Ein wesentliches und das ganze Stück durchziehendes Leitmotiv ist die Pervertierung des Natürlichen. Lady Macbeth gibt ihr Wesen als Mensch und Frau auf ("unsex me here," I, v) und übernimmt damit einen Teil der Rolle der Hexen, in denen sich wiederum Männliches mit Weiblichem mischt (I, iii). Und am Ende bedient sich die Natur selbst des Unnatürlichen, um die verkehrte Ordnung wiederherzustellen (der emporsteigende Birnams-Wald, der nicht natürlich geborene Mann).

Die Funktion der Sprache als dramatisches Mittel zur Charakterisierung wird besonders bei Macbeth deutlich. Seine an phantasievollen Bildern reiche Ausdrucksweise weist auf seine Vorstellungskraft hin, die ihn so empfänglich für die Prophezeiungen macht. Die Syntax seiner Rede, einmal zögernd eingeschränkt, dann wieder auslaufend in parallele Nebensätze, mit ihren Brüchen im Gedankengang spiegelt seinen seelischen Zustand wider. Völlig eigen und unterschieden durch die Versgestalt (meist gereimte vierhebige Trochäen, wie sie Shakespeare auch bei anderen übernatürlichen Wesen verwendet) ist die Sprache der Hexen, die vor allem von Stilfiguren wie Ambiguität und Paradox bestimmt wird. Und da wo Macbeth ihrem Einfluß unterliegt, zeigt sich dies dann auch in seiner Sprache: "And nothing is, but what is not" (I, iii). Ob nun dieses Drama, indem es die Macht des Bösen in der Welt darstelt, einen Modellfall des Lebens beschreibt, oder im Hinblick auf die Rolle der Lady Macbeth eine Wiederholung des Sündenfalls, das mag dahingestellt sein. In jedem Falle aber sind auch Kräfte am Werk, die eine übergeordnete Gerechtigkeit und Wertordnung bestätigen und die Ordnung wiederherstellen.

IV. Das 17. Jahrhundert

1603-1625	Jakob I (Stuart)
1625-1649	Karl I
1628	"Petition of Right"
1642-1649	Bürgerkrieg (Puritaner gegen Royalisten)
1649	England "Commonwealth" (i.e. Republik)
1660-1685	Karl II, Restauration der Stuarts
1679	"Habeas Corpus Act"
1688	"The Glorious Revolution"
1689-1702	Wilhelm v. Oranien
1689-1694	Maria II (zusammen mit W. v. Oranien Staatsoberhaupt)

1572-1631	John Donne, "methaphysical poetry"
1561-1629	Francis Bacon, *Novum Organum*, Essays
1625	*Virginal Books*
1642	Verbot von Bühnenspielen, weltlicher Musik, öffentlichen Sportveranstaltungen, etc.
ab 1663	Samuel Butler (1612-1680) *Hudibras*
1667	*Paradise Lost*, John Milton (1608-1674)
1678	*The Pilgrim's Progress*, John Bunyan (1628-1688)

Politische, religiöse und philosophische Gründe führten die das Renaissancezeitalter ablösende Neuzeit herbei. Dieser Umschwung vollzog sich jedoch nicht ohne kampferfüllte und die Menschen bis ins Innerste aufwühlende Auseinandersetzungen. Die Anzeichen dieses Umschwungs, von der Hochstimmung der neunziger Jahre zur Düsterheit des folgenden Jahrzehnts, ließ sich schon in Shakespeares Werk beobachten. Die Stuarts (Jakob I, Karl I) wollten nicht begreifen, daß ihr Land der Despotie, die die Tudors, den Rausch der nationalen Begeisterung nutzend, gewissermaßen mit Zustimmung des Volkes ausgeübt hatten, entwachsen war, und ihre Unterstützung des anglo-katholischen Flügels der Staatskirche unter der Führung von Bischof William Laud stieß auf heftigen Widerstand der Puritaner, die eine weitergehende Reformation anstrebten.
Die vielfältigen Gegensätze in religiösen, aber auch politischen Bereichen führten schließlich zum Bürgerkrieg und der Abschaffung der Monarchie. Doch auch die Republik ("Commonwealth") unter dem Protektorat Oliver Cromwells (1653-58) gelangte zu keiner klaren Lösung, so daß es zu einer Restauration des Königtums kam, in dem die alte Machtstellung des Königs jedoch entscheidende Einbußen erlitten hatte. Die Stuarts, als Vertreter des Absolutismus und des Gottesgnaden-Königtums, mußten dann in der "Glorious Revolution" (1688) endgültig abtreten und der neuen Form des modernen Verfassungsstaats mit einem dem Parlament verantwortlichen König Platz machen.
Wie im politischen und sozialen Bereich bildeten sich auch im Denken die Grundlagen der modernen Welt heraus. Eingeleitet durch Francis Bacon (1561-1626; *Novum Organum*, 1620) und die aufblühende Naturforschung (Gründung der "Royal Society for Promoting Natural Knowledge", 1660) wurde der Empirismus zur beherrschenden Geistesströmung, deren Einfluß auch auf die Literatur der letzten Jahrzehnte des Jahrhunderts nicht unterschätzt werden darf. Dabei löste sich die mittelalterlich enge Bindung der wissenschaftlichen mit der allgemeinen Literatur, was zur Ausbildung der Fachwissenschaften führte.

Als John Locke (1632-1704; *Essay concerning Human Understanding*, 1690) seine Philosophie formulierte, die für das nachfolgende Jahrhundert richtungsweisend wurde, verdichteten sich die Auseinandersetzungen zu einem Kompromiß von traditionellen Glaubensgrundsätzen und 'neuer Philosophie'.

1. Das Drama bis zur Schließung der Theater (1642)

Die Blüte des Renaissancedramas dauert an bis zur Mitte des 17. Jahrhunderts. Die Tendenzen der nachelisabethanischen Epoche, "Jacobean" genannt, sind jedoch geprägt von einem Wandel der Anschauungswelt, der bereits in Shakespeares späten Stücken fühlbar ist, von Dramatikern der jüngeren Generation jedoch eindeutiger und einseitiger vertreten wurde, was sich in der neuen Gattung der Tragikomödie manifestiert. Die Tragödie hat nicht mehr den sittlichen Ernst, den der Untergang des Helden als notwendige Folge seines Strebens zum Bewußtsein brachte, zum Ziel, sondern vielmehr die Steigerung und stimmungsvolle Ausgestaltung der Ausweglosigkeit tragischer Situationen und Schuldverstrickungen, die dann zu einer zwiespältigen Stimmung führt.
Die Komödie verliert ihre heitere Haltung des Belächelns der menschlichen Schwächen, die sich aus der Darstellung und Spiegelung in einer alltagsentrückten Welt ergab, und erzeugt durch die Einbeziehung ethischer und moralischer Belehrung und Wertung eine getrübte, psychologisierte Stimmung.

a) Ben Jonson

Shakespeares Freund und größter Rivale BEN JONSON (1572-1637) stammte aus kleinbürgerlichem Milieu. Die berühmte Westminster-Schule hatte, wie er selbst später betonte, den Grundstein zu seiner Gelehrsamkeit gelegt. Nachdem er Maurer und Soldat gewesen war, wurde er gegen Ende der neunziger Jahre als Schauspieler und Dramatiker bekannt. Er gilt als der Schöpfer der elisabethanischen Sittenkomödie, die zu Beginn des 17. Jahrhunderts neben der romantischen Liebeskomödie die Bühne eroberte. Die Entstehung der satirischen Komödie wurde besonders begünstigst durch das Druckverbot für Pamphlete und satirische Schriften im Jahre 1599, denn indem man die Satire in dramatischer Form auf die Bühne brachte, konnte dieses Verbot umgangen werden.
Ausgehend von der damaligen "humour"-Psychologie gestaltete er in seinen Stücken eine Reihe von "humour"-Typen, die er mit Figuren aus der lateinischen und italienischen Komödie mischte. Die Grundstrukturen der Handlung sind zumeist so angelegt, daß den einzelnen Figuren breiter Raum gewährt wird, ihre Schwächen und Torheiten vorzuführen. Anschließend dann werden sie von satirischen Kommentatorfiguren in eine verfängliche Situation gelockt, in der sich ihr törichtes Verhalten allen offenbart und somit der Lächerlichkeit preisgegeben wird. Dadurch von ihrer Schwäche geheilt, verlassen sie die Bühne oder werden von der Umwelt verlacht davongejagt.

Das Stück *Every Man in His Humour* (1598) entspricht ganz der oben skizzierten Komödientheorie. Die selbst erfundene, aber schwache und verworrene Handlung dient nur dazu, typische Charaktere auf die Bühne zu bringen (wie z.B. den eifersüchtigen Ehemann; den betrogenen Vater; den lächerlichen Gimpel; den feigen Prahler; etc.). Trotz seiner Schwächen wird das Drama zum Muster eines Komödientyps, der gewöhnlich als "comedy of manners" bezeichnet wird.

Der Darlegung der Idee, daß jede Schwäche im Sinne eines "humours" durch Bloßstellung heilbar sei, dient die Fortführung des Themas aus dem ersten Stück *Everyman out of His Humour* (1599).
Wie die Komödie wollte Jonson, der sich als Neuerer sah, auch die Tragödie reformieren. So schrieb er zwei Römerdramen, *Sejanus, His Fall* (1603) und später dann *Cataline, His Conspiracy* (1611).
Die Behandlung der Themen auf Grundlage eingehender Quellenstudien, die historische Treue und das Bemühen um Echtheit des Lokalkolorits stehen dabei in bewußtem Gegensatz zu den bisher üblichen, sorglos anachronistischen dramatischen Darstellungen antiken Lebens. Die Pedanterie des gelehrten Apparates von Kommentaren, Anmerkungen und Quellenangaben, aber auch die Mittelmäßigkeit der Charakterdarstellung, die dem geistigen Anspruch eines tragischen Helden nicht gerecht wird, sind unter anderem die Gründe, daß Jonsons Tragödien über die Anerkennung durch wenige Kenner hinaus kaum Erfolg haben.

Zu den großen Werken der englischen Dramatik dagegen gehören seine Komödien.
Volpone, or The Fox (1605) kann eine Sonderstellung in der zeitgenössischen englischen Komödiendichtung beanspruchen. Zum erstenmal werden spannende Handlung und verblüffende Effekte kunstvoll zu einem geradlinig gebauten Stück — mit eindeutigem Höhepunkt — gestaltet.

> Volpone (Fuchs), ein reicher venezianischer Grande, stellt sich sterbend, um mit Hilfe seines gerissenen Dieners Mosca (Fliege) von den Erbschleichern, die bald bereit sind, ihre Ehre und ihre Familien zu opfern, wertvolle Geschenke zu ergattern. Als er dann seinen Diener als Erben einsetzt, um sich an der Enttäuschung seiner Verwandten zu weiden, will dieser die Erbschaft nicht wieder hergeben, und der Zank der beiden Intriganten bringt das ganze Gaunerstück an den Tag. Der Ausgang, der Volpone schließlich selbst als Betrogenen sieht, entspricht zwar dem moralischen Empfinden und ergibt sich aus der Tatsache, daß die Komödie fast nur unter Schurken und Betrügern spielt, entbehrt aber jeglicher, dem Geist der Komödie eigenen Heiterkeit, sondern enthüllt unter bitterem Lachen und Spott die Gier und Bösartigkeit der Menschen.

Gegenüber dem hohen Rang dieser Komödie, verblaßt das Stück *Epicone, or The Silent Woman* (1609), in dem Jonson vom Blankvers in *Volpone* wieder zur Prosa zurückkehrt. Zwar nennt Dryden die possenhafte Junggesellenbekehrung die vollkommenste aller englischen Komödien, doch trifft dieses Lob, wenn überhaupt, eher auf das wieder in Blankversen geschriebene Lustspiel *The Alchemist* (1610) zu. Das Stück, dessen Spannung durch seine Handlungsstruktur stufenweise bis zur Perfektion aufgebaut wird, hat Aberglauben und Alchemie — eine Modetorheit dieser Zeit — zum Thema und spielt in London während der damaligen Zeit.

> Lovewit hat die Stadt aus Furcht vor der Pest verlassen und sein Haus seinem Diener anvertraut. Dieser unternimmt dann als Captain Farce mit dem Alchemisten Subtle und dessen Dirne Dol Common gemeinsame Betrügereien, um möglichst vielen Leuten das Geld aus der Tasche zu ziehen. Das ganze Gewirr von Intrigen endet in einem durch die vorzeitige Rückkehr Lovewits ausgelösten Finale.

Vier Jahre später folgt die letzte der großen realistischen Komödien Ben Jonsons mit *Bartholomew Fair* (1614). Die wenig zielstrebige Handlung auf dem Hintergrund des Jahrmarktes von Smithfield dient hauptsächlich der Einführung und Vorstellung von zahlreichen Figuren zur Darstellung der gemeinen Natur des Menschen. *Bartholomew Fair*, geradezu ein Jahrmarkt des Lebens, ist die höchste Ausbildung der "comedy of humour".
Jonson schrieb noch eine Reihe von Maskenspielen, wobei er diese Gattung um die Einführung der Anti-Maske als einer komischen Parodie erweiterte, konnte dabei jedoch nicht jene spielerische Leichtigkeit erreichen, die solchen Unterhaltungsspielen angemessen wäre.

b) Beaumont/Fletcher und das Drama nach Shakespeare

Das Drama der Zeit Jakobs I. entwickelte sich mehr und mehr zum Verbündeten der Krone und der Aristokratie und zeigte daher wenig Verständnis für Bürgertum und Puritaner. Dieses 'aristokratische Theater' verwirklichte sich vor allem in der Form der Tragikomödie deren prominenteste Vertreter FRANCIS BEAUMONT (ca. 1584-1616) und JOHN FLETCHER (1579-1625), die berühmteste Autorengemeinschaft im englischen Drama, sind. 1679 werden 52 gemeinsam verfaßte Dramen veröffentlicht, von denen einige jedoch, nach dem frühen Tod Beaumonts, von Fletcher allein oder in Zusammenarbeit mit anderen Dramatikern stammen dürften.
Ihr erster gemeinsamer Erfolg war *Philaster, or Love Lies A Bleeding* (1609). Dieses Stück, eine Verherrlichung der schmachtenden Liebe, das die Liebe zwischen Arethusa, der Tochter des Usurpators und Philaster, dem Sohn des zu Unrecht entthronten Herrschers, nach tragischen Entwicklungen zu einem guten Ende führt, enthüllt eine Mischung von Sentimentalität und Melancholie, die dem aristokratischen Geschmack der damaligen Zeit entgegenzukommen schien.

Selbst in ihren Tragödien überwiegt das Sentimentale die eigentliche Tragik. So werden in *The Maid's Tragedy* (ca. 1610-11) die stark äußerlich aufgefaßten Begriffe von Ehre, Freundschaft und Keuschheit von einer übertriebenen Vorstellung vom Gottesgnadentum des Königs geprägt.

> Der König verheiratet seine heimliche Mätresse Evadne mit dem Ritter Amintor, der daraufhin seine Braut Aspatia verstößt. In der Hochzeitsnacht verweigert sich Evadne und klärt Amintor über die wahren Hintergründe auf. Dieser sieht wegen der Unantastbarkeit des Königs keine Möglichkeit, seine Ehre wiederherzustellen und will sich in das Schicksal fügen. Evadnes Bruder jedoch zwingt sie, ihre Schuld zu erkennen und den König zu töten. In einer sensationell gestalteten Szene, in der sich erotischer Reiz und blutrünstige Rache mischen, fesselt sie den schlafenden König, weckt ihn dann, schleudert ihm ihre ganze Verachtung ins Gesicht und ersticht ihn schließlich. Das Trauerspiel endet mit dem Tod der beiden Frauen und Amintors sowie der abschließenden verbindlichen Moral der Stuart-Doktrin vom Gottesgnadentum.

Zu den unterhaltsamsten und von romantischen Bühneneffekten gekennzeichneten Komödien gehören die Lustspiele von GEORGE CHAPMAN (1559-1634), einem Dichter mit klassischer Belesenheit und philosophischen Neigungen, der vor allem als Homerübersetzer Berühmtheit erlangt hat. Sein Wesen kommt vor allem in seinen Tragödien zum Ausdruck, wo er sein Vorbild Marlowe an psychologischem Verständnis und philosophischer Tiefe übertrifft. Den Stoff zu seinen beiden Doppeldramen *Bussy d'Ambois* (1604) und *The Conspiracy and Tragedy of Charles, Duke of Byron, Marshall of France* (1608) bezieht Chapman aus der jüngsten französischen Geschichte; in letzterem wird sogar der französische König zu seinen Lebzeiten auf die Bühne gebracht. Das führte dann zum Protest durch den französischen Botschafter und zum Aufführungsverbot. Die Rachetragödien Chapmans zeigen sich allerdings in philosophischem Gewand, denn neben der Behandlung des Themas aus der historischen Vorlage stellen sie zugleich die Erörterung einer stoischen Lebensphilosophie dar, einer neuen und zeitgemäßen Auseinandersetzung zwischen Individuum und äußerer Ordnung.

THOMAS DEKKER (ca. 1572 — ca. 1632) ist ein echter Londoner, voller Lebensfreude und Mitgefühl mit menschlichen Leiden, und somit prädestiniert für die kleinbürgerliche Komödie auf dem Hintergrund Londons.

Das bekannteste seiner 76 meist verloren gegangenen Dramen ist *The Shoemaker's Holiday* (1599), das er nach Deloneys im Untertitel genannten Buch *(The Gentle Craft)* verfaßte. Es handelt sich um die Geschichte des Londoner Bürgermeisters Simon Eyre aus dem 15. Jahrhundert, der angeblich Schuster gewesen war und als freimütiger und stolzer Handwerker gezeigt wird. Wenn auch derb, so ist das Stück doch eine gelungene Londoner Sittenkomödie mit spannender Handlung, realistischen Charakteren und froher Lebensbejahung.

In seinem vielleicht größten Werk, *The Honest Whore* (1604), behandelt er die Bekehrung einer Dirne durch ihren Vater, indem dieser als Diener in die Dienste seiner Tochter tritt und sie als reuige Sünderin zur Aufgabe ihres Berufes bewegt. Dies Stück gilt als Vorstufe zur Entwicklung des bürgerlichen Trauerspiels, das sein erstes Beispiel allerdings bereits in der 1603 von THOMAS HEYWOOD (1570-1641) verfaßten bürgerlich-sentimentalischen Tragödie *A Woman Killed with Kindness* hat.

> Es handelt sich um die Geschichte von der Untreue der Mistress Anne Frankford und ihrer Bestrafung. Nachdem sie sich von einem Freund ihres Mannes verführen hat lassen, tötet ihr Mann sie nicht, sondern will mit ihr darüber sprechen — was ein bürgerlich-nüchternes Element in der sentimentalen Szene darstellt — und verbannt sie schließlich von Haus und Familie, sichert ihr aber den nötigen Lebenskomfort. Die unglückliche Mrs Frankford stirbt dann jedoch bald. Noch vor ihrem Tode verzeiht ihr Mann ihr und, stolz auf seine eigene so großmütige Gesinnung, läßt er auf ihr Grab schreiben: "Here lies she whom her husband's kindness killed."

Ganz im Kontrast zu diesen Anfängen einer zu feinsinnigen Seelenschilderung führenden Kunst stehen die Tragödien von JOHN WEBSTER (1508-1625), in denen er eine durch widernatürliche Lust und schauervolles Geschehen teuflisch besessene Welt entwirft und so Einblick in die Abgründe der menschlichen Seele ermöglicht. Wie Chapman wählte er zum Stoff seiner Dramen geschichtliche Ereignisse der nahen Verwandtschaft.

In *The White Devil, or Vittoria Corombona* (1612) hat er die wahre Begebenheit der Ermordung Vittorias Accorambuonis im Jahre 1585 gestaltet und die Vorlage nur an manchen Stellen verändert, um die brutale Unberechenbarkeit des Lebens zu betonen.

Vittoria veranlaßt den Herzog von Brachiano, mit dem sie ein Verhältnis hat, ihren Ehemann und seine eigene Ehefrau aus dem Wege zu räumen. Vor Gericht kommt sie noch glimpflich davon, aber nur um dann später von den als Mönchen verkleideten Rächern zusammen mit ihren Helfern brutal umgebracht zu werden. Die Figur der Vittoria, furchtlos, ehrgeizig und unberechenbar, paßt in ihrer Gestaltung ganz in die grauenvolle Atmosphäre von Blut und Mord; sie ist schuldbeladen, aber dennoch auf geheimnisvolle Weise über das normale Maß der Moral erhoben.

Das ebenso blutrünstige Rachedrama, *The Duchess of Malfi* (ca. 1613), zeigt eine verwitwete Herzogin, die längere Zeit in heimlicher, nicht standesgemäßer Ehe mit ihrem Haushofmeister lebt, von dem sie drei Kinder hat. Durch den im Dienste ihrer Brüder stehenden Schurken Bosola wird diese Schande aufgedeckt, und nach langen Qualen im Gefängnis wird sie mit ihren Kindern erdrosselt.

Wie Webster liebte es ein anderer Dramatiker dieser Zeit, JOHN FORD (1586- ca. 1655), schwer deutbare, ambivalente Charaktere in Konflikte zu bringen, die die überkommenen sittlichen Werte in Frage stellen. Als Nachfolger von Beaumont und Fletcher übernahm er nicht nur den Hang zur sensationellen Handlung, sondern auch die Thematik der Liebe als Herrscherin der Welt, die den Menschen zu ihrem Sklaven macht. Psychologisch interessiert gestaltet er seine Dramen zu wahren Seelengemälden aus, wobei er die dunklen und abgelegenen Seiten der menschlichen Seele bevorzugt. Sein bekanntestes Werk, das Trauerspiel *'Tis a Pity She's a Whore* (1627), behandelt das Thema der Geschwisterliebe und endet damit, daß Giovanni seine geliebte Schwester Annabella ersticht, um sie vor Schlimmerem zu bewahren, und mit ihrem Herzen auf seinem Dolch in der Gesellschaft auftritt, die seinen Untergang beschlossen hat.

Mit der Schließung der Theater durch eine parlamentarische Verfügung fand die großartige künstlerische Entwicklung des Renaissancedramas, die in rund fünfzig Jahren über tausend Dramen hervorgebracht hatte, ihren Abschluß.

2. Die Dichtung des 'Barock'

Die Dichtung dieser Epoche ist hauptsächlich geprägt durch das Werk Ben Jonsons und vor allem John Donnes.

Wie im Drama erhebt BEN JONSON auch in der Lyrik den Anspruch, Norm und Maß zu setzen. Seine Gedichte sind das Ergebnis überlegter Kunst. Sein männlicher Stil, mehr durch Kraft als durch Geschmeidigkeit gekennzeichnet, die konsequente Anwendung von Vernunft, die sich in der Prägnanz von Gedanken und Ausdruck zeigt, sowie seine am gehobenen Konversationsstil geschulte sprachliche Eleganz machten ihn für eine ganze Dichtschule wegweisend. Wie kaum ein anderer ist er von der Antike beeinflußt. So läßt er antike Gattungen, wie das inschriftartige Sinngedicht ("epigram"), das Nachrufgedicht ("epitaph") oder die Pindarsche Ode wieder aufleben. Einige seiner berühmtesten Lieder sind zum Teil wörtliche Übersetzungen lateinischer Vorbilder.

Jonson verbindet den klassischen Sinn für Form und Distanz mit der echten Kraft einheimischen Ausdrucks. Wirkungsvoll ist Jonson besonders da, wo er sich von der elisabethanischen Lyrik unterscheidet, in der intellektuellen Disziplin.

Von dem 'klassischen' Stil Ben Jonsons und seiner Schüler deutlich abgesetzt ist die "metaphysical poetry", die Dichtung JOHN DONNEs und seiner Schule ("Metaphysicals"). Es wäre jedoch falsch, die Dichtung Donnes als subjektiven Gefühlsausdruck eines privaten Ichs zu sehen. Seine Dichtung ist vornehmlich Verstandeslyrik, und ihr kennzeichnendes Element ist der "wit".

Charakteristisch für die Dichtung der "Metaphysicals" ist das "conceit" (i.e. der überraschende Vergleich, der an zwei heterogenen Dingen oder Vorstellungen einen Punkt frappierender Ähnlichkeit hervorhebt). Zwar war solche Bildersprache auch im Euphuismus sehr beliebt. Aber während sie dort nur ornamentiv und aus Spielerei verwendet wurde, bildet sie bei Donne ein wesentliches Element seines Denkens und Dichtens.

Neben Satiren, Epigrammen und Versepisteln hat der junge John Donne vor allem Liebeslyrik geschrieben. In seinen über 50 Gedichten der Sammlung *Songs and Sonnets* (in der keine eigentlichen Sonette stehen) gelingt es ihm, eine breite Skala von Liebesgefühlen — von der zarten, geistigen Beziehung bis zum groben Zynismus — durch kühne Bilder und Vergleiche klar und deutlich zu erläutern. So wird in *The good-morrow* die Welt der Liebe mit dem Universum verglichen und ihm übergeordnet, während *"Goe, and catche a falling starre"* das Thema der Unbeständigkeit der Frau ebenso brillant, in genialen Bildern und paradoxen Wendungen, wie zynisch darstellt. Ob Donne an das alte Motiv des Morgenliedes anknüpft *(The Sunne Rising)*, ob er die Liebe mit der Heiligsprechung gleichsetzt *(The Canonization)* oder ob die Abschiedssituation als Motiv dient, immer sind seine Gedichte höchst subtile Interpretationen ihres jeweiligen Anlasses, die sich an den Verstand des Lesers wenden. Nichts ist zu groß oder zu unbedeutend, um daran die Liebe zu erläutern, sei es der Tod und das Grab *(The Funeral)* oder der Floh, in dem sich das Blut der Liebenden vereint *(The Flea)*.

Ebenso zahlreich und unterschiedlich wie die Anlässe sind die Bereiche, aus denen Donne seine Bilder und Vergleiche bezieht. Metaphysik, Philosophie, Astronomie und Kosmologie sind nur ein Teil der bevorzugten Gebiete. Alchemie, Medizin und Recht finden ebenso Berücksichtigung wie der menschliche Alltag.

Die Bedeutung des kosmischen Bezugssystems (elisabethanische Konzeption) für die menschliche Existenz kommt in den beiden fast tausend Verse umfassenden Jahresgedichten an die mit 15 Jahren verstorbene Elizabeth Drury (*An Anatomie of the World, The First Anniversarie, The Second Anniversarie*; 1611 und 1612) besonders zum Ausdruck.

Die religiöse Lyrik John Donnes zeigt dieselben Züge wie seine weltliche Dichtung. Seine bekanntesten "Divine Poems" finden sich in den Sonettzyklen *La Corona* und *Holy Sonnets*, die sich an der italienischen Form orientieren. Ihre Aussage ist die unüberbrückbare Diskrepanz zwischen der Bemühung des Menschen und dem göttlichen Anspruch an ihn, welche zu einem eigenen Minderwertigkeitsgefühl und zur Furcht vor dem göttlichen Gericht führt. Vollendung erreicht Donne in den Hymnen, die er kurz vor seinem Tod schrieb, vor allem in der *Hymne to God my God, in my sickness*, in der Donne, bereits vom Tod gezeichnet, mit innerer Ruhe seiner Fahrt nach Westen entgegensieht, sicher, daß sie zur Auferstehung und zur Lösung aller menschlichen Widersprüche führt.

Der Einfluß John Donnes und seines poetischen Stils bleibt in der englischen Lyrik bis zur Restauration deutlich erkennbar.

So gab GEORGE HERBERT (1593-1633) wie Donne nach krisenhaften Erschütterungen seinen weltlichen Ehrgeiz zugunsten religiösen Strebens auf und wurde Geistlicher. Sein posthum veröffentlichter Gedichtband *The Temple* (1633) spiegelt das Ringen seiner Seele um Gott deutlich wieder. Mit Sinn für geistreiche und scharfsinnige Argumentation übertrug er die Analyse widerspruchsvoller Stimmung von Donnes Liebeslyrik auf die religiöse Dichtung.
Das barocke Spiel mit Emblemen wurde bei ihm zur dramatischen Auseinandersetzung mit seinen religiösen Erfahrungen und dem Dienst an Gott *(The Collar)*. In künstlerischer Form vollendet und dabei erstaunlich schlicht und menschlich einfach im Ausdruck wurde Herberts Lyrik zum Vorbild für die Folgezeit.

Dieser Eindruck deutet sich bei RICHARD CRASHAW (1613-1649) schon im Titel seiner gesammelten Gedichte an: *Steps to the Temple* (1646). Neben barocker Mystik ist es die Vorliebe für erotische Metaphern zur Darstellung der religiösen Ekstase, die seine Dichtung kennzeichnet. Er will nicht mehr deuten, sondern verzücken. Seine kindlich hingebende Religiosität wird besonders in seinen Hymnen an die spanische Heilige Theresa deutlich.

Ebenfalls von Herbert zum Dichten inspiriert wurde HENRY VAUGHAN (1622-1695). Seine beste Dichtung findet sich in dem Gedichtband *Silex Scintillans* (1650), der die Läuterung des Herzens zum zentralen Thema hat. Ihm fehlen die intellektuelle Schärfe und Präzision der "Metaphysicals", auch wenn er für seinen vagen Mystizismus bisweilen gelungene Bilder findet. Neu ist die starke Einbeziehung der Natur, deren mystische Erfahrung er zum Leitfaden seiner Dichtung macht. Jedoch geht seine oft erwähnte Verwandtschaft mit den Romantikern nicht über thematische Anklänge hinaus, auch wenn sein Gedicht *The Retreat* den Anstoß für Wordsworth zu dessen *Immortality Ode* gegeben haben mag.

Das Zurücktreten des metaphysischen Stils in der weltlichen Dichtung beruht vor allem auf dem Donne entgegenwirkenden formalen Einfluß von Ben Jonson mit seiner Forderung nach Klarheit und Eleganz. So entsteht eine eigene Dichtschule, die sogenannte "Cavalier School".
Bedeutendster Vertreter der "Cavaliers" und sich des doppelten Erbes wohl bewußt ist THOMAS CAREW (ca. 1595-1642), der Jonson verehrte und Donne gut verstand, was seine *Elegy on the Death of Dr. Donne* und die daraus oft zitierten Verse deutlich machen:

> "Here lies a King, that rul'd as hee thought fit
> The universall Monarchy of wit."

Carew beherrschte das heroische Reimpaar mit an Donne geschulter Geschicklichkeit und Konzentration. Und die formale Vollendung seiner Gedichte wie auch die sprachliche Glätte weisen bereits auf den Klassizismus hin.

Der in jungen Jahren durch eigene Hand früh gestorbene JOHN SUCKLING (1609-1642) läßt es dagegen an künstlerischer Sorgfalt fehlen. Auch RICHARD LOVELACE (1618-1658) hat die englische Dichtung nur um wenige Lieder von Wert bereichert. Das klischeehafte Thema der Trennung von seiner Geliebten *(Going to the Warres)* wird nur selten so gestaltet, daß es wahren 'Kavaliers-Geist' auszudrücken vermag.

Anders dagegen ROBERT HERRICK (1591-1674), gewöhnlich mit den "Cavaliers" zusammen genannt, übertrifft er sie alle an dichterischer Ausdruckskraft. Auch wenn er sich der Gunst einflußreicher Höflinge erfreute, war er sowohl seiner Herkunft nach als auch in seiner Lebensweise als Landpfarrer alles andere als ein 'Kavalier'. Von seinen Gedichten (*Hesperides*, 1648), unter denen sich auch bäuerliche Epigramme und Trinklieder befinden, sind die zahlreichen anakreontischen Liebesgedichte, die in der Hauptsache das alte "Carpe Diem" zum Thema haben, am besten.

Die letzten Dichter dieser Epoche ragen schon deutlich in die Restaurationszeit hinein. Von seinen Zeitgenossen am höchsten eingeschätzt gilt ABRAHAM COWLEY (1618-1667) als letzter Vertreter der "Metaphysicals". Sein metaphysischer Stil, der unbedingten Herrschaft des Verstandes unterworfen, ist, jeglicher Gefühlsgrundlage beraubt, zu reiner Rhetorik veräußerlicht.

ANDREW MARVELL (1621-1678), der einzige Puritaner, der wirkliche Dichtung schrieb und den metaphysischen Stil in seinem wahren Sinn erfaßt hatte, wird im Gegensatz zur zeitgenössischen Wertung seit der Romantik höher eingeschätzt als Cowley. Seine Gedichte zeigen ihn vertraut mit der Tradition seiner Zeit und zugleich unabhängig von ihr. In dem mit phantastischer Dialektik argumentierenden Liebesgedicht *To His Coy Mistress* versteht er es, das etwas abgenutzte 'Carpe Diem'-Thema in beeindruckender Ausgestaltung darzulegen. Seine Einbeziehung der Natur in seine Dichtung *(The Garden)* zeugt von detaillierten Beobachtungen und mit allen Sinnen erfühlter Rezeption.

Gesellschaftliche, spielerische Themen in kunstvoll schlichter Sprache behandelt EDMUND WALLER (1608-1687) in seinen *Poems* (1645/90) und wird damit als Vorläufer des Klassizismus gesehen. Sein Schüler Sir JOHN DENHAM (1615-1669) fügt den metrischen Bemühungen Wallers noch das Objekt der reflektierenden Natur- und Ortsbeschreibungen hinzu (*Cooper's Hill*, 1642).

3. John Milton

JOHN MILTON (1608-1674) zählt als einziger puritanischer Dichter zugleich zu den größten Dichtern Englands. Sein inniges Verhältnis zum Altertum und der Versuch, es mit dem von ihm noch erfühlten sinnlichen Schönheitsideal der Renaissance und dem Christentum in Einklang zu bringen, seine Verbundenheit mit der rhetorischen Tradition und sein persönlicher, barocker Stil, all das läßt ihn mit seinem Werk neben Shakespeare zum Höhepunkt des literarischen Schaffens im 17. Jahrhundert werden.

Mit der Absicht, Geistlicher zu werden, nahm er sein Universitätsstudium auf, fühlte jedoch schon bald seine 'göttliche' Berufung zum Dichter. So zog er sich nach den Studienjahren in Cambridge 1632 auf den väterlichen Landsitz Horton zurück, um sich durch intensives Studium der klassischen Dichtung auf seine Aufgabe vorzubereiten. Hier entstanden neben kleineren Gedichten das Maskenspiel *Comus* (1634) und die Elegie *Lycidas* (1637). Die Jahre 1637-1639 verbrachte er mit Reisen im Ausland, hauptsächlich in Italien.

Ausgelöst vom Ausbruch des Bürgerkrieges, unterbrach Milton 1642 sein dichterisches Schaffen zugunsten einer zwanzigjährigen publizistischen Tätigkeit, in der er sich rückhaltslos für die Revolution einsetzte, von der er sich die Verwirklichung eines neuen freiheitlichen Menschenideals erhoffte. Im Juni 1642 heiratete er Mary Powell, Tochter royalistischer Eltern, die ihn kurz nach der Hochzeit verließ, was Milton zur Abfassung von vier Streitschriften veranlaßte, in denen er die Ehescheidung befürwortete (*Doctrine and Discipline of Divorce*, 1643). Dem Angriff der Stationer's Company, weil er diese Flugschriften ohne Genehmigung veröffentlicht hatte, begegnete er mit einem leidenschaftlichen Eintreten für die Pressefreiheit (*Areopagitica*, 1644). Nach der Hinrichtung Karls I. veröffentlichte er die Schrift *Tenure of Kings and Magistrates* (1649) und wurde zum Sekretär "Latin" (i.e. für ausländische Sprachen) des neugegründeten "Council of State" ernannt.

Weitere Prosaschriften, gewidmet dem Kampf um die religiöse und politische Neuordnung Englands, folgten. Sein exzessives Lesen und Arbeiten führte 1652 zu seiner völligen Erblindung. Enttäuscht und verbittert von dem Zusammenbruch der Republik 1660 und seiner Inhaftierung durch die an die Macht zurückgekehrten Royalisten (er kam jedoch glimpflich davon), wandte er sich blind und erschüttert, aber doch innerlich geläutert, seiner eigentlichen Aufgabe wieder zu und begann mit der Dichtung seiner großen Werke *Paradise Lost, Paradise Regained* und *Samson Agonistes*.

Als Milton mit 21 Jahren die Weihnachtsode *On the Morning of Christ's Nativity* (1629) verfaßte, machte er sich eine weitverbreitete Thematik des 16. und 17. Jahrhunderts zu eigen — die gefallene Welt soll von Christus erlöst werden — und zeigte gerade im Üblichen die bereits unverwechselbare Eigenart seiner Auffassung sowie seines Stils. Die Stimmungen eines heiteren und die eines besinnlichen Menschen werden in leicht fließenden sieben- bzw. achtsilbigen Versen und in harmonischem Licht- und Farbenspiel in dem Gedichtpaar *L'Allegro* und *Il Penseroso* (1632) geschildert.

Angeregt durch den Musiker Henry Lawes schreibt Milton in Horton das Maskenspiel *A Maske Presented at Ludlow Castle*, bekannt unter dem Titel *Comus* (1634), in dem der Zauberer Comus, Sohn von Bacchus und Circe, die Tochter des Grafen mit Hilfe von Zaubertrank und Überredungskünsten, allerdings vergeblich, zu verführen versucht. Trost und Trauer über den vorzeitigen Tod ist das Thema der Elegie *Lycidas* (1637), die Milton für den Band von Nachrufgedichten der Universität Cambridge auf Edward King schrieb. Wie aber immer bei Milton wird auch hier das Persönliche ins Allgemeine erhoben, in diesem Falle durch das konventionelle Gewand der Pastorale.

Noch enger an die Pastoralform gebunden, aber menschlicher empfunden, ist das vielleicht schönste der lateinischen Gedichte Miltons, das anläßlich des Todes seines Freundes Charles Diodati 1639 geschriebene *Epithaphium Damonis*, das im Zusammenklingen der in ihm liegenden christlichen und heidnischen Welt auf das Werk *Paradise Lost* hindeutet.

Paradise Lost (1658-63) ist nicht einzureihen in die umfangreiche literarische Tradition von Bibelepen, denn Milton sah in der Thematik der Schöpfungsgeschichte und des Sündenfalls einen über geschichtliches Geschehen hinausgehenden tieferen Sinn, nämlich daß sich diese Thematik zu jeder Zeit und in jedem Menschen wieder abspielt. Erst der Sieg der Vernunft über die Leidenschaft ermöglicht die innere Freiheit des Menschen. Indem sich der Kampf zwischen Christus, der Vernunft, mit Satan, der Leidenschaft, gleichzeitig im Menschen abspielt, wird dieser zum eigentlichen Mittelpunkt des religiösen Epos.

Form und Aufbau des Epos folgen seinem klassischen Vorbild, was sich an zahlreichen Strukturelementen zeigt (Beginn in "medias res"; Nachholung der Vorgeschichte; Anrufung der Musen; etc.).

Paradise Lost beginnt mit der Feststellung des Themas "Of Mans First Disobedience" und der Absicht des Dichters "And justifie the ways of God to men", um dann Satan, umgeben von seinen gefallenen Engeln, im Höllenrat darzustellen. (Buch I)

Begleitet von Sünde und Tod macht sich Satan auf, um die Berichte von der neuerschaffenen Welt zu überprüfen. (Buch II)

Gott, der Satans Erdenbesuch verfolgt, sagt den Sündenfall des Menschen und seine Bestrafung voraus und nimmt das Angebot seines Sohnes, den Menschen zu erlösen, an. (Buch III)

Satan baut seinen Plan, den Menschen zu verführen, auf ein im Garten Eden belauschtes Gespräch zwischen Adam und Eva. (Buch IV)

Von Gott gesandt, warnt Raphael Adam vor dessen Feind und erzählt auf Adams Wunsch hin die Geschichte vom Aufstand und Fall Satans. (Buch V und Buch VI)

Dann erzählt Raphael von der Schöpfung der neuen Welt und ihrer Wesen. (Buch VII)

Im achten Buch berichtet Adam seine eigene Geschichte und von der Erschaffung Evas, die er Gott gewissermaßen abgetrotzt hat.

Satan schlüpft in die Gestalt der Schlange, verführt Eva dazu, von dem Baum der Erkenntnis zu essen und ihrerseits Adam zu überreden, Gleiches zu tun. (Buch IX)

Während Gott seinen Sohn zum Urteilsspruch nach Eden herabschickt, nehmen Satan und seine Diener Sünde und Tod Besitz von der Welt. (Buch X)

Es kommt daraufhin zur Auseinandersetzung zwischen Adam und Eva, aber auch zu demütiger Reue, und Gott wandelt die Todesstrafe in die Vertreibung aus dem Paradies um. Erzengel Michael, der die Strafe vollziehen soll, gibt den Menschen nicht nur allgemeine Lebensregeln mit auf den Weg, sondern offenbart ihnen von einem Hügel aus in einer Folge von Visionen die Weltgeschichte und die Vorausschau auf die schließliche Erlösung durch Christus, bevor er sie dann aus dem Paradies geleitet. (Buch XI und XII)

Miltons letztes Werk ist die Tragödie *Samson Agonistes* (1671), die von Samsons Fall und Versuchung, seiner Selbstüberwindung und der dadurch wiedergewonnenen göttlichen Gunst handelt. Das Stück, ohne Akteinteilung, ohne Nebenhandlung und die Einheiten wahrend, läßt dramatische Wirksamkeit vemissen, da wesentliche Funktionen der Handlung (Hinführung zum Wendepunkt; Lösen der Spannung) von lyrischen Klagen, kommentierenden Chorliedern oder epischen Botenberichten übernommen werden. Der geplante Stil mit seiner kargen Direktheit und die Freiheit des Metrums, das nur noch dem Ausdruck zu dienen scheint, machen jedoch dieses Werk einzigartig.

4. Die Prosa des 'Barock'

Die Prosa der ersten Hälfte des 17. Jahrhunderts zeigt eine gewisse Verwandtschaft mit dem Sprachgebrauch der "Metaphysicals". Doch tritt der manierierte und dekorative Kunststil nur in einem Teil des Prosaschrifttums dieser Epoche hervor. So vor allem in den Predigtsammlungen, die zu dieser Zeit durchaus noch als Erbauung und als literarische Kunstwerke angesehen wurden.
Ein Beispiel hierfür ist LANCELOT ANDREWES (1555-1626), Bischof von Winchester, der neben JOHN DONNE bedeutendste Prediger in der Zeit Jakobs I. Beide pflegten diesen "methaphysischen" und mit Gelehrsamkeit prunkenden Stil.
Vom literarischen Standpunkt aus der bedeutendste Geistliche dieser Epoche ist JEREMY TAYLOR (1613-1667), ein Meister der englischen Barockprosa, dessen Schrift *Holy Dying* (1651), die das alte Motiv der Weltverachtung mit Hilfe der gesamten ihm zur Verfügung stehenden Tradition darstellt, mit den Epen Spensers und Miltons verglichen worden ist.

Auf ähnlichem Weg wie die Predigt entwickelte sich auch die weltliche Literatur. Gekennzeichnet von 'krauser Gelehrsamkeit', erwachsen aus Auszügen der gesamten antiken Literatur, und von undurchdringbaren stilistischen Auswüchsen ist die *Anatomy of Melancholy* (1621) des Oxforder Geistlichen ROBERT BURTON (1577-1640). Trotz äußerlicher Ähnlichkeit spiegeln die Prosaschriften von THOMAS BROWNE (1605-1682), einem Arzt aus Norwich, sowohl in ihrem Gehalt als auch in ihrem Stil den Geist der Zeit deutlicher wieder. Seine erste Schrift, *Religio Medici* (1635), in der er die Ärzte gegen den Vorwurf der Ungläubigkeit verteidigt, zeigt ihn als treuen, wenn auch toleranten, Sohn der anglikanischen Kirche, der bereit ist, die Begrenztheit des menschlichen Verstandes hinsichtlich der Religion anzuerkennen, was aber die Welt anbelangt, sie als dem menschlichen Verstand zur Betrachtung und Erkenntnis aufgegeben ansieht. Den Höhepunkt seiner Prosa erreichte Browne mit einer Meditation anläßlich eines Urnenfundes, *Hydriothaphia: Urne-Burial* (1658).

Die wissenschaftliche Prosa FRANCIS BACONs (1561-1626) zeigt das Bemühen, die englische Muttersprache zu einem vollwertigen Medium philosophischer Überlegungen und praktischer Erwägungen zu machen. Obwohl seine Hauptwerke traditionsgemäß noch in lateinischer Sprache abgefaßt sind, erschien der erste Teil seiner *Instauratio Magna, The Advancement of Learning* (1605) in englischer Sprache und wurde erst viel später erweitert und in lateinischer Sprache vorgelegt. Seinen literarischen Ruhm hat er sich mit seinen *Essays* (1597, 1612, 1625) erworben. Durch ständige Revisionen oder Neufassungen entwickelte er aus einer anfänglichen Sammlung von Aphorismen eigenständige Betrachtungen über menschliche Haltungen und Erfahrungen und führte damit ein Genre in die englische Literatur ein, das schon bei Montaigne deutlich geprägt worden war.
Es bedurfte jedoch des klaren und allmählich entwickelten Formulierungsstils eines THOMAS HOBBES (1588-1679), um die wissenschaftliche Prosa endgültig zu formen. Sein politisch-theoretisches Buch *Leviathan* (1651), in dem er seine These von der absoluten Staatsgewalt nicht mit göttlichem Recht, sondern mit Nützlichkeitserwägungen begründet, besticht durch seinen einfachen, klaren und sachlichen Stil, der bereits die stilistischen Richtlinien der "Royal Society" vorwegnimmt.

Neben dieser bereits modernen Wissenschaftsprosa gewinnt die biographische Literatur an Bedeutung. Obwohl noch fest in der elisabethanischen Tradition wurzelnd, kann IZAAK WALTON (1593-1683) bereits als ein moderner Biograph gesehen werden, da er großen Wert auf exakte Information und sorgfältige Sammlung von Daten und Dokumenten legte. So bediente er sich bei seinen Lebensbeschreibungen (*Collected Lives*, 1670) schon der Originalbriefe historischer Persönlichkeiten bei deren Darstellung. Sein bestes Werk ist allerdings die von stark autobiographischen Reizen bestimmte Schrift *The Compleat Angler* (1653), die seinen Lesern in schlichtem Ausdruck ein optimistisches Bild einer ländlichen Idylle vermittelt.
Eine Sonderstellung innerhalb der biographischen Literatur nehmen die Tagebuchaufzeichnungen von SAMUEL PEPYS (1633-1703) und die seines Freundes JOHN EVELYN (1620-1706) ein, da in ihnen die Trivialitäten des Alltags einen ihnen bisher nicht zugestandenen Wert erfahren.
Pepys *Diary*, das nicht für die Öffentlichkeit bestimmt war, beschreibt in absoluter Offenheit sein Denken, Empfinden und Tun während der Jahre 1660-69, so daß sich das lebenswahre Bild eines Durchschnittsmenschen der Restaurationszeit ergibt. Evelyns Tagebuch mit Eintragungen von 1631 bis kurz vor seinem Tode 1706 teilt die Geschichte seines Lebens und der Ereignisse seiner Zeit in etwas unpersönlicherer Form mit.

Mit seiner Selbstbiographie *Grace abounding to the Chief of Sinners* (1666) steht auch JOHN BUNYAN (1628-1688) der autobiographischen Literatur nahe, überragt aber mit seinem klassischen Werk *The Pilgrim's Progress from this World to That which is to come: Delivered under the Similitude of a Dream* (1678/1684), einer allegorischen Darstellung des menschlichen Lebens in Form einer Reise einer bekehrten Sünderseele bis zur Erlösung, als einzig genialer Prosaschriftsteller seiner Zeit alle seine Kollegen und Zeitgenossen.

> Christian, der Held der Geschichte, vom quälenden Bewußtsein seiner Sünden getrieben, läuft seiner Familie und seinen Freunden auf dem Weg der Rettung davon. Auf seiner Reise hat er viele Gefahren zu bestehen. So muß er den "Hill Difficulty" überwinden und das "Valley of Humiliation" sowie das "Valley of the Shadow of Death" durchwandern; in "Vanity Fair" erlebt er eine harte Gefangenschaft und den Märtyrertod seines Freundes Faithful; etc. Erst nachdem Christian und sein neuer Begleiter Hopeful noch viele weitere Gefahren überstanden haben, nähern sie sich der "Celestial City".

Das dramatische Geschehen ist von einer, bei Bunyans geringer Bildung (als Handwerkerssohn hatte er nur die Dorfschule besucht), erstaunlich geradlinigen Handlungsführung, und auch die Lebensechtheit der Figuren und ihrer Erlebnisse in dieser farbigen Allegorie ist immer wieder gerühmt worden.

Mit den in der zweiten Hälfte des Jahrhunderts deutlicher werdenden französischen Einflüssen des Klassizismus zeichnet sich eine Tendenz zur Vernunft, Einfachheit, nüchternen Klarheit und Angemessenheit des Stils ab.

5. John Dryden

JOHN DRYDEN (1631-1700), der erste moderne Kritiker, ist auch der erste wirklich moderne Prosaiker. Sein kritisches Meisterwerk, *Essay of Dramatic Poesy* (1668), behandelt in Gesprächsform das gesamte Fragengebiet des Dramas. Das übrige, umfangreiche kritische Werk Drydens ist auf zahlreiche Vor- und Nachworte zu Dramen und anderen Werken verteilt. Die Schärfe, mit der er die Probleme angeht, die Treffsicherheit seines Urteils und die Fähigkeit, das Wesentliche in den verschiedenen Traditionen zu erkennen, verleihen seinen Ausführungen ein der rational bestimmten Zeit angemessenes Niveau.

Als Schulkamerad John Lockes erwarb Dryden auf der berühmten Westminster School und später dann in Cambridge die klassische Bildung, die die Voraussetzung für sein literarisches Schaffen war. Am Hofe eingeführt und in Adelskreise eingeheiratet, bestritt er seinen Lebensunterhalt vor allem als Dramatiker. Immer Royalist, trat er zusammen mit den Stuarts zum katholischen Glauben über und wurde deshalb nach deren Vertreibung seines Amtes als "poeta laureatus" enthoben. Doch sein Ansehen als Dichter blieb unbeschadet und war selbst bei seinem Tod noch so groß, daß er in Chaucers Grab in der Westminster Abtei beigesetzt wurde.

Schon in den Strophen auf Cromwells Tod, *Heroic Stanzas* (1658), und in den Begrüßungsversen für Karl II., *Astraea Redux* (1660), zeigt sich seine eigentliche Stärke, Gedanken in prägnante Verse von klarer Präzision zu kleiden.

Annus Mirabilis, The Year of Wonders (1667), eine in kreuzweise gereimten Strophen verfaßte Darstellung der Ereignisse des Jahres 1666 (holländischer Krieg und Brand von London), stellt als erstes anspruchsvolles Werk des Dichters einen wichtigen Schritt auf seinem Weg zum klassizistischen Stil dar, auch wenn Rückfälle bei diesem epischen Jugendwerk noch Unsicherheit des Geschmacks verraten. Sein eigentliches Metier, die satirische und lehrhafte Dichtung, entdeckte Dryden, als er nach anderthalb Jahrzehnten intensiver Arbeit für das Theater zur Dichtung zurückkehrte.

In *Absalom and Architophel* (1681), einem satirischen Auftragswerk für den König über das Thema des Thronausschlusses, schildert er in sehr durchsichtiger, biblisch-epischer Verkleidung die Geschichte eines jungen Prinzen (Duke of Monmouth), der von einem ehrgeizigen Staatsmann (1st Earl of Shaftesbury) verführt wird und die Gunst des Volkes erringt, bis der König die drohende Gefahr bannt. Stil und Metrum sind sorgfältig aufeinander abgestimmt. Der gereimte zehnsilbige Vers (heroic couplet) mit der deutlich erkennbaren Absicht, die Reimverse zu einer in sich geschlossenen Sinneinheit zu binden, sowie die Anpassung von natürlichem Wort- und Satzakzent an das vorgegebene metrische Schema werden ebenso zum Ideal des klassizistischen Verses wie die Stilmerkmale der epigrammatischen Prägnanz, die rhetorischen Figuren (Parallelismus, Antithese, Repetitio, etc.) und die Abschirmung des Wortschatzes gegen alles Extreme.

Intellektuelle Schärfe und Gewandtheit im pointierten Ausdruck kommen Dryden auch bei seinen beiden religiösen Gedichten zugute, *Religio Laici* (1682) betont die Stimme des Laien gegenüber theologischen Spitzfindigkeiten und sucht im Streit der Konfessionen eine das Königtum sichernde religiöse Lösung zu finden, als welche sich dann der Mittelweg ("via media") der englischen Kirche ergibt. Die absolute Autorität in Religionsdingen findet Dryden dann in der katholischen Kirche, die er in dem über 2500 Verse langen Gedicht *The Hind and the Panther* (1687) verteidigt.

Die Lyrik Drydens, besonders seine Pindarschen Oden, ist bis in die letzte Zeile hinein stilisiert und gehört zu der besten seiner Zeit. Bekannt sind die auf Bestellung geschriebenen Oden über die Musik, *A Song for St. Cecilia's Day* (1687) und *Alexander's Feast; or, The Power of Music* (1697). Metrische Form, Rhythmus und Reim vereinen sich zusammen mit dem sprachlichen Ausdruck zu einem wirkungsvollen, in seiner Theatralik barocken Gemälde.
Die in seine Dramen eingestreuten Lieder beweisen, daß Dryden auch der einfachen, lyrischen Form gerecht zu werden vermochte.

6. Das Restaurationsdrama

Mit der Schließung der Theater und dem Verbot öffentlicher dramatischer Aufführungen zwischen 1642 und 1660 hatte das dramatische Leben zwar nicht völlig aufgehört, aber das wenige, meist niveaulose Farcen ("drolls"), was sich im Untergrund hielt, ist keiner näheren Betrachtung wert.
Der Wunsch, das Verbot zu umgehen, führte zu musikalischen, opernähnlichen Aufführungen halböffentlicher Natur, die gelegentlich gestattet wurden.
Unter diesen hat *The Siege of Rhodes* (1656) von Sir WILLIAM D'AVENANT, der in Paris die neue italienische Oper kennengelernt hatte, besondere Bedeutung, denn die Gestaltung der Geschichte von Solyman und Ianthe, mit ihren ins überdimensionale gesteigerten heroischen Gefühlen von Ehre und Liebe, wird einerseits bestimmend für die Thematik und Gesinnung der Restaurationskomödie und begründet andererseits die englische oder dramatische Oper.
Der eigentliche Schöpfer dieses in D'Avenants Oper vorgezeichneten heroischen Dramas war DRYDEN. Mit seinem Stück *The Indian Queen* (1664) begründete er eine zwei Jahrzehnte lang herrschende Mode, an der sich alle bedeutenden Dramatiker der Zeit beteiligten, und die in Drydens Dramen *Tyrannick Love, or The Royal Martyr* (1669) und *The Conquest of Granada, or Almanzor and Almahide* (in zwei Teilen 1670-71) zwei Musterbeispiele dieser Gattung hatte. Dryden steigerte die Handlung und ihre Träger ins Außergewöhnliche, wählte exotische Schauplätze und hob die Sprache durch Stilisierung, Bilderreichtum und heroische Reimpaare vom Alltäglichen ab.

Die beiden bedeutendsten unter den zahlreichen Tragödienschreibern dieser Zeit, Otway und Lee, lösen sich dann allmählich von dem heroischen Drama und orientierten sich mehr an den französischen Klassikern und deren Auffassung der aristotelischen Regeln. Die strenge Motivierung des dramatischen Geschehens, die klare Konzeption der Katastrophe sowie die betonte Darstellung seelischer Konflikte und heroischer Empfindungen sind charakteristisch für diese Tragödien.
So steckt die Tragödie, *The Orphan* (1680) von THOMAS OTWAY (1652-1685), die die Liebe zweier Brüder zu einem Mädchen behandelt und mit dem Untergang aller drei endet, voller Rührseligkeit und hat ihre Wirkung noch auf das Publikum des 19. Jahrhunderts. NATHANIEL LEEs (ca. 1649-1692) poetische, aber ungezügelte Begabung wird von Schwulst nahezu ertränkt. Von seinen elf Tragödien zeigt *The Rival Queens* (1677), eine in Blankversen geschriebene Liebestragödie um Alexander, sein großes Talent vielleicht noch am besten.

Bedeutsamer als die Tragödie ist die Komödie der Restaurationszeit. Eine gelungene Verbindung von Ben Jonsons "humours" mit der Beaumont-Fletcher nachempfundenen Kunst der Intrige führt zu einem Lustspieltyp, der, allgemein als "comedy of manners" bezeichnet, in seinen besten Stücken geistreich und witzig, aber nicht gerade anständig ist. Obwohl auch Dryden sich mehrfach in dieser Gesellschaftskomödie versuchte (*The Wild Gallant*, 1663; *Marriage à la Mode*, 1671), sind die Hauptträger der Restaurationskomödie andere.

In intellektueller und somit weniger anstößiger Form schreibt Sir GEORGE ETHEREGE (1634-1691) seine Komödien *She Wou'd if she Cou'd* (1668) und *The Man of Mode* (1676), in denen er die glänzende Äußerlichkeit von gesellschaftlichen Manieren darstellt. In dieselbe Zeit fallen die beiden besten Komödien von WILLIAM WICHERLEY (1641-1716), *The Country Wife* (1674), in der er mit seinem Helden gewissermaßen einen Wüstling zur Norm macht, und *The Plain Dealer* (1676), in der das Geschlechtliche so deutlich in eine reale Welt gestellt wird, daß nur der mitreißende Schwung der Darstellung die Komik über die Entrüstung hinwegrettet.

Die größte literarische Höhe erreichte die Restaurationskomödie mit den Dramen von WILLIAM CONGREVE (1670-1729), der in der Subtilität der Charakterzeichnung und in der Brillanz der Dialoge seine Zeitgenossen übertrifft. Mit *The Old Bachelor* (1693) und *The Double-Dealer* (1694) erzielte er große Theatererfolge, und sein letztes Stück, *The Way of the World* (1700), ist eine der besten Komödien dieser Zeit. Die intrigenreiche Handlung tritt in den Hintergrund gegenüber dem geistreich sprühenden Dialog und den glänzend gezeichneten Charakteren. Dadurch erfährt das Lebendige eine Umsetzung ins Begriffliche und schafft somit eine befreiende Distanz, die ein Belächeln der unberechtigten Wertansprüche ermöglicht.

Die Restaurationskomödie findet ihr Ende mit den Stücken von Vanbrugh und Farquhar. Sir JOHN VANBRUGH (1664-1726)) beugte sich mit seinen Komödien *The Relapse* (1696) und *Provok'd Wife* (1697) bereits dem Drängen des bürgerlichen Geschmacks, und so wurde aus dem Gegensatz von "manners" und wirklichem Leben der bürgerlich geprägte Gegensatz von Tugend und Leben.
Die Komödien des irischen Dramatikers GEORGE FARQUHAR (1678-1707) *The Recruiting Officer* (1706) und *The Beaux Stratagem* (1707) beginnen zwar noch im Ton der Restaurationskomödie, zeigen aber schon deutliche Züge des Übergangs zur sentimentalen Komödie. Die Neigung zur sentimentalen Tugend und rührseligen Reue sind nicht zu übersehen.

V. Das 18. Jahrhundert

1707	"Act of Union" (United Kingdom of Great Britain)
1714-1727	Georg I. (Haus Hannover)
1721-1742	Sir Robert Walpole (1676-1745), Premierminister (führender Mann im Kabinett und Unterhaus)
1727-1760	Georg II.
1744-1747	Englisch-französischer Seekrieg
1760-1820	Georg III.
1775-1783	Amerikanischer Unabhängigkeitskrieg
1783-1801	William Pitt, der Jüngere (1759-1806), Premier
1796-1798	Irischer Aufstand
um 1800	Industrielle und landwirtschaftliche Revolution in England

ab 1710	J. Addison (1672-1719), Essayist, Dichter, Staatsmann, Herausgeber von Wochenzeitschriften *(The Tatler, The Spectator)*
ab 1710	Alexander Pope (1688-1744), *Essay on Criticism, Rape of the Lock, ...*
ab 1719	Aufstieg des englischen Romans:
1719	Daniel Defoe (1676-1721), *Robinson Crusoe*
1726	Jonathan Swift (1667-1745), *Gulliver's Travels*
1749	Henry Fielding (1707-1754), *Tom Jones*
1742	Edward Young (1683-1765), *Night Thoughts*
1751	Thomas Gray (1716-1771), *Elegy written in a Country Church-Yard*
1766	Oliver Goldsmith (1728-1784) *The Vicar of Wakefield*
ab 1775	Richard Sheridan (1751-1816) *The Rivals, The School for Scandal*

Auch wenn die in England im 18. Jahrhundert anzutreffenden geistigen Haltungen und Anschauungen in vielfältige Richtungen weisen, lassen sich doch in grundsätzlichen Positionen gewisse Übereinstimmungen erkennen. Man akzeptierte allgemein die Ratio als Schlüssel zur physischen wie metaphysischen Existenz des Menschen, und "common sense" wurde nicht nur als gesunder Menschenverstand, sondern auch als Sinn für Gemeinschaft verstanden. Man neigte zur Skepsis, schätzte den Wert der Erfahrung als Gegenstück zur abstrakten Logik des Denkens, bemühte sich um Tugend und moralisches Bewußtsein ebenso wie um eine christlich bestimmte pragmatische Haltung von Mitmenschlichkeit.

Die Herausbildung der Kabinettsregierung, die den Herrscher auf den Rat des Parlaments (Unterhaus) festlegte und dessen Führer jeweils zum leitenden Staatsmann machte, schuf ein bürgerliches Hochgefühl und führte zu einem im Grunde bürgerlichen Menschenideal. Der Parteienstreit zwischen Whigs und Tories, in dessen Kielwasser es zu einer Blütezeit des literarischen Journalismus kam, konnte die jetzt ganz vom kaufmännischen Bürgertum geprägte englische Gesellschaft nicht wesentlich erschüttern. Eine Fülle technischer Erfindungen führte zur Industrialisierung, die damit neben die bereits eingeleitete agrarische Revolution trat, und hatte mit der von ihr ausgelösten Landflucht eine beschleunigende Wirkung auf die soziale Umschichtung. Während im Bürgertum sich Luxus breitmachte, der den schönen Künsten (Malerei, Architektur) neuen Aufschwung bereitete, wurden die unteren städtischen Schichten von diesem Aufschwung nicht erfaßt, und so bildete sich z.B. in London ein Proletariat heraus, das vor allem mit seinem Alkoholismus und derben, auf Genuß ausgerichteten Leben Eingang in viele satirische Schriften fand.
Die Literatur des 18. Jahrhunderts ist stark vom Intellekt bestimmt. Für sie gilt weitgehend das unter dem Einfluß der 'neuen Philosophie' und Newtons stehende mechanistische Weltbild eines mathematischen Gesetzen unterworfenen Kosmos. Auch die Moralphilosophie spielte eine prägende Rolle. So versuchte man, die Moral ohne Rückgriff auf die Religion zu begründen. Während Locke sittliches Handeln durch das eigene Interesse bestimmt sieht, geht die Ethik des Earl of Shaftesbury (1671-1713) von dem sogenannten "moral sense" als Grund für sittliches Verhalten aus. In seinen Schriften, zusammengefaßt als *Characteristics of Men, Manners, Opinions, Times* (1711), lehrte er die in der Tugend begründete Harmonie von selbstischen und geselligen Tendenzen, aus der sich eine beglückende, ausgeglichene Persönlichkeitsentfaltung ergebe.
Die in der Klarheit und Verständlichkeit der Darstellung zum Ausdruck kommende sprachliche Meisterschaft muß auch David Hume (1711-1776) zugebilligt werden, dessen Schriften *Treatise of Human Nature* (1734-37) und *Essays, Moral and Political* (1741-48) die englische philosophische Aufklärung vollenden, die mit Locke begonnen hatte.

1. Die Dichtung

Ihrem Wesen nach lehrhaft oder satirisch-kritisch, machte es sich die Dichtung dieser Zeit zur Aufgabe, die Harmonie des vernunftmäßig geordneten Kosmos in der Gesetzmäßigkeit des Kunstwerkes nachzubilden. Damit wurde die Natur, abstrahiert zu einer zweckmäßig eingerichteten, vernünftigen Ordnung, zum Vorbild der Moral menschlichen Lebens. Dies stellt den Menschen in den Mittelpunkt der Dichtung, aber nicht als ein sich mystisch erfahrendes Einzelwesen, sondern als Glied in einer moralischen Gemeinschaft. Daraus folgte, daß Sonderfälle und Themen, die nicht über das Persönliche hinausgingen, vermieden wurden. Man bevorzugte allgemeingültige Inhalte, die durch moralisierende Kommentare zu einer 'philosophischen Dichtung' wurden, bei der dem logischen Aufbau des Inhalts ebenso viel Bedeutung zugemessen wurde wie der mathematischen äußeren Form.

a) Pope und die klassizistische Dichtung

ALEXANDER POPE (1688-1744), immer bedrückt durch seinen seit der Kindheit gebrechlichen und verwachsenen Körper, erfuhr seine dichterische Schulung, da ihm als Katholik der höhere Bildungsweg verschlossen blieb, in ländlicher Einsamkeit aus Büchern und im Kreis literarisch interessierter Freunde. Angezogen von der Eleganz und Würde der Rhetorik sowie von Vollkommenheit in der Dichtung, legte er ehrgeizig bei sich selbst stets strengere Maßstäbe an als bei seinen Vorbildern, und so gelang es ihm, den klassizistischen Vers des gereimten Zehnsilblers für den präzisen poetischen Ausdruck zu einer Perfektion zu entwickeln, daß er darin selbst seinen Lehrmeister Dryden übertraf.
Seine erste bedeutende Dichtung ist die Jahreszeiten-Gedichtfolge der *Pastorals* (1709), die ganz in der Tradition der Schäferdichtung steht, aber bereits seine absolute Beherrschung des "heroic couplet", das den Satz auf ein Reimpaar beschränkt, demonstriert. Auch in dem Gedicht *Windsor Forest* (1713) entspricht Pope mit seiner arkadischen Landschaftsbeschreibung und der Darstellung der Jahreszeiten ganz dem pastoralen Klischee, verleiht dem Gedicht jedoch mit subtilen Anspielungen auf den Hintergrund der klassischen Vorlage (Vergils *Georgica*) einen gewissen Reiz.
Geschult an Drydens Satirenstil, führte Pope mit seinem komisch-heroischen Epos *The Rape of the Lock* (1712) diese burleske, von Boileaus zur Geltung gebrachte und von Sir Samuel Garth (*The Dispensory*, 1699) in England bekannt gemachte Gattung zum Höhepunkt. In dem Gedicht über den wegen einer abgeschnittenen Locke entstandenen Streit zweier Familien gelang ihm ein Kabinettstück scherzhafter Gesellschaftsdichtung, deren Witz in der Verwendung des heroischen Stils für die Darstellung trivialer Gegenstände liegt. Gegenstand und Stil geraten auf heiter-spöttische Weise in grotesken Gegensatz, und die normale Wertvorstellung wird durch die Gleichsetzung von Dingen von normalerweise unterschiedlichem Rang verkehrt oder aufgehoben.
In seinem philosophischen Lehrgedicht *Essay on Criticism* (1711) setzt sich Pope mit den Grundsätzen der Kritik auseinander, um der individuellen Willkür des Urteils eine Ordnung des poetischen Geschmacks entgegenzustellen. Grundlage für diese Ordnung ist die Natur in ihrer Gesetzmäßigkeit und daraus abgeleitet die Vorherrschaft der Vernunft. Da die Antike analog gefolgert hatte, kann auch sie als Vorbild dienen. In einem weiteren Teil behandelt Pope Fehlerquellen der Kritik und betont die Notwendigkeit moralischen Bewußtseins bei der mit Takt ("good breeding") vorgetragenen Beurteilung. Ein Überblick über die Geschichte der Kritik mit all ihren würdigen Vertretern beschließt das Gedicht.
Mit der Übersetzung der *Illias* des Homer und der später übersetzten *Odyssey* erlangte Pope Anerkennung und Wohlstand, so daß er sich in Twickenham ein Haus kaufen konnte, dessen Garten er so eigenwillig kunstvoll gestaltete, daß dessen Anlagen und Grotte weltberühmt wurden.
Als Antwort auf die Kritik, die ihm seine Shakespeareausgabe (1725) einbrachte, schrieb er mit *The Dunciad* (1729) ein satirisches Gedicht über das Reich der Dummköpfe, eine Abrechnung mit der Torheit, die er vor allem in der Pedanterie zu erkennen glaubte. Das Gedicht entfernt sich allerdings weit von jeder sachlichen Kritik, da es erfüllt ist von persönlichen Angriffen und Beleidigungen.
Bedeutender sind Popes moralisch-philosophische Werke. In den vier Episteln des Lehrgedichts *Essay on Man* (1733-34) wird der Versuch unternommen, die Welt als Ganzes

sowie die menschliche Natur zu skizzieren und in allem eine von Gott gegebene Ordnung und Zweckmäßigkeit zu erkennen. Nach der Darlegung der Position des Menschen innerhalb der Gesellschaft schließt das Gedicht mit der klassizistischen Glückseligkeitslehre und der Schlußfolgerung, daß der Mensch in der besten aller Welten lebt. Als Fortsetzung des *Essay on Man* sind seine *Epistles to Several Persons (Moral Essays)* gedacht, die einzelne Gedanken des *Essay on Man* aufgreifen, aber wohl eher Veranschaulichungen einzelner philosophischer Ansichten darstellen. Im Jahr 1733 erschien dann Popes erste Satire für die *Imitations of Horace*, denen er 1735 die *Epistle to Dr. Arbuthnot*, eines seiner brillantesten ironischen Werke, mit autobiographischen Zügen, als Prolog voranstellte.

Wenngleich Pope die überragende Dichterpersönlichkeit des Klassizismus war, gab es doch auch noch andere Vertreter dieser Richtung. JOHN GAY (1685-1732), mit seinem Rokoko-Epos *The Fan* (1713) noch stark von Pope abhängig, hatte dann mit der Parodie der Schäferdichtung in *The Shepherd's Week* (1714) durchaus seinen eigenen Stil gefunden. Auch sein bekanntestes Werk, das Singspiel *The Beggar's Opera* (1728), ist eine Parodie, die gleichzeitig die italienische Oper wie auch das zeitgenössische Drama persiflierte.

Die ländlichen Gedichte der ANNE FINCH, COUNTESS OF WINCHILSEA (1661-1720) gehen über die eng begrenzten Vorgaben des Klassizismus bereits hinaus und treffen im Ausdruck der gefühlsbetonten Naturliebe einen Ton, den später sogar Wordsworth als verwandt empfindet.

Der Begründer dieser Neubelebung des Gefühls ist JAMES THOMSON (1700-1748), der aus seiner schottischen Heimat dieses Verhältnis zu den Kräften der Natur mitbrachte. Der Erfolg seines Gedichtes *The Winter* (1726) veranlaßte ihn, den nach Miltonschem Vorbild in Blankversen verfaßten Zyklus der Jahreszeiten bis 1730 zu dem Werk *Seasons* zu vervollständigen. In seinem deskriptiven, moralischen und didaktischen Ton noch ganz klassizistisch, ebenso in seinen Anspielungen auf die Zweckbezogenheit für den Menschen, bedeuten die durch liebevolle Versenkung und genaue Beobachtungen bis ins Detail gezeichneten Naturbeschreibungen eine Neuerung in der Entwicklung der Naturdichtung.

Mit seinem neben den *Seasons* bekanntesten Werk, *The Castle of Indolence* (1748), eine der besten Nachempfindungen Spensers in Sprache, Vers und Strophenform, entspricht Thomson allerdings wieder stärker der klassizistischen Form.

Eine ähnliche Zwischenstellung nimmt auch das Werk von EDWARD YOUNG (1683-1765) ein, das nach Versuchen auf den Gebieten des Dramas und der klassizistischen Satire in dem etwa 10 000 Blankverse umfassenden Gedicht *Night Thoughts on Life, Death and Immortality* (1742-45) seinen Höhepunkt fand. Dieses Gedicht erfuhr seinen weltweiten Ruhm wahrscheinlich in erster Linie aufgrund des ersten Teils, der das Grübeln des Dichters in schlafloser Nacht in überzeugendem Ausdruck beschreibt. Die ständige Variation desselben Themas sowie das Übergewicht von Klage und Predigt lassen eine gewisse Eintönigkeit entstehen.

2. Der Roman und die andere Prosa

a) Defoe, Swift und der literarische Journalismus

Zeitungen, die Nachrichten enthielten, hatte es in London und anderen großen Städten schon seit dem Bürgerkrieg gegeben. Aber erst die Aufhebung der Zensur (1695) ermöglichte dem Journalismus seine echte Entfaltung. Die Idee, in Form einer periodisch erscheinenden Zeitschrift die politischen wie privaten alltäglichen Dinge und Ereignisse in belehrender und gleichzeitig unterhaltsamer Weise zu kommentieren, wurde erstmals von DANIEL DEFOE (ca. 1660-1731) mit seiner Zeitschrift *Review* (1704-13), die er neun Jahre lang alleine schrieb, verwirklicht. Neben politischen Betrachtungen, in denen Defoe ein gemäßigtes Torytum vertrat, behandelte er auch Themen wie z.B. öffentliche Moral, Theater und menschliche Beziehungen verschiedenster Art.

Zu der eigenständigen Form der moralischen Wochenschrift fand diese journalistische Gattung jedoch erst durch RICHARD STEELE (1672-1729) und JOSEPH ADDISON (1672-1719).
In der dreimal wöchentlich erscheinenden Zeitschrift *The Tatler* (1709-11) behandelte Steele — in der Form des Essays — natürlich und plaudernd in gehobener Umgangssprache Themen aus dem Umfeld seines Lesepublikums. Für diese Kommentare, Belehrungen und Plaudereien bediente sich der Verfasser der fiktiven Figur Isaac Bickerstaffs, eines typischen Repräsentanten der Kultur und Geselligkeit des zeitgenössischen Londons, als Sprachrohr.
Addison, bereits mit Beiträgen am *Tatler* beteiligt und ein Meister in der Kunst des periodischen Essays, gründete dann zusammen mit Steele eine neue moralische Zeitschrift, die dann vollends literarisch war und sich nicht mehr mit Nachrichten befaßte, *The Spectator* (1711-12). In dem ersten Essay dieser dann täglich erscheinenden Zeitschrift stellt sich der fiktive Verfasser, Mr Spectator, in humorvoller Weise als weitgereister Mann von Welt und Gelehrsamkeit und in seiner Funktion als Beobachter des Lebens vor. In der zweiten Nummer werden die Mitglieder des Spectator-Clubs als Herausgeber vorgestellt, die idealisierte Repräsentanten ihres jeweiligen Standes (Landadel, Stadt, Handel, Armee) darstellten. Unabhängig von ihren Themen sind die Essays geprägt von der humanen und moralischen Gesinnung des Bürgertums. Die Einstellung der Herausgabe des *Spectators* rief eine Fülle von Nachahmungen hervor, die jedoch den Erfolg ihrer Vorbilder nicht erreichte.

Mit dem Journalismus der Wochenschriften eng verbunden, entstand der realistische Roman, als dessen Begründer DANIEL DEFOE (ca. 1660-1731) mit *Robinson Crusoe* (1719) gilt. Die Faszination, die dieser Roman sich bis in die heutige Zeit bewahrt hat, beruht sicherlich zum großen Teil auf der trefflichen und exakten Beschreibung von Details, die sich Defoe in all seinen unterschiedlichen Schriften erworben hatte, wodurch die Darstellung den Charakter von Unmittelbarkeit und faktischer Wahrheit erhält. Robinson ist kein traditioneller epischer Held, sondern eher ein durchschnittlicher Kleinbürger, dessen Schicksal als Strafe für die Verachtung der Vernunft und des bescheidenen Glücks zu Hause anzusehen ist. Der Erfolg des *Robinson* veranlaßte Defoe, neben Fortsetzungen noch weitere Romane zu schreiben. So entstand mit *Captain Singleton* (1720), einer aus der Offiziersperspektive berichteten Militärgeschichte, der vielleicht erste historische Roman, während *The Fortunes and Misfortunes of the Famous Moll Flanders* (1721), in der die Ich-Erzählerin durch Herkunft und Umgebung in eine Verbrecherlaufbahn gerät, dem Schelmenroman nahesteht. *Colonel Jaque* (1722) und *Roxana* (1724) zeigen die gleichen Vorzüge und Schwächen wie die anderen Romane Defoes. Sein Interesse am Detail, was einerseits zur Kunst der Vergegenwärtigung führt, behindert andererseits den stringenten und überzeugenden Handlungsaufbau seiner Geschichten. Vielleicht wird deshalb der Tatsachenbericht *A Journal of the Plague Year* (1722), der die Schrecken während der Pest (1665) in plastischer Beschreibung vergegenwärtigt, häufig für das beste Werk Defoes gehalten.

Defoes Name wird oft in einem Atemzug mit JONATHAN SWIFT (1667-1745) genannt. Aber außer ihrer journalistischen Tätigkeit und der Tatsache, daß ihr jeweiliges, entscheidendes Werk, seiner eigentlichen Intention beraubt, zu einem Bestseller der Kinderliteratur wurde, haben beide wenig gemeinsam.

Schon in seiner Ausbildung war der in Dublin geborene Swift Defoe deutlich überlegen. Swift erfuhr eine klassische Bildung, studierte Theologie, war von 1689-1694 Sekretär des Staatsmannes und Schriftstellers Sir W. Temple, bevor er als Geistlicher der anglikanischen Kirche in Irland tätig wurde (seit 1713 Dekan von Dublin). Aber auch hinsichtlich der Kunstmittel und seines Stils übertraf Swift seinen Vorgänger. Obwohl der sozialen Oberschicht angehörend, fühlte sich Swift immer wieder benachteiligt und begegnete daher der Welt mit jener satirischen, verbitterten Verachtung, die ihn zum Meister der Satire werden ließ. So schrieb Swift im Blick auf Gulliver 1725 an Pope:

> "The chief end I propose to myself in all my labours, is to vex the world rather than divert it."

Mit seinen ersten beiden Satiren *The Battle of the Books* und *A Tale of the Tub*, die 1704 anonym erschienen, erwies er sich als geistige Kraft seiner Zeit und als Meister der klassischen Prosa, deren Grundprinzip der Einfachheit nicht durch die Kürze der Sätze, sondern durch logische Klarheit, Gliederung und sorgfältigen Satzbau erfüllt wird.

In den ersten anderthalb Jahrzehnten des 18. Jahrhunderts strebte er mit zahlreichen polemischen kirchen- und staatspolitischen Schriften nach Einfluß und Anerkennung. Die an seine Vertraute Esther Johnson gerichteten Briefe — posthum unter dem Titel *Journal to Stella* veröffentlicht — geben Auskunft darüber. Sein Verhältnis zu Stella — sie betete ihn an, und er erwiderte ihre Zuneigung — ist ebenso obskur geblieben wie das mit Esther Vanhomrigh, die ihn unglücklich liebte und von der er sich in dem bekannten Gedicht *Cadenus and Vanessa* (1723) distanzierte. Seine größte Wirkung erreichte Swift in der Zeit, als er von den Whigs enttäuscht zu den Tories überwechselte und die Zeitschrift *The Examiner* (1710-11) herausgab. In satirischem Vergleich *(A Meditation upon a Broom stick)* ebenso wie in bissig-kritischer Ironie *(An Argument against the Abolishing of Christianity in England)* besticht die Unerbittlichkeit seiner Logik. Mit der Niederlage der Tories nach dem Tod der Königin Anna (1714) kehrte Swift verzweifelt nach Dublin zurück und setzte sich dort in einer Reihe von Pamphleten (*Drapier's Letters*, 1724) für die Verteidigung Irlands gegen englische Übergriffe ein. Oft treiben dabei seine Verachtung und sein bisweilen aggressiver Spott seine bissige Ironie ins Extreme, so wie es in seiner Schrift *A Modest Proposal* (1729) — *for preventing the children of poor people in Ireland from being a burden to their parents or country, and for making them beneficial to the public* — zum Ausdruck kommt, in der er die Schlachtung irischer Kinder und den Verkauf ihres zarten Fleisches an "persons of quality, and fortune" in England vorschlägt.

"... I have been assured by a very knowing American of my acquaintance in London, that a young healthy child, well nursed, is, at a year old, a most delicious, nourishing, and wholesome food, whether stewed, roasted, baked, or boiled; and I make no doubt that it will equally serve in a fricassee or a ragout. ..."

Swifts Tendenz zu aggressivem Spott und zur bissigen Verachtung wird auch in seinem satirischen Hauptwerk, *Travels into several Remote Nations of the World by Lemuel Gulliver* (1726), deutlich, in dem der Kontrast zwischen dem Ideal eines vernunftbestimmten Lebens und der triebbeherrschten Wirklichkeit in solchem Maße verschärft wird, daß schließlich der Wert des menschlichen Daseins überhaupt in Frage gestellt wird.
Swift bedient sich bei seinem Roman *Gulliver's Travels* der traditionellen Form der imaginären Reisebeschreibung, benutzt dieses Schema jedoch zur Erörterung der Frage nach dem Wesen des Menschen.

Die ersten beiden Bücher erzählen von den Reisen des Helden Gulliver — ein Jedermann der europäischen Zivilisation — nach Lilliput und Brobdingnag, in denen durch das Spiel mit dem Gegensatz von 'klein' und 'groß' nicht nur die Relativität aller Dinge verwirrt wird, sondern Kleinheit bzw. Größe auch moralische Werte symbolisiert. Karikiert die Welt der Lilliputians noch in ironischer Weise die englische Gesellschaft, so kommt in der Welt der Riesen bereits ein bedrohliches Element zum Ausdruck. Im dritten Buch, der Reise zu den vernünftigen Pferden, den Houyhnhnms, erkennt Gulliver mit Entsetzen den niedrigen Charakter des Menschen, der in den Yahoos seine eigene Natur erkennen muß, während die Houyhnhnms das unerreichte Menschenideal verkörpern. Am Schluß, wieder in seiner Heimat, kann Gulliver den Umgang mit Menschen kaum noch ertragen, und nur zwei Pferde, die er sich hält, bewahren ihm die schmerzliche Erinnerung an das Reich der Vollkommenheit.

Nach *Gulliver's Travels* hat Swift kein bedeutendes Werk mehr geschrieben. Die fortschreitende Verdunkelung seines Gemüts nach Stellas Tod (1728) endete schließlich wenige Jahre vor seinem Tod in geistiger Umnachtung.

b) Der Roman von Richardson bis Goldsmith

Die Romane von SAMUEL RICHARDSON (1689-1761), in ihrer bürgerlichen Betonung von Familie und häuslichem Leben, machten ihn zum Lieblingsautor des bürgerlichen Publikums, das in dem neuen Wirklichkeitsroman die Empfindsamkeit schmerzlich vermißt hatte. Richardson hatte das menschliche Gefühl für den Roman erschlossen, ohne sentimental im heutigen Sinne zu sein, denn der Vorrang von Moral und Vernunft blieb auch bei ihm erhalten.
Der Briefroman *Pamela; or Virtue Rewarded* (1740) erzählt die

Geschichte eines Dienstmädchens, das ihre unschuldige Tugend gegen das Drängen des sittenlosen Sohnes ihrer Herrschaft verteidigt und ihn durch ihr Vorbild bekehrt und heiratet. Richardson glänzt hier nicht durch spannende Handlung in seiner durch Unterhaltsamkeit erträglichen Sittenpredigt, sondern durch seine psychologisch realistischen und detaillierten Nachzeichnungen des Gemüts- und Gefühlslebens der Heldin, die sich trotz all ihrer Naivität durch eine nüchterne, realistische Einschätzung der jeweiligen Lebenssituation auszeichnet.

In dem siebenbändigen und mehr als 500 Briefe umfassenden Roman *Clarissa Harlowe* (1747-48) gestaltet Richardson eine an Geschehen und Spannung reiche Seelengeschichte von Liebe, Schuld und Sühne, in der die schöne, gebildete Bürgerstochter Clarissa den arroganten Verführer Lovelace durch ihre innere Größe schließlich zu einer armseligen, schändlichen Figur reduziert.
Der dritte Briefroman *Sir Charles Grandison* (1753-54) zeigt in seinem Helden, dem männlichen Gegenstück zu Clarissa, einen bis zur Unerträglichkeit vervollkommneten Gentleman.

Als Parodie auf Richardsons *Pamela* erschien 1742 anonym der erste Roman von HENRY FIELDING (1707-54), *The History of the Adventures of Joseph Andrews and of his Friend Mr Abraham Adams.*

Joseph Andrews, Pamelas Bruder, wird von seiner Herrin bedrängt, und da er die Briefe seiner Schwester gelesen hat, gibt er, um seine Tugend nicht zu verlieren, seine Stellung auf und macht sich auf den Weg von London in seine Heimat, von wo gerade Parson Adams, der erste in einer langen Reihe von 'Literaturgeistlichen' in der Art eines englischen Don Quichotes, aufgebrochen ist, um in London seine Predigten drucken zu lassen. In der reichen Folge episodischer Abenteuer wird die Straße als Handlungsort zum verbindenden Strukturelement. Auf dieser Grundlage entwickelt Fielding den Typ eines neuen, komischen Romans, den er im Vorwort als "comic epic poem in prose" definiert. Die Absicht, die Heuchelei der konventionellen Moral bloßzustellen und menschlichen Schwächen mit Toleranz und Heiterkeit zu begegnen, drängen die ursprünglich parodistische Absicht im Verlauf des Romans mehr und mehr in den Hintergrund.

1743 veröffentlichte Fielding unter anderem die moralisch-politische Satire *History of the Life of Jonathan Wild the Great*, in der er einen Verbrecher mit ironischer Bewunderung als große Persönlichkeit hinstellt (wahrscheinlich auf Walpole abzielend).

Fieldings Meisterwerk, *The History of Tom Jones, a Foundling* (1749), stellt ebenfalls in der Struktur des Schelmen- und Reiseromans eine Weiterentwicklung der stilistischen und formalen Elemente seines Erstlingsromans dar, in dem der Gehalt durch Bemühen um Lebensnähe und nuancenreiche Charakterisierung vertieft wird, und die äußere Gestaltung um die in langjähriger Theatererfahrung gewonnene Situationskomik bereichert wird. Die abenteuerreiche Handlung ist gleichmäßig auf die drei Schauplätze (auf dem Lande, auf der Straße und in London) verteilt. Der Roman ist ganz von dem auktorialen Erzählstil Fieldings geprägt, der in andauernden, sich einmischenden Kommentaren den Leser über seine Absichten, die künstlerische Gestaltung und deren Voraussetzungen informiert. In moralischer Hinsicht betrachtet er den Menschen mit seinen leidenschaftlichen Gefühlen ("passions") nicht als verdammenswert, sondern glaubt im Sinne Shaftesburys an den guten Kern ("good nature"), den Tom aller Verfehlungen zum Trotz besitzt.

Das letzte Werk des durch langjährige Erfahrung als Friedensrichter ernster gewordenen Fieldings, *Amelia* (1751), noch runder in der Charakterdarstellung und lebendig in seiner Sittenschilderung, erreichte nicht mehr die Größe und Zeitlosigkeit des *Tom Jones.*

Den Aufschwung des Romans zum Prosakunstwerk machte sich das schottische Erzählertalent TOBIAS GEORGE SMOLETT (1721-1771) zunutze, der als Schiffsarzt auf Reisen ging und diese Erfahrungen in dem Roman *The Adventures of Roderick Random* (1748) zu einer Abenteuerfolge gestaltete. Dabei orientierte er sich an dem erzählerisch einfachen Modell des pikaresken Romans im Stil von Le Sages *Gil Blas*. Mit dem Seemann und seinem Leben auf See führte Smolett einen neuen Handlungsbereich in den Roman ein. In der Anlage demselben Muster folgend zeigt der nächste Roman *The Adventures of Peregrine Pickle* (1751), noch reicher an humorvoll geschilderten, originellen Charakteren, in seiner flotten Erzählweise, in der auch der Seefahrtsjargon zur Charakterisierung beiträgt, das erzählerische Talent Smoletts.

Sein bestes und reifstes Werk ist *The Expedition of Humphry Clinker* (1771), das die Erlebnisse des brummigen, aber gutherzigen Squire Bramble und seiner Reisegesellschaft auf der Rundreise über Bath, London, Edinburgh und die schottischen Hochlande schildert und so ein lebendiges und vielfältiges Bild des zeitgenössischen Lebens in England und Schottland vermittelt. Dabei bietet die Form des nach pikareskem Muster verknüpften Reiseberichts — der Roman besteht aus den individuellen Briefen der einzelnen Reiseteilnehmer — die Möglichkeit, die Eigenart der einzelnen Charaktere durch ihre unterschiedlichen Kommentare zu einzelnen Ereignissen sowie durch ihre stilistischen Eigentümlichkeiten zu unterstreichen.

Wie vor ihm Fielding hatte LAURENCE STERNE (1713-1768) großen Anteil daran, daß sich die Form des Romans zu einer subtilen Kunstform entwickelte, der es vor allem durch die Weiterentwicklung der auktorialen Erzählerfigur gelang, erfahrbare Wirklichkeit kritisch distanziert und reflektiert in fiktive Realität umzugestalten. So sichert vor allem anderen die Allgegenwart des Erzählers und die deutliche Einbindung der erzählten Handlung in dessen Dialog mit dem Leser die Geschlossenheit des neunbändigen, unvollendeten Romans *The Life and Opinions of Tristram Shandy* (1760). In Lockescher Ideenassoziation (Vorstellung von Subjektivität und Relativität der Zeit) ergibt sich aus der Darstellung unterschiedlichster bürgerlicher Personen mit ihren Eigenarten eine scheinbar körperliche Verlebendigung zwischenmenschlicher Gefühlsbeziehungen. Durch die Betonung des Trivialen wird deutlich, daß kleine wie große Dinge ihre Bedeutsamkeit nicht in sich tragen, sondern erst in ihrer Beziehung zum Menschen erfahren. Seine Darstellungsart, die Sterne mit dem Begriff "sentimental" bezeichnete, prägt auch seine unvollendete Reisebeschreibung *A Sentimental Journey through France and Italy* (1768), die, zarter als der Roman und in der Kunst der Anspielung weiter entwickelt, nur aus einer Reihe flüchtiger Reisebegegnungen und -erlebnisse besteht und ganz von ihrer unmittelbaren Gefühlsgegenwart bestimmt wird.

Gegenüber dieser Rührseligkeit fast befreiend wirkt ein weiterer Roman der sechziger Jahre, der weltweiten Ruhm erlangte: *The Vicar of Wakefield* (1766) von OLIVER GOLDSMITH (1730-1774).

Die Geschichte, von Vicar Dr. Primrose selbst erzählt, beginnt als eine Idylle bescheidenen und tugendvollen Familienglücks in ländlicher Abgeschiedenheit, das durch eine Reihe harter Schicksalsschläge zerstört wird, bei dem aber letzten Endes das dennoch unerschütterte Gottvertrauen des Vicars durch die Wiederherstellung des Glücks belohnt wird.

Die moralischen Lehren, kunstvoll dargestellt in den Charakteren, ihrer Haltung und ihren Handlungen, verlieren viel von ihrer Aufdringlichkeit durch die liebenswerte Weise und den gesunden Humor, mit dem Goldsmith seine Figuren darstellt.

c) Dr. Samuel Johnson und die Sachprosa

Eine beherrschende, intellektuelle literarische Stellung in der damaligen Zeit hatte Dr. SAMUEL JOHNSON (1709-1784) inne, die er sich allerdings mühsam erarbeitet hatte. In seinen zahlreichen Schriften als Journalist, Herausgeber literarischer Zeitschriften, Kritiker, Biograph und Gelehrter versuchte er, die Dichtung gegen die Theorien der "Metaphysicals" und der Vorromantik im Sinne der Aufklärung zu beeinflussen und dabei gesetzgebend zu wirken. Auch mit seinen englischen und lateinischen Versen, von denen nur die Nachahmungen der Satiren Juvenals Geltung erlangten, wollte er beispielhaft wirken, doch seine dichterische Gabe ist gering. Sein vielleicht noch bestes dichterisches Werk, *The Vanity of Human Wishes* (1749), ein philosophisches Gedicht, erläutert in glänzender Beredsamkeit die aus breiter Lebenserfahrung gewonnene Erkenntnis über die Grundlagen der menschlichen Natur.
Begründet wurde sein Ruhm mit der Herausgabe des richtungsweisenden *Dictionary of the English Language* (1755), festgehalten für die Nachwelt von seinem Freund James Boswell in der Lebensbeschreibung *Life of Samuel Johnson* (1791). Mit den biographisch-kritischen Abhandlungen seines Werks *The Lives of the English Poets* (1781), auf Anregung einiger Verleger, wird Johnson zum bedeutendsten Kritiker seine Zeit. Dieses in seiner Denkhaltung letzte klassizistische Werk, übersichtlich gegliedert und nach Dichtschulen geordnet, zeigt die ganze Kraft und Klarheit, die Ausgewogenheit von Gedanken und Rhythmus der Johnsonschen Prosa, deren poetischer Stil, in seinem mühsamen Ringen um präzisen Ausdruck und seiner Vorliebe für lange, abstrakte Nomina (als stilistisches Merkmal "Johnsonese" genannt), gravitätisch und feierlich wirkt.

Die Kunst des Briefs erfuhr im 18. Jahrhundert nicht nur in seiner literarischen, gefühlsbetonten Form, sondern auch als geistreiche, verallgemeinernde Lebenskritik besondere Wertschätzung. So erfreuten sich die Briefe des Staatsmannes LORD CHESTERFIELD (1694-1773) an seinen Sohn als Anleitung zu gesellschaftlichem Erfolg ebenso großer Beliebtheit wie die Briefe der LADY MARY WORTLEY MONTAGU (1689-1773), die neben Informationen über den Orient — ihr Gatte war Gesandter in der Türkei — weltkluge, aber auch spöttische Urteile über Gesellschaft, Bildung und Literatur enthalten.
Mit den etwa 3 000 Briefen von HORACE WALPOLE (1717-1797), in denen sich sein Leben vor dem Hintergrund der Informationen aus dem privaten Bereich fast aller berühmten Leute jener Zeit darstellt, dürfte diese Sammlung ein nicht nur in seinem Umfang bedeutsames Selbstzeugnis des 18. Jahrhunderts sein.

Die Geschichtsschreibung bemühte sich über die Chronik historischer Ereignisse und Kämpfe hinaus nun auch um die Erfahrung und Darstellung der sozialen und geistigen Lage des Landes und der sie prägenden Leitideen. Dies zeigt die *History of England* (1754-61) des Philosphen DAVID HUME (1711-1776), auch wenn sie oft als oberflächlich und teilweise fehlerhaft kritisiert wurde.

Als größtes historisches Werk der englischen Literatur gilt *The History of the Decline and Fall of the Roman Empire* (1776-88) von EDWARD GIBBON (1737-1794), das sich durch Anschaulichkeit, Vollständigkeit und grundsätzliche Genauigkeit auszeichnet. Dem oft kritisierten Mangel an Ausgewogenheit steht die anerkannt künstlerische Darstellung gegenüber.

3. Das Drama

Die englische Literatur des 18. Jahrhunderts hat nur wenige bedeutendere Dramen hervorgebracht. Die Gründe dafür sind vielfältig, wie z.B. die Theaterfeindlichkeit der Puritaner, der gesellschaftliche Wandel oder der staatliche Zensor ("Licensing Act", 1737). Hinzu kommt die Popularität der italienischen Oper, die dann parodiert wurde (Gays *The Beggar's Opera*, 1728) und so eine Mode von 'Ballad-Operas' entfachte, aus deren Kern sich dann die Gilbert-Sullivan-Operette des 19. Jahrhunderts entwickelte.

COLLEY CIBBER (1671-1757), der sich als Schauspieler und Komödiendichter einen Namen gemacht hatte, entwickelte aus der Restaurationskomödie durch Beimischen sentimentaler Elemente eine Lustspielform, in der der Held wegen seines unmoralischen Verhaltens verurteilt wird, als reuiger Sünder am Schluß jedoch zur Tugend bekehrt Verzeihung erlangt. Dieses Schema liegt auch seiner besten Komödie, *The Careless Husband* (1704), zugrunde.
Literarisch bedeutsamer sind die Komödien von Sir RICHARD STEELE (1672-1729), der, in seinen ersten Stücken dem Schema der Restaurationskomödie noch stark verbunden, sich mit *The Conscious Lover* (1772) doch von dieser Tradition absetzte und die maßgebliche gesellschaftliche Ebene in den bürgerlichen Bereich legte. Auch wurde die Komik durch das Bloßstellen menschlicher Torheiten verdrängt von ethischen Wertungen.
Diese Form des sentimentalen Dramas wurde — wie schon von Fielding — von OLIVER GOLDSMITH (1739-1774) heftig angegriffen (*Essay on the Theatre; or A Comparison between Laughing and Sentimental Comedy*; 1772). Auch in seinem Meisterwerk, *She Stoops to Conquer* (1773) teilt er noch satirische Seitenhiebe auf den Sentimentalismus aus, versucht aber in erster Linie die Grundprinzipien der "comedy of manners" seiner Zeit anzupassen.
Noch wirkungsvoller in seinem Spott auf den Sentimentalismus ist der wie Goldsmith aus Irland stammende RICHARD BRINSLEY SHERIDAN (1751-1816). Schon sein erstes Stück *The Rivals* (1775) erinnert in seiner Beherrschung der Komödiensituationen, in der scharfen Zeichnung seiner "humours"-Charaktere und in seinem treffenden Dialog an Congreve. Sein bestes Stück, *The School for Scandal* (1777), in dem es ihm wiederum gelingt, traditionelle Figuren und Handlungselemente zu einer eigenständigen, die gesellschaftliche Heuchelei bloßstellenden Komödie zu formen, zählt noch heute zu den anerkannten englischen Lustspielen.

Im Gegensatz zur lebendig-sprudelnden Komödie hat die Tragödie des 18. Jahrhunderts mit ihrem hohen Anspruch wenig Beziehung zur menschlichen Realität. Nach dem Vorbild der französischen Klassik betonte man die Einheiten, beschränkte die Nebenhandlung und die Zahl der Charaktere und war um verstandesmäßige Klarheit bemüht.

In der klassizistischen Tragödie *Cato* (1713) stellte JOSEPH ADDISON (1672-1719), streng nach den klassischen Regeln und in Blankversen, den Helden Cato als Verkörperung der römischen Tugenden dar, der sein Leben um der Freiheit willen opfert.

Stärker bemüht, die Emotionen seiner Stücke auf das Publikum abzustimmen, um menschliches Mitfühlen zu erreichen, verspricht NICHOLAS ROWE (1674-1718) dem Publikum im Vorwort zu der Blankverstragödie *The Fair Penitent* (1703), einer melodramatischen Verführungsgeschichte: "You shall meet with sorrows like your own." Mit der dramatischen Intention, Mitleid zu erregen, bewegten sich Rowes äußerlich noch klassizistische Dramen bereits auf das von wirklichen Alltagsproblemen bestimmte bürgerliche Trauerspiel zu ("domestic tragedy") das dann durch GEORGE LILLO (1693-1739) und seine Dramen als poetisches Programm Anerkennung und Verbreitung fand. So heißt es in dem Prolog zu *The London Merchant* (1731):

> "Forgive us then, if we attempt to show
> In artless strains a tale of private woe ..."

Mit der Tatsache, daß der Stand des Bürgertums nun auch für die Hauptfiguren einer Tragödie als angemessen empfunden wurde, und daß seine Dramen in Prosa geschrieben waren — in ihrem Rhythmus allerdings stark den Blankversrhythmen nachempfunden — ist sein Beitrag zur Entwicklung des englischen Dramas genannt. Stärker wirkte sein Einfluß auf die Entwicklung dieser Gattung in Frankreich und Deutschland.

VI. Die Zeit der Romantik (1789—ca. 1830)

1760-1820	Georg III.
1783-1801	William Pitt, der Jüngere, Premierminister
um 1800	Industrielle und landwirtschaftliche Revolution in England
1801	"Second Act of Union" (United Kingdom of GB and Ireland)
1812-1815	2. Amerikanisch-englischer Krieg — Schlacht bei Waterloo (englisch-preußischer Sieg über Napoleon)
1820-1830	Georg IV.

1757-1827	William Blake
1789	*Songs of Innocence*
1794	*Songs of Experience*
	William Wordsworth (1770-1850) und S.T. Coleridge (1772-1834)
1798	*Lyrical Ballads*
ab 1804	Sir Walter Scott (1771-1832), Epen, historische Romane
1812-18	Lord Byron (1788-1824), *Child Harold's Pilgrimage*
ab 1813	Percy B. Shelley (1792-1822), Gedichte
ab 1818	John Keats (1795-1821), Gedichte

Den politischen Hintergrund zum Zeitalter der Romantik bildeten die Unabhängigkeit Amerikas (1783) und stärker noch die Französische Revolution (1789). Die Dichter ebenso wie breite Teile des Volkes waren durch diese Ereignisse bestärkt worden in ihrem Glauben an eine bessere, die Ideale der Freiheit verwirklichende Zukunft. Das fand in Reformstreben und Radikalismus seinen Niederschlag, vielleicht am deutlichsten ausgedrückt in William Godwins Buch *Enquiry concerning Political Justice* (1793). Innenpolitisch war diese Zeit geprägt von sozialen Unruhen und Unterdrückung. Auch die Anerkennung der Gewerkschaften und die Gleichberechtigung der Katholiken führte nicht zu größerer Freiheit, sondern brachte in erster Linie nun auch von dieser Seite geltend gemachte soziale Machtansprüche mit sich.
Geistesgeschichtliche Veränderungen, ebenso wie politische oder ökonomische, bedeuteten in vielerlei Hinsicht einen Bruch mit alten Traditionen. So vereint die Romantik als Epoche vielfältige Strömungen und Gegenströmungen dieser Zeit. Der 'Widerspruch' wird zu einem ihrer charakteristischen Merkmale (so hatte die Französische Revolution 'im Namen der Natur' begonnen und wurde dann ebenfalls 'im Namen der Natur' von ihren Feinden bekämpft).

Der Romantiker suchte — in einer Art poetischem Pantheismus — die Begegnung mit dem natürlichen, konkreten Objekt, das ihm in oft mystischer Schau seine innere Bedeutung oder göttliche Immanenz offenbarte. Indem sich in der Natur zwei Gegensätze durchdringen, die formende Kraft des Geistes sowie die chaotische Vielfalt der Materie, wird sie zum Urbild der Schöpfung und so zum Vorbild für das Kunstwerk.

Ebenso verband sich mit der romantischen Naturauffassung ein neues Entdecken und Verstehen des Volkstümlichen — zurück bis in seine Vergangenheit — wobei das Mittelalter ("Gothic") sich besonderer Bevorzugung erfreute.
Der Künstler selbst spielte in der Romantik eine zentrale Rolle, weil er Dichter, Philosoph und Seher in einer Person, eine höhere Einsicht in die Zusammenhänge des organischen Ganzen zu haben glaubte.

1. Die Dichtung

a) William Blake

Das dichterische Werk WILLIAM BLAKEs (1757-1827) gehört zu den schwierigsten der englischen Literatur. So wurde es erst nach den Interpretationen von Swinburne und Yeats in vollem Umfang gebührend geschätzt.
Blake, in London geboren und sein Leben lang dieser Stadt eng verbunden, ging, ohne echte Schulbildung — er besuchte lediglich eine Malschule — bei einem Kupferstecher in die Lehre, was ihm ermöglichte, seine Dichtung in eigener Verbindung von Wort und Bild in Platten zu stechen und selbst zu veröffentlichen.
Blake, in Nachfolge Miltons, ist Visionär. Aber an Stelle der Einzelvision ("single vision"), der "of eye-on-the-object"-Dichtung, entwickelte Blake, was er die "double vision" nannte (z.B. eine Distel, die er bei einem Spaziergang am Wegesrand sah, war äußerlich eine Distel, aber "with my inward eye 'tis an old man grey"). Das sinnliche Wahrnehmbare ist für ihn nur Ausdruck ewiger Formen, die er mit seiner Imagination ("inward eye") — die einzige Quelle der Wahrheit — erkennt. So sieht er durch den sterblichen Körper den unsterblichen Körper, der zugleich Seele ist. In Bild und Wort versuchte Blake die Fülle von Visionen seiner Imagination und deren Bedeutung nicht nur auszudrücken, sondern konkret werden zu lassen.
Diese Konkretisierung der imaginären Realität belebt bereits seine frühe, volksliedhafte Lyrik, *Poetical Sketches* (1783), deutlicher dann sein aus Gedichten und farbigen Stichen bestehendes Buch, *Songs of Innocence* (1789) und dessen Komplementärwerk, *Songs of Experience* (1794). Beide Bücher zusammen zeigen "the two contrary states of human soul", die sich später in seinen mystischen Werken in den kosmischen Figuren Orc und Urizen manifestieren. Dieser Dualismus ist jedoch nicht moralisch wertend zu verstehen, denn in beiden offenbart sich die übernatürliche Existenz seines Schöpfers.
Aus diesem Dualismus heraus entwickelte Blake die Symbolik seiner prophetischen Bücher, deren Reihe mit dem oft gerühmten kleinen Werk *The Book of Thel* (1789) beginnt. Dieses Werk, das in der Figur der Jungfrau Thel den Bereich des Ungeborenen und noch Unschuldigen darstellt, der sich gegen das Hineingeborenwerden in die Welt der Tränen und Sorgen wehrt, gehört noch zur lyrischen Welt, auch wenn es in dem sich später zu Prosa entwickelnden Metrum der reimlosen, siebenfüßigen, überwiegend trochäischen Verszeilen geschrieben ist.

Die Grundpositionen der Blakeschen Weltsicht werden am besten deutlich in *The Marriage of Heaven and Hell* (1790), einer Dichtung, die vielfach als Umkehrung christlicher Lehren erscheint, da ungehemmte Freiheit, Trieb, Leidenschaft und Energie als der wahren Religion entsprechend verkündet werden, und so der Satan zum eigentlichen Messias zu werden scheint. Diese Interpretation der Bibel "in its infernal sense" ist nach Blake Voraussetzung für die Vernichtung des Bösen, denn "everything that lives is Holy" und wenn es gelingt, die menschliche Imagination von der Unterdrückung durch Gesetze und Konventionen zu befreien, ist eine Wiedergewinnung der messianischen Freiheit möglich.

Diese negative Wirkung der Gesetze und Konventionen exemplifiziert Blake in seiner mystischen Dichtung *Visions of the Daughters of Albion* (1793).

Blake verwendet nicht nur Symbole unterschiedlich zu ihrer konventionellen literarischen Konnotation — so versucht er z.B. die Bedeutung von 'Sternen' auf die 'tyrannische Macht' oder das 'abstrakte Denken' einzugrenzen — er entwickelt vielmehr ein Symbolsystem eigener Bedeutung, das er durch eine ausführliche selbst geschaffene Mythologie noch verstärkt:
"Innocence symbols" (children, sleep, wild flowers, dawn, dew, spring, ...); "energy symbols" (lions, tigers, noon, summer, sun, fire, forges, spears, ...); "sexual symbols"; "oppression symbols"; "corruption symbols"; etc.
Darüberhinaus verwendet er Wörter in völlig neuer, selbst festgesetzter Bedeutung: "the north" für 'Vernunft', "the south" für 'Verlangen', "the west" für 'Mitleid' und "the east" für 'Zorn', etc.
Hinzu kommen neue Schlüsselwörter, die wie Vokabeln auswendig gelernt werden müssen, da sie keine aus der herkömmlichen Sprache ableitbare Bedeutung haben.
Diese Blakesche Bilder- und Symbolsprache, die der Leser überhaupt erst in seine Sprache übersetzen muß, bestimmt vor allem das schwerverständliche prophetische Spätwerk des Dichters, wie das den Fall des Menschen erläuternde und den Traum von der Wiedervereinigung mit dem Kosmos darstellende Epos *The Four Zoas* (1795-1804) und seine letzten symbolischen Werke *Milton* und *Jerusalem* (1804), in denen er es als seine große Aufgabe sieht,

"... to open the immortal Eyes
Of Man inwards into the Worlds of Thought, into Eternity."
(Jerusalem, I, 5)

b) Die "Lake Poets" (I. Romantik)

Im Gegensatz zur Ablehnung der Natur als gefallene Welt bei Blake stehen jene Dichter, die etwa zur selben Zeit die englische Hochromantik einleiteten: die "Lake Poets" Coleridge, Southey und Wordsworth.
Ihren Namen verdanken sie der Tatsache, daß sie alle über längere Zeit im Lake District lebten und sich gegenseitig nicht nur gekannt hatten, sondern auch eng miteinander befreundet waren. Die daraus resultierende gegenseitige Beeinflussung führte auch dazu, in ihnen eine gemeinsame 'Dichterschule' zu sehen ("Lake School"). Für die "Lake Poets" war die Natur die große Lehrmeisterin, die sie zur wahren Erkenntnis des Lebens und zu echten sittlichen Grundsätzen führte.

So suchte WILLIAM WORDSWORTH (1770-1850) nach anfänglich Rousseauscher Schwärmerei und einer Begeisterung für die revolutionäre Gedankenwelt Godwins Zuflucht in der alles heilenden Natur. Diese Richtung war bereits biographisch vorgeprägt, nachdem Wordsworth — im Lake District geboren — seine Kindheit zusammen mit seiner Schwester Dorothy fast ausschließlich in der Gesellschaft von Bergen, Tälern und Seen verbracht hatte.

Allmählich löste er sich von der Revolution und überwand die innere Krise, die mitbedingt war durch die unglückliche Liebe zu Anette Vallon, die mit ihrer gemeinsamen Tochter in Frankreich zurückblieb. Zurückgezogen lebte er mit seiner Schwester und seinem Freund Coleridge in Somersetshire und kehrte zur Dichtung zurück.

Seine ersten Veröffentlichungen *An Evening Walk*, eine poetische Naturbeschreibung, und die Schilderung der Alpenlandschaft, *Descriptive Sketches* (beide 1793) erzielten nur bescheidenen Erfolg. Im Gegensatz dazu erfuhren die mit Coleridge zusammen publizierten *Lyrical Ballads* (1798) eine solch große Anerkennung, daß viele Literaturgeschichtler dies Werk als epochalen Markstein in der englischen Literaturgeschichte betrachten und mit seinem Erscheinungsjahr den Beginn der englischen Romantik ansetzen.

Das schmale Bändchen, mit einem programmatischen Vorwort zur 2. Auflage, beginnt mit Coleridges Ballade vom *Ancient Mariner*, enthält aber überwiegend Gedichte von Wordsworth, die alle in jener glücklichen Zeit in Westengland entstanden sind (u.a. *Tintern Abbey*). In seinem Vorwort *(Preface)* fordert er, daß die Gegenstände der Dichtung ebenso wie ihre Sprache alltäglich und einfach sein sollen, und die Gedichte dadurch Bedeutung gewinnen, daß sich in ihnen die Grundgesetze der Natur offenbaren.

Nach einer gemeinsam mit Coleridge unternommenen Deutschlandreise siedelten sich die Wordsworths 1799 endgültig im Lake District an. In dieser äußerlich ereignislos verlaufenden Phase schuf Wordsworth seine besten Werke, die größtenteils in der zweibändigen Sammelausgabe *Poems in Two Volumes* (1807) erschienen. Sie zeichnen sich aus durch Unmittelbarkeit und kraftvolle Frische (z.B. *"I travelled among unknown men"*; *"I wandered lonely as a cloud"*). Mensch und Natur durchdringen sich zu gemeinsamen, harmonischen Schwingungen, und im einfachen Menschen werden ungeahnte Tiefe und Schönheit sichtbar (z.B. *The Solitary Reaper*).

Die Offenbarung der Natur prägt auch seine wohl schönste Ode, *Intimations of Immortality from Recollections of Early Childhood* (1806), in der er die Erinnerungen als Erwachsener an seine Kindheit — erst die Romantik hat die Kindheit als eigenständige Welt entdeckt — zu einem Lobgesang steigert, der die Kindheit als einen dem göttlichen Wesen der Natur zugehörigen Zustand preist.

In seinen Sonetten, in denen er wie Milton das traditionelle Liebesthema meidet, nützt er die Möglichkeit der Form für prophetische Visionen (z.B. *"Me this unchartered freedom tires"*) oder aber für die natur- und landschaftsbeschreibenden inneren Visionen (z.B. *Composed upon Westminster Bridge*) und wird damit zum bedeutendsten Sonettdichter nach Milton.

Im Gegensatz zu Wordsworth stellt bei SAMUEL TAYLOR COLERIDGE (1772-1834) die Dichtung nur einen kleinen Teil seines genialen, aber fragmentarischen und ungeordneten Werks dar. Neben politischem Engagement und seiner Tätigkeit als Kritiker, widmete er sich vor allem der Philosophie.
Die Zeit seiner großen Dichtung waren die Jahre, die er gemeinsam mit den Wordsworths in Somersetshire verbrachte. Seine frühen Gedichte, überwiegend konventionell im Ton, entstammen dem Aberglauben seiner Heimat Devonshire (z.B. *Songs of the Pixies*) oder dienen der politischen und sozialen Propaganda. Auch seine späteren Gedichte bewegen sich im Bereich zum Übernatürlichen.
Das vielleicht beste Beispiel hierfür ist die Ballade *The Rime of the Ancient Mariner* (1797), mit dem das mit Wordsworth gemeinsam veröffentlichte Werk *Lyrical Ballads* (1798) beginnt.

> Es erzählt von einem grundlos getöteten Albatros und dem daraus folgenden Unglück. Traum und Wachsein, Sinnliches und Übersinnliches verbinden sich hier — in Rhythmus, Klang und Farbe volkstümlich wie kunstvoll gestaltet — zu magischer Wirkung.

Die letzten Jahrzehnte widmete Coleridge sich wieder stärker seinen kritischen Werken. In der literarischen Kritik ersetzte er das Werten und Einordnen durch ein Nachempfinden des Schöpfungsvorgangs und eine Würdigung des Kunstwerks — wozu er durch die deutsche Romantik angeregt worden war — und befaßte sich mit dem Verhältnis des Künstlers zum Universum *(Biographia Literaria)*. In seiner Dichtungstheorie unterscheidet er zwischen der reinen Phantasieschöpfung der "fancy" als einer "aggregative and associative power" und dem symbolhaften Gestalten der "imagination" als eine "shaping and modifying power", die in der Erfahrung die Ordnung einer übersinnlichen Welt wiedererkennt. Damit überwindet die Kunst den Dualismus der Welt, der Dichter aber wird zum Propheten.

Das Werk von ROBERT SOUTHEY (1774-1843), mit Coleridge verschwägert und mit Wordsworth befreundet, ist heute nahezu vergessen. Dennoch war er es, der als erster das Programm und die umstürzende Gesinnung der neuen Richtung vertrat. Wegen eines revolutionären Aufsatzes von der Schule verwiesen, plante er mit Coleridge zusammen die Gründung einer "Pantisocracy" (i.e. eine ideale Republik ohne Vorrechte und Eigentum) in Amerika und konnte u.a. auch Wordsworth für diese Idee gewinnen. Auch wenn er bald die Undurchführbarkeit dieses Vorhabens erkannte, lebten die schwärmerischen Ideen in seinem Schaffen fort.
Aus seinem fast vergessenen, umfangreichen und bis heute noch nicht vollständig erfaßten Werk sind wohl nur seine oft grotesken und parodistischen Balladen noch lebendig geblieben (*The Well of St. Keyne, Blenheim*, etc.). Seine zahlreichen Versepen (z.B. *Thalaba*, 1801) hatten, obwohl in flüssigem und klarem Stil sowie in einfacher Sprache geschrieben, keinen großen Erfolg. Von größerer Bedeutung sind seine Biographien (z.B. *Life of Nelson*, 1813), in denen sein klarer, präziser Prosastil besser zur Geltung kommt.

c) Die jungen Dichter (II. Romantik)

Die Zusammenfassung der Werke von Byron, Shelley und Keats als 'jüngere Romantik' geschieht vor allem im Kontrast zu den "Lake Poets", die alle ein hohes Alter erreichten und sich so naturgemäß von ihren revolutionären Jugendansichten entfernten. Sie wurden deswegen von der nachfolgenden Romantikergeneration angegriffen, und dieser Angriff erfuhr keine spätere Relativierung, da der jeweils frühe Tod dieser stürmischen Dichter die allgemeine Abgeklärtheit reiferen Alters verhinderte.

Der einflußreichste Vertreter dieser jungen Generation war GEORGE GORDON LORD BYRON (1788-1824), der früh seinen Vater verlor und von seiner zur Hysterie neigenden Mutter erzogen wurde. Nachdem er 1798 Titel und Vermögen seines Großonkels geerbt hatte, was ihm den üblichen Bildungsgang seines Standes ermöglichte, strebte er eine politische Karriere an. Seine frühe Scheidung nach einjähriger Ehe sowie einige Skandalgeschichten führten jedoch zum Bruch mit der englischen Gesellschaft, die ihn bis dahin nahezu vergöttert hatte, und so verließ er England 1816 und kehrte nicht wieder zurück. Nach Reisen in die Schweiz und nach Italien engagierte er sich für die griechische Freiheitsbewegung, in deren Diensten er 1824 in Missolonghi starb.

> Berühmt gemacht haben ihn die Cantos von *Childe Harold's Pilgrimage* (I und II, 1812; III, 1816; IV, 1818), in denen Byron in der Figur des Knappen ("childe") Harold sein eigenes poetisches Ich sprechen läßt. Trotz seiner Jugend vom Lebensgenuß übersättigt und im Bewußtsein seiner lasterhaften Vergangenheit zu ewiger Unruhe und Einsamkeit verdammt, zieht der Held stolz und zugleich trotzig in das selbstgewählte Exil. Mit seiner rückhaltlosen Gefühls- und Empfindungssprache, mit der er auf dem Hintergrund sicher gezeichneter Momentaufnahmen von Städte- und Landschaftsaussichten seinen ganzen Weltschmerz und seine Natursehnsucht zum Ausdruck bringt, begeistert er die Jugend Europas.

Von persönlichem Trotz gekennzeichnet sind auch seine — nach einigen klassizistischen Versuchen — romantischen Dramen *Manfred* (1817) und *Cain* (1821), in denen er — in durch lyrische Elemente aufgelockerter dramatischer Struktur — unter dem Einfluß von Goethes *Faust* das Thema des Forschens nach den Mächten des Guten und Bösen gestaltet.
In burlesker Abwandlung behandelt Byron die Frage nach der moralischen Wahrheit in seinen Satiren. Nachdem er in der italienischen achtzeiligen Reimstrophe ("ottava rima") die angemessene Form gefunden hat, bietet er in der gesellschaftskritischen, pikanten Erzählung *Beppo* (1817) eine karnevalistische Deutung des Lebens und erreicht mit dem komischen Epos *Don Juan* (1819-24) den Höhepunkt seiner satirischen Verserzählungen. Erhabenes steht neben Lächerlichem, Liebenswertes neben Gemeinem. Die Ziel- und Planlosigkeit des Aufbaus erlaubten dem Dichter, alle Kritik und Weisheit, die Erfahrung und unerbittlicher Erkenntnisdrang ihm gegeben hatten, in dieses Epos hineinzulegen. Die Mischung von Melancholie, stilistischer und formaler Ironie sowie heiterem Witz und beißender Satire wurde dann zum charakteristischen Merkmal der 'byronistischen' Modedichtung des 19. Jahrhunderts.

PERCY BYSSHE SHELLEY (1792-1822) war in erster Linie ein Revolutionär, der sein Leben wie auch seine Dichtung in ganzer Leidenschaft der Aufgabe widmete, den Menschen von jeglicher Form der Unterdrückung zu befreien.
Schon auf der Schule (Eton) wendete sich der aus begüterter Adelsfamilie stammende Shelley gegen Kirche und Priester als Repräsentanten der Unterdrückung, und seine Flugschrift *The Necessity of Atheism* (1811) führte zu seiner Verweisung von der Universität Oxford. Im gleichen Jahr heiratete er die sechzehnjährige Harriet Westbrook, um sie vor der Tyrannei der Schule und ihres Vaters zu retten. Die Liebe zu Mary Wollstonecraft Godwin, der Tochter des Rousseauanhängers und Sozialrevolutionärs, ihre Entführung sowie der Selbstmord seiner Frau Harriet (1816) führten zum Bruch mit der Gesellschaft, bei dem sich Shelley als Opfer empfand, was den Grundton seiner Dichtung, eine gewisse hoffnungslose Trauer, entscheidend mitbestimmte. Ganz von diesem Grundton bestimmt, stellt Shelley in seinem Blankversepos *Alastor, or the Spirit of Solitude* (1816) Betrachtungen über die dichterische Seele an, die dann später, nach einem Sommer mit Mary und Byron in der Schweiz, in der Vision *Hymn to Intellectual Beauty* (1816) zu einem Ideal und Shelleys Weltbild wurden. Die geistige Schönheit, die Liebe und Freiheit in sich begreift und Wesenskern sowie bewegende Kraft der Welt ist, ist zu gewaltig, als daß der Mensch sie über abbildhafte "moments of delights" hinaus erfahren oder ertragen könnte.
1818 verließ Shelley England und zog nach Italien. Dort übersetzte er Platos *Symposium* und schrieb *Lines written among the Euganean Hills* (1818), ein Gedicht, in dem seine Schwermut und seine tiefe Niedergeschlagenheit zu prophetischer Verherrlichung der Freiheit führt. Neben *Peter the Bell*, einer Satire auf Wordsworth, der Blankverstragödie *The Cenci* (1820) und anderen Werken entstand in dieser Zeit das lyrische Drama *Prometheus Unbound* (1820), in dem Freiheitsprophezeihung aus dem politisch-menschlichen Bereich ins Mystische erhöht wird.
Gegen Ende des Jahres 1819 zogen die Shelleys nach Pisa, wo er einige seiner schönsten Gedichte schrieb, darunter auch die *Ode to the West Wind, To a Skylark* und *The Cloud.* Diese Gedichte verkörpern die Art von Lyrik, wie sie seit der Romantik verstanden wird. Der Westwind, als Lebenshauch des Herbstes, Zerstörung aber auch Wiedergeburt verkündend, ebenso wie die Wolken, sich ständig verändernd und nie sterbend, symbolisieren Shelleys Überzeugung von Dauer in einer Welt des Wandels. In dem Bestreben, Philosophie und Kunst miteinander zu verbinden, entstand 1821 neben seinen letzten größeren Gedichten *Epipsychidion* und *Adonais* die bemerkenswerte Schrift *A Defence of Poetry*, in der die Dichter, die kraft ihrer Imagination die unzerstörbare Ordnung des Ewigen wahrzunehmen vermögen, als schöpferische Urheber jeglicher menschlicher Kultur gesehen werden ("Poets are the unacknowledged legislators of the world"), deren Wirken die Erlösung der Menschheit zur Aufgabe hat.

Als Shelley, am 8. Juli 1822, ertrunken am Strand des Golfs von Spezia gefunden wurde, hatte er die Gedichte von JOHN KEATS (1795-1821) bei sich, dem dritten Dichter der jüngeren Romantikergeneration, der in seiner so kurzen Schaffenszeit ein dichterisches Werk hinterlassen hat, das ihm in der Nachwelt großen Ruhm und breite Anerkennung eingebracht hat.
Schon mit 15 Jahren Vollwaise, wandte sich Keats nach abgeschlossener Apothekerlehre früh literarischen Studien zu — vor allem den Werken Spensers, Shakespeares und Mil-

tons — und entschied sich dann nach seiner ersten bedeutsamen Veröffentlichung, *On first looking into Chapman's Homer* (1816), und unter dem Einfluß seines Freundes Shelley ganz für die Dichtung.
Die schonungslose Kritik an seinem genialischen, üppig ornamentiven Epos *Endymion* (1818) in *'Blackwood's Magazine'* hatte auf ihn nur kurzzeitige Wirkung und nicht, wie oft behauptet, zu einer Krise geführt. Schon im gleichen Jahr begann er ein größer angelegtes Epos, *Hyperion*, das aber nicht über den Anfang (1880 Verse) hinausgelangte. Das populärste seiner längeren Gedichte, *The Eve of St. Agnes* (1819), das sowohl formal (Spenserstrophe) als auch mit seinem mittelalterlichen Hintergrund der nächtlichen Burg und der Familienfehde seinem leidenschaftlichen und sensualistischen Genius entgegenkommt, stellt die Liebe als Kraft dar, die die Liebenden über sich und die Zeit erhebt.
Seine bedeutendsten dichterischen Werke sind die im Jahre 1819 entstandenen Oden, die mit ihrer Treffsicherheit in Sprache und Bild, mit ihrer kompositorischen Prägnanz und gehaltlichen Tiefe ein seltenes Stadium lyrischer Reife und Vollendung erreichen. Mit visionärer Intensität versucht Keats das Ideal poetischer Schönheit — für ihn mit höchster Wahrheit identisch — zu erfüllen. So findet in der *Ode on a Grecian Urn* ebenso wie in der *Ode to a Nightingale* oder in der *Ode on Melancholy* das Thema der Trauer um die Vergänglichkeit der irdischen Liebe und Schönheit und die Flucht in die Kunst seine vollendete Entsprechung in der aus dem Sonett entwickelten äußeren Form.
Besonders hervorzuheben ist die *Ode to Autumn*, die frei von dem Liebesmotiv und mit distanzierter Übersicht und Klarheit den unvermeidlichen Lauf des Werdens und Vergehens in sinnlich reichen Personifikationen anerkennt und den Überfluß an Fruchtbarkeit des Herbstes freudig begrüßt.
Durch einen Blutsturz wurde Keats 1820 mitten aus seiner schöpferischen Phase gerissen. Er reiste Heilung suchend nach Rom, wo er dann 1821 starb. Im letzten der für sein künstlerisches Wirken so aufschlußreichen Briefe hatte er noch geschrieben:

> "I am leading a posthumous existence."

2. Der Roman

Der Realismus des im 18. Jahrhundert neugeschaffenen Romans blieb auch in der Zeit der Romantik verbindlich und setzte sich vor allem im Gesellschaftsroman fort.

a) Jane Austen und der Gesellschaftsroman

Unberührt von der Revolte des Gefühls gegen die Vorherrschaft des Verstandes und geborgen in der konventionellen Welt zwischen niederem Landadel und gehobenem Bürgertum, lebte und schrieb die Pfarrerstochter aus Hampshire JANE AUSTEN (1775-1817) über triviale Dinge und Alltäglichkeiten der kleinen Welt ihrer Umgebung. Und vielleicht liegt gerade in der bewußten Beschränkung auf das ihr Bekannte der große Ruhm begründet, der sich um die Wende zum 19. Jahrhundert zu einem wahren Kult steigerte. Wie in dem Gesellschaftsroman des 18. Jahrhunderts, dessen Tradition Jane Austen fortsetzte, spielen sittliche Grundlagen und erzieherische Absichten eine wesentliche Rolle in ihren Werken.

Einer ihrer großen Vorzüge liegt in der satirisch-ironischen Perspektive, in der sie ihre Umwelt und sich selbst sieht und mit der sie alle Belehrungen in heiteres Komödienlächeln auflöst. Das gilt bereits für ihren ersten Roman, *Sense and Sensibility* (1811), in dem sie sich gegen unvernünftige Romantik und Liebe — Ideale und Gefühle müssen sich vor dem "common sense" bewähren — wendet. In *Northanger Abbey* (1818, posthum) verspottet sie durch den Kontrast mit der klaren Wirklichkeit und ironischer Schilderung die phantastisch-romantische Illusionswelt des 'gotischen Romans'. Mit *Pride and Prejudice* (1813) gelingt ihr das humorvollste und vielleicht auch menschlichste ihrer Bücher.

> Voll innerer Spannung wird hier gezeigt, wie der hochmütige Darcy und die von Vorurteilen erfüllte Elizabeth ihre Schwächen gegeneinander ausspielen und schließlich aufgeben. In einer breit differenzierten Figurenwelt und dargestellt mit heiterem Spiel und ironischer Distanz, wirkt die Lehre von der Notwendigkeit moralischer Bildung und Selbsterfahrung angenehm unaufdringlich und bewahrt dem Roman seinen ungestörten Komödiencharakter.

In *Mansfield Park* (1814) steht Fanny Price ohne Fehl und Tadel als personifizierte Unschuld im Mittelpunkt der verschlungenen Handlung. Damit verläßt Jane Austen ihre objektive Distanz, kehrt aber in dem Roman *Emma* (1816) wieder zu der heiteren Komödie und zu der allgemeinen Thematik zurück, nämlich dem Gegensatz zwischen Illusion und Realität. Ihr letzter und kürzester Roman, *Persuasion* (1818), der den Konflikt zwischen Gefühl und Vernunft in breiter variierten Gefühlswerten darstellt, zeigt noch einmal deutlich die Position Jane Austens auf.

b) Der Schauerroman (Gothic Novel)

Mit dem letzten Werk von Jane Austen findet auch die Blütezeit des realistischen Romans des 18. Jahrhunderts ihr Ende und macht Platz für die "Gothic Novel", den englischen Schauerroman der Romantik. Der Schreckens- ("novel of terror") oder Schauerroman führt in jene 'Unterwelt der Dichtung', die in Horrorgeschichten bis heute populär geblieben ist. Welchen künstlerischen Wert diese Geschichten auch immer gehabt haben mögen, ihr Einfluß hat sich in höhere Regionen der Kunst emporgearbeitet und die Werke so großer Romanschriftsteller wie Scott, der Brontës und Shelley beeinflußt.

Der Vorläufer des Schauerromans war *The Castle of Otranto* (1765) von HORACE WALPOLE (1717-97), einer Geistergeschichte, in der das Phantastisch-Übernatürliche in den vorherrschenden, realistischen Roman eingeführt wurde.

Überhaupt erfuhr der Begriff "Gothic" — bis dahin nur als barbarisch ungebildet, dem finsteren Mittelalter zugehörig — eine Aufwertung. Unter Beibehaltung der Konnotation des Düsteren und Unheimlichen wurde das Mittelalter als alt-ehrwürdig und ritterlich nun positiv gesehen. Gegen Ende des Jahrhunderts dann wurde der Beriff "Gothic" zum Synonym für gräßlich, grauenvoll, grotesk, unheimlich und überhaupt für alles, was Schrecken erzeugt und übernatürlich ist. Von daher spielen die Schauplätze der Romanhandlungen (verfallene Burgen, Klöster und sonstige Ruinen) eine wesentliche, stimmungserzeugende Rolle. Die Charakterzeichnung, trotz ihrer Schwarz-Weiß-Malerei, führte zur Entwicklung vertiefter psychologischer Einsicht, und das Ziel, durch Suggestion und erzählerisch nuancenreiches Halbdunkel Angst- und Schauergefühle zu erzeugen, stellte hohe Anforderungen an die Darstellungsweise.

Seinen Höhepunkt erreichte die "Gothic Novel" mit *The Mysteries of Udolpho* (1794) von ANN RADCLIFFE (1764-1823).

> Ein unschuldiges und sensibles Mädchen gerät in die Hände des mächtigen und sadistischen Schurken Montoni und wird auf sein düsteres, einsames Schloß Udolpho gebracht, wo es von schrecklichen Erlebnissen heimgesucht wird. Als 'Meisterin des Zwielichts' versteht es die Dichterin, trotz irritierender Häufung von Schrecken, Geheimnissen und Grausamkeiten, ohne das Heranziehen übernatürlicher Kräfte auszukommen und durch Assoziationen, Andeutungen sowie beredtem Schweigen eine Atmosphäre intensiver Spannung zu erzeugen. Die Gestaltung ihrer Schurken Montoni und des von rätselhaften Leidenschaften erfüllten Byronschen Schedoni (*The Italian*, 1797) haben eine Reihe großer Dichter nachhaltig beeinflußt.

Auch wenn Ann Radcliffe herausragend war, pflegten viele andere Dichter diese beliebte Gattung. MATTHEW GREGORY ("Monk") LEWIS (1775-1818), der Goethe und die deutschen Romantiker gelesen hatte, häufte in seinem Romen *The Monk* (1796) das Schrecklichste seiner Lesefrüchte in solch extremer Weise (Mord, Inzest, Vergewaltigung, Dämonie, Teufelspakt etc.), daß hierin schon fast eine Entartung gesehen werden kann.
Vor seinem literarischen Verfall ging die Gattung des Schauerromans jedoch noch einige unterschiedliche Bindungen ein.
So löste das Spätwerk des irischen Geistlichen CHARLES ROBERT MATURIN (1782-1824), *Melmoth the Wanderer* (1820), in seiner Verbindung von Horror und Sinnlichkeit einen Skandal aus. Und WILLIAM GODWIN (1756-1816) nutzte in seinem Roman *The Adventures of Caleb Williams* (1794) Form und Popularität dieser Gattung für seine sozialkritischen Absichten.

Einer der heute noch meistgelesenen Schauerromane ist *Frankenstein* (1817) von MARY WOLLSTONECRAFT-SHELLEY, der unter Einbeziehung naturwissenschaftlicher Phantasien Frankensteins Erschaffung eines mechanischen Monsters schildert.

c) Walter Scott

Der größte Romanschriftsteller der romantischen Epoche war Sir WALTER SCOTT (1771-1832). Geboren in Edinburgh als Sohn eines Juristen ergriff er den gleichen Beruf, entwickelte jedoch schon früh seine Begeisterung für die Literatur und die Altertümer sowie die volkstümliche Tradition Schottlands. Seine profunden Kenntnisse, die er sich durch die unersättliche Lektüre geschichtlicher, volkstümlicher und anderer Literatur sowie durch unterschiedliche Übersetzungen angeeignet hatte, verwendete er später zu Bausteinen seiner Romane.
In den Jahren 1802-1803 veröffentlichte er eine dreibändige Sammlung von Balladen, *Minstrelsy of the Scottish Border*. Als er dann mit *The Lay of the Last Minstrel* (1805) eigene Verserzählungen versuchte, begann sein Aufstieg zu dem berühmtesten und meistgelesenen Dichter seiner Zeit.
Nach *Marmion* (1808) und *The Lady of the Lake* (1810), die Scotts Talent als Balladendichter belegen, begann seine Schaffensperiode als Romandichter mit *Waverley* (1814), der Darstellung eines Ausschnittes aus der schottischen Geschichte.

Scotts Romane zeigen kein neues Programm — ihm kommt es vor allem auf die Beschreibung von Sitten und Gebräuchen der Vergangenheit an. So übernimmt er, was den Handlungsaufbau anbelangt, das Schema des sentimentalen und des 'gotischen' Romans mit dessen Held oder Heldin, die keine vordergründige Bedeutsamkeit erfahren. Grundlegend neu hingegen ist sein Verhältnis zur Geschichte. Immer wieder betont er seine Verpflichtung gegenüber der Wahrheit der Geschichte, deren Umsetzung ihm, vor allem in den schottischen Romanen jüngerer Vergangenheit, auch gut gelungen ist.

> In *Waverley* (1814) schildert Scott die jakobitischen Aufstände von 1745, hält die großen geschichtlichen Persönlichkeiten jedoch im Hintergrund zugunsten genauer Zustandsbeschreibungen, getragen von vielfältigen Situationen und lebendigen Nebenfiguren, deren Originalität und detaillierte Zeichnung bestechen.
> Diese echte Zeichnung des geschichtlichen Hintergrundes war Scott möglich, da er in vielen persönlichen Gesprächen mit "Highlanders" deren eigene Erinnerungen an diese Zeit erfahren hatte und so über detailliertes Wissen verfügte.

Dies schottische Element, mit dem "Jacobitism", der letzten mittelalterlichen Bewegung Europas, als seinem Hauptthema, taucht immer wieder in seinen Werken auf: in *Guy Mannering* (1815); *The Antiquary* (1816); *Old Mortality* (1816); *The Heart of Midlothian* (1818) und *Rob Roy* (1818). In diesen Romanen fällt es schwer, Erinnerung von einfühlsamer Erfindung zu scheiden.
Mit dem Sichabwenden von Schottland, dessen Geschichte er bis hinein ins Mittelalter so gut kannte, verliert Scotts Werk etwas an Ausstrahlung.
Aus der nachfolgenden, durch englische Thematik bestimmten Romangruppe, übertreffen *Ivanhoe* (1819), mit seinen Schilderungen der angelsächsischen und normannischen Zeit, und *The Talisman* (1825), eine Geschichte der Kreuzzüge, die zahlreichen anderen Werke an Popularität. Besondere Erwähnung gebührt noch dem Roman *Quentin Durward* (1823), der sich mit dem Frankreich Ludwigs XI., also dem Frankreich des 15. Jahrhunderts befaßt, und der sich auszeichnet durch seine äußerst lebendige Erzählweise sowie in der subtilen Zeichnung von Ludwig XI., die seine sonstigen Charakterdarstellungen übertrifft.
Mit seinem Werk als Romanschriftsteller muß Scott auf eine Stufe gestellt werden mit Dickens oder Balsac, und sein Einfluß auf spätere Romanschriftsteller ist bedeutend.

Von Scotts Zeitgenossen verdient noch THOMAS LOVE PEACOCK (1785-1866), ein Freund Shelleys, Erwähnung. Als der Satiriker der Romantik hat er einen Romantyp geschaffen, der gekennzeichnet ist durch Ironie, geistreiche Gespräche und Verspottung romantischer Auswüchse (*Nightmare Abbey*, 1818). In seinen Werken *Maid Marian* (1822) und *Misfortunes of Elphin* (1829) zeigte er aber auch, daß er für die Reize der Romantik durchaus empfänglich war.

VII. Die viktorianische Zeit (1837—1901)

1837-1901	Queen Viktoria
1861	Tod Prinz Alberts ("Prince Consort")
1867	"Second Reform Bill"
1869	Suez Kanal eröffnet
1870	"Elementary Education Act"
1876	Viktoria wird "Empress of India"
1884-85	"Third Reform Bill"

ab 1833	Thomas Carlyle (1795-1881), schottischer Philosoph und Historiker Charles Dickens (1812-1870), *Pickwick Papers, Oliver Twist, David Copperfield*
ab 1835	Robert Browning (1812-1889), dramatische Monologe
ab 1846	W.M. Thackeray (1811-1863), Romane
ab 1848	"Pre-Raphaelite Brotherhood, Maler-Dichter-Bewegung, gegr. von D.G. Rosetti
ab 1872	Thomas Hardy (1840-1928), Romane
ab 1882	Oscar Wilde (1856-1900), Gedichte und Dramen

Das Zeitalter der Königin Viktoria, das außenpolitisch die größte Ausdehnung des Kolonialreiches ("2nd Empire") brachte, war nicht nur historisch, sondern auch literarisch eine der ruhmreichsten Epochen der englischen Vergangenheit. Wirtschaftlich war diese Zeit geprägt von den Folgen der Industrialisierung, die England auf dem Weltmarkt an die Spitze der zivilisierten Länder brachten und zu nationalem Wohlstand, aber auch zu sozialen Problemen führten. Dieser schnell erreichte Wohlstand sowie neue wissenschaftliche Entdeckungen ließen einen Fortschrittsglauben und die Überzeugung entstehen, daß "God's own Englishman" eine bestimmende Rolle in der Welt spielte, und es seine missionarische Aufgabe war, den Segen der Zivilisation in aller Welt zu verbreiten. Das Selbstbewußtsein und der Fortschrittsglaube wurden verstärkt durch den Wandel Englands von einer lange von der Aristokratie bestimmten Regierungsform zu einer nahezu vorbildlichen Demokratie. Ab 1829 erhielten auch die Katholiken Zugang zu Parlament und Staatsämtern (Catholic Emancipation Act), nachdem im Jahr zuvor dieser Weg bereits den Nonkonformisten durch die Aufhebung der Testakte eröffnet worden war. Und im Jahre 1832 (1st Reform Act) wurde das Wahlrecht auch auf die sogenannte "middle-class" ausgedehnt.

Dieses Selbstbewußtsein, die materielle Zufriedenheit und der hoffnungsvolle Optimismus auf immer weiteren Fortschritt, der sich vor allem im kapitalistischen Bürgertum breitgemacht hatte, waren jedoch trügerisch. Denn die Fortschritte waren einer vernünftigen, positivistischen und naturwissenschaftlichen Denkweise entsprungen, die zu Konflikten mit

den religiös-puritanischen und kirchlichen Mächten führen mußte. Diese Auseinandersetzungen endeten dann in der spätviktorianischen Zeit mit einem Sieg der agnostischen Haltung, was die frühere Selbstsicherheit der Viktorianer erheblich erschütterte.
Anfangs jedoch war man optimistisch und versuchte, die naturwissenschaftliche Methode auch auf die Geisteswissenschaften zu übertragen; dies gilt vor allem für die Entwicklungsvorstellungen der Menschheit. So wurde die biologische Evolutionslehre Darwins auch auf andere Wissenszweige angewendet (z.B. in Herbert Spensers *System of Synthetic Philosophy*).
Gegen diese sogenannte Mechanisierung des Geistes entstanden mehrere idealistische Gegenströmungen (u.a. gestützt auf Kant und Hegel), angeführt von Vertretern des Glaubens und von Künstlern, deren bedeutendste die von John Keble eingeleitete Oxford-Bewegung ("Oxford-Movement") war.
Dies alles zeigt, daß, trotz einheitlicher Grundstruktur (die moralischen und sozialen Vorstellungen der Mitteklasse), auch im viktorianischen Zeitalter eine Vielfalt gegensätzlicher Kräfte lebendig war.
All diese politischen, sozialen, wirtschaftlichen und geistigen Veränderungen fanden Eingang in die Literatur, die realistisch ausgerichtet auch zu einem mächtigen Instrument für drängende politische und soziale Reformen wurde.

1. Die wissenschaftliche und kritische Prosa

Der leidenschaftlichste Gegner des in der viktorianischen Zeit vorherrschenden Liberalismus und naturwissenschaftlichen Geistes war THOMAS CARLYLE (1795-1881), der aus dem ländlichen, puritanischen Schottland nach London kam, um "that small secret something" zu vollbringen, das er als seinen ihm von Gott gegebenen Auftrag sah, nämlich die Welt aus den satanischen Fängen des Vernunftwissens des Empirismus zu befreien.
In seiner von skurrilem Humor bestimmten Lebensgeschichte des fiktiven Professors Diogenes Teufelsdröckh, *Sartor Resartus* (1833-34), stellt er eine Bildungsgeschichte auf der Grundlage einer Philosophie der Kleidung dar, wobei er unter Kleidung all das versteht, was die menschliche Seele umgibt (z.B. die Welt als sichtbares Kleid Gottes; die Sprache als Kleid der Gedanken; die Zeit als Kleid der Ewigkeit etc.).
Diese im *Sartor Resartus* (i.e. der geflickte Flickschneider) aufgezeigte Weltanschauung — keine systematische Lebensphilosophie, sondern eher ein Katalog von alles bestimmenden Grundsätzen — prägt auch seine Auffassung von Geschichte (die Geschichte der Menschheit in ihrer gesamten, fortschreitenden Entwicklung zeigt die Verwirklichung der göttlichen Idee, die hinter ihr steht) sowie seine biographischen Werke.
Bereits die Pamphlete *Chartism* (1839) und *Past and Present* (1843) enthalten seine wesentlichen Gedanken zum Zeitgeschehen. Er fordert darin einen Wandel der Gesinnung, da die zu verdammende, vorherrschende Gesellschaftsordnung sowie die daraus folgenden Wirtschaftslehren nicht durch Gewalt zu ändern sind. Diese Gedanken münden in die Verkündigung eines Werte setzenden aktiven Heldentums im Rahmen seiner Vorlesungen *On Heroes, Hero-Worship and the Heroic in History* (ed. 1841). Unter der Ablehnung der Gewinn- und Verlustphilosophie (i.e. Volkswirtschaft) läßt er keinen Zweifel daran, daß Geschichte als das Wirken großer Persönlichkeiten aufzufassen ist. Diese Ansicht findet dann in seinen Biographien ihren konsequenten Ausdruck (*Oliver Cromwell's Letters and Speeches*, 1845; *The History of Friedrich II of Prussia*, 1858-65).

Obwohl wie Carlyle Historiker der alten Schule (i.e. die Geschichte unter dem Aspekt der Gegenwart sehend) vertrat THOMAS BABINGTON MACAULAY (1800-1859) als Repräsentant des viktorianischen Bürgertums eine gegensätzliche Position. Alle spekulative Philosophie verachtend, hält er sich an das Materielle. Der Fortschritt der Menschheit beginnt für ihn eigentlich erst mit der Philosophie Bacons und der modernen Naturwissenschaft und Technik.
Nach anfänglicher Karriere als Politiker wandte er sich erst später der Geschichte und der Literatur zu. Seine *Essays* (ed. 1843) gehören zu den meistgelesenen Schriften der viktorianischen Zeit und seine *History of England* (1848-61), in der er aus protestantisch-liberaler Perspektive ein vollständiges Zeitbild anstrebte, machte ihn weit über Englands Grenzen hinaus berühmt.

Mit dem ersten Band der *Modern Painters* (1843-60, in 5 Bänden) trat JOHN RUSKIN (1819-1900) im Jahre 1843 an das Licht der Öffentlichkeit. Dies zur Verteidigung des Malers William Turner geschriebene Werk weitete sich dann zu einer allgemeinen Kunstkritik aus, die sich weniger mit der Form als mit dem Gehalt der Kunst befaßte. Auf dem Grundprinzip der Wahrhaftigkeit — Genauigkeit in der Erkenntnis und Wiedergabe der natürlichen Fakten — errichtete er einen Überbau geistiger, ethischer und religiöser Werte. In der Unterordnung von allem, was er tat, unter ethische Gesichtspunkte liegt die Verbindung seiner ästhetischen mit seinen sozialen Lehren. So verwarf er, von Carlyle beeinflußt, die herrschende Wirtschaftsordnung, die Stadt- und Maschinenkultur und forderte die Berücksichtigung des Menschlichen in der sozialen Ordnung (*Unto this Last*, 1862). Wohl wissend, daß eine Änderung des Systems wenig bringt, wenn sich der Geist nicht ändert, forderte er immer wieder einen Wandel der Gesinnung.

Über Ruskin hinausgehend, wollte MATTHEW ARNOLD (1822-1888) erreichen, daß Literatur und Kritik ganz der Aufgabe dienten, am Wandel der Gesellschaft mitzuarbeiten. So verlangte er von der Dichtung, daß sie eine Kritik und Deutung des Lebens sei (*Essay in Criticism*, First Series, 1865; Second Series, 1888). Von der Kritik forderte er, daß sie sich nicht nur auf die Literatur beschränke, sondern dem Leben im allgemeinen diene. Der Kritiker habe die wichtige Aufgabe, für die Erweiterung der Bildung und Weltgewandtheit ("urbanity") zu sorgen.

Im Gegensatz zu Arnold, der die Funktion der Literatur als Lebenskritik betonte, steht WALTER HORATIO PATER (1839-1894) mit seiner ästhetisch bestimmten Auffassung von Kritik, in der künstlerische Erlebnisfähigkeit den Maßstab bildet, und die den Genuß der durch das Kunstwerk vermittelten Eindrücke als Ziel der Kunst sieht (*On Style* in *Appreciations*, 1889).
Mit seiner These von der autonomen Kunst, die unabhängig von jeder Instanz ist, wurde Pater zum Apostel der sogenannten 'Dekadenz' des ausklingenden 19. Jahrhunderts.

2. Die Dichtung

a) Tennyson und Browning ("dramatic monologue")

Die Tatsache, daß ALFRED TENNYSON (1802-1892) von den Literaturgeschichtlern heute in die Tradition von Spenser, Milton und Keats gestellt wird, verdankt er in erster Linie dem lyrischen Ausdruck seines Werkes sowie seiner Beherrschung der formalen Kunst. Die zu seiner Zeit so viel bewunderte philosophische Botschaft (so behauptet z.B. Emerson: Tennyson habe aus einer großen Tiefe des Seins geschöpft) wird heute als inkonsequentes und halbherziges Denken gering geschätzt. Heute gilt Tennyson vor allem als Magier des Wortes und als Meister der dichterischen Technik. Gepriesen werden vor allem seine dramatischen Monologe, in denen sich ein Sprecher an eine oder mehrere fiktive Personen wendet.

In *The Lotos-Eaters*, 1832) preist Tennyson in Spenserstrophen mit angehängter chorischer Ode das mühelose, sehnsuchtsfreie und traumerfüllte Leben, während der in fortlaufenden, an Enjambements reichen Blankversen geschriebene dramatische Monolog *Ulysses* (1842) den Charakter des unermüdlichen Wanderers und Suchers enthüllt, der selbst mit kraftvollen Worten seinen Entschluß, erneut auf Reisen zu gehen, begründet:

> "To follow knowledge like a sinking star,
> Beyond the utmost bound of human thought."

Mit dem Verlust seines Jugendfreundes Arthur H. Hallam hatte Tennyson dann auch ein großes, gewichtiges Thema, mit dem er sich in *In Memoriam A.H.H.* 1850), einer Sammlung unterschiedlichster Gedichtgruppen, intensiv auseinandersetze.

Ein weiterer Versuch, Gedichte zu einer größeren Einheit zusammenzufassen, ist sein dramatischer Monolog *Maud: a Monodrama* (1855), die Geschichte eines jungen Mannes von morbidem Charakter, der nach einem Brudermord nach Frankreich flieht, dem Wahnsinn verfällt und erst durch seine nationale Begeisterung für den Krimkrieg erlöst wird. Wie viele englische Dichter vor ihm von dem Stoff der Artussage fasziniert, formt Tennyson zwischen 1859 und 1885 sein zwölfbändiges Werk *The Idylls of the King*. Der kettenartige Zusammenschluß der einzelnen Geschichten erfolgt in der allegorischen Auffassung der Figur König Arthurs, der wie einst bei Spenser als Typ des modernen Gentleman und als Beispiel hoher Moralität dargestellt wird. Wenn auch die Einheit des Werkes nicht erreicht wird, so vermitteln die in gleichnishafter Sprache gefaßten, klangvollen Blankverse doch eine Folge kunstvoller Bilder des mittelalterlichen Lebens.

Der zweite bedeutende Dichter dieser Zeit ist ROBERT BROWNING (1812-1889). Seine ersten Veröffentlichungen, wie z.B. das epische Werk *Sordello* (1840) und das dramatische Faustgedicht *Paracelsus* (1835), sind etwas dunkel, aber gedanklich große Seelenstudien. Auch sein Drama *Strafford* (1837) und weitere dramatische Versuche beschäftigen sich thematisch mit der Seele der jeweiligen Charaktere. Diese ausschließlich auf die Psychologie der Charaktere konzentrierten und konzipierten Stücke hatten zwar kaum Erfolg, bedeuteten jedoch für Browning eine Schulung in der ihm eigenen Form des dramatischen Monologs, die er in den Sammlungen *Men and Women* (1855) und *Dramatis Personae* (1864) zu nahezu vollendeter Form gestaltete.

Geleitet von der Überzeugung, daß alles erklärbar sei, wenn man es nur vom richtigen Standpunkt aus erforsche, enthüllt er in seinen Monologen die inneren Gründe fremder Menschen, Zeiten, Empfindungen und Gedanken und läßt den jeweiligen Charakter sowie dessen Zeit unmittelbar zum Leser sprechen. So wird die Renaissance lebendig in *My last Duchess*, einem Monolog, in dem ein italienischer Herzog das Bild seiner verstorbenen Frau vorstellt und dabei die Kälte seines Herzens enthüllt.

Die Problematik des Künstlers und der Sinn der Kunst offenbaren sich in *Abt Vogler*, dem Monolog des Mannheimer Organisten aus dem 18. Jahrhundert, der mit seiner Musik ein zwar flüchtiges, aber umso gewaltigeres Werk errichtet, und zeigt, daß sich im Versagen hier nur der Beweis für den Triumph im Jenseits darstellt:

> "And what is our failure here but a Triumph's evidence
> For the fulness of the days?"

Den vollsten Ausdruck findet Brownings Kunst in dem schwer einzuordnenden 'Gedicht' *The Ring and the Book* (1868-69), das mit seinen 20 000 Versen in zwölf Monologen einen römischen Mordprozeß lebendig werden läßt und in dem Angeklagter, Kläger, Rechtsbeistände sowie der richtende Papst den Mord und seine Sühne jeweils von ihrem eigenen Standpunkt aus sehen.

Roberts Gattin, ELIZABETH BARRETT-BROWNING (1806-1861), hatte bereits einen Namen als Dichterin (*The cry of the Children*, 1841) bevor sie durch die Heirat mit Robert Browning aus ihrem patriarchalischen Elternhaus befreit wurde. Als ihr bedeutendstes Werk gelten jedoch noch heute ihre *Sonnets from the Portuguese* (1850), die ein eindrucksvolles Zeugnis ablegen von ihrer Liebe zu ihrem späteren Gatten. Diese Sonettfolge, geprägt von großer Leidenschaftlichkeit, außerordentlicher Reife und hoher dichterischer Qualität, gehören zum Besten englischer Sonettdichtung.

b) Die Präraphaeliten

Mit der Gründung des Malerbundes der "Pre-Raphaelite Brotherhood" durch DANTE GABRIEL ROSSETTI (1828-1882) und andere im Jahre 1848 begann ein neuer Abschnitt englischer Dichtung. Diese Bruderschaft sah ihre Kunstauffassung in der Malerei, im Gegensatz zu den durch die Royal Academy festgelegten Konventionen, in der Malerei vor Raphael vorbildlich verwirklicht. Ihre Forderung nach Versenkung in das gewählte Objekt und getreuer Wiedergabe bis ins kleinste Detail verband sich mit einer Tendenz zur Symbolik.

Rossetti, der im Mittelpunkt dieser Bruderschaft stand, war italienischer Abstammung, aber in England geboren, und hatte auch dort Kunst studiert. Sein künstlerisches Schaffen steht mit seiner Malerei in enger Wechselbeziehung. Die Verfeinerung sinnlichen Fühlens sowie die Vermischung bildender und sprechender Kunst (gemalte Gedichte/gedichtete Gemälde) stellt eine Weiterentwicklung Keatscher Gedanken und der Romantik überhaupt dar.

Nach Übersetzungen aus dem Dante-Kreis trat er mit eigener Lyrik hervor, die von einem sinnlichkeitsbeladenen und geheimnisvollen Schönheitskult geprägt und mit koloristischen Stilelementen und reicher Bildersprache ausgestattet war. In der Sonettfolge *The House of*

Life (1870/81) sind die über 100 Sonette, die sich mit der Erinnerung an seine Frau befassen, eng verbunden mit dem Thema der Liebe als das allumfassende Geheimnis des Lebens. In diesen Sonetten werden in petrarkistischer Stimmung die alten Vorstellungen von der Macht der Schönheit, der Allgewalt der Liebe und dem unwiderruflichen Verlust durch den Raub des Todes neu hervorgerufen, und in mystischer Verklärung vereinigen sich Liebe und Tod, nicht ohne jedoch eine Hoffnung auf sinnliche Erfüllung im Jenseits anzudeuten.

Die im wesentlichen religiöse Dichtung seiner Schwester CHRISTINA GEORGINA ROSSETTI (1830-1894), die an künstlerischer Beherrschung der Sonettform ihm ebenbürtig war, zeichnet sich durch spontane Einfachheit und strenge Askese aus, was in den gedankentiefen und formvollendeten Sonetten des Zyklus *Monna Innominate*, einer stilisierten Wiedergabe ihres eigenen entsagungsvollen Liebeserlebens, Ausdruck findet.

Weniger vollkommen, dafür aber vielseitiger und den modernen Problemen gegenüber aufgeschlossener war das Schaffen von WILLIAM MORRIS (1834-1896), der nach Versuchen in der Malerei sich dem Kunsthandwerk widmete und in seiner 1861 gegründeten Firma Möbel, Tapeten, Teppiche und andere Kunstgegenstände nach eigenen Entwürfen anfertigte. Er sah Sinn und Zweck der Kunst in ihrer Beziehung zum Leben, und bei dem Versuch, diese Auffassung in die Praxis umzusetzen, gewann er gesellschaftskritische Erkenntnisse, die ihn zum Vorkämpfer des Sozialismus machten (Gründer der "Socialist League").
Carlyle und Ruskin beeinflußten seine präraphaelitische Versdichtung, in der er Stoffe mittelalterlicher Ritterdichtung und der heroischen nordischen Sagenwelt gestaltete.

> In seinem *Earthly Paradise* (1868-70) hat Morris in Anlehnung an Chaucers Canterburygeschichten vierundzwanzig romantische Verserzählungen durch eine Rahmenhandlung zusammengebunden, in der eine Gruppe norwegischer Seefahrer bei ihrer Suche nach dem irdischen Paradies im Atlantischen Ozean auf eine entlegene Insel verschlagen wird und dort mit den Bewohnern Geschichten austauscht.

Nach einer im Jahre 1871 unternommenen Islandreise entstand aus der sich daran anschließenden Beschäftigung mit nordischen Sagas das heroische Epos *Sigurd the Volsung and the Fall of the Niblungs* (1876), das in 10 000 anapästischen und paarweise gereimten Sechshebern Leidenschaft und Heldentum des dramatischen Geschehens um Sigurd erzählt.

ALGERNON CHARLES SWINBURNE (1837-1909) begann als Dramatiker mit von der präraphaelitischen Poetik beeinflußten lyrischen Versdramen. Sein größtes dramatisches Werk, die Maria Stuart-Trilogie (*Chastelard*, 1865; *Bothwell*, 1874; *Mary Stuart*, 1881), offenbart allerdings deutlich seinen Mangel an dramatischem, bühnenwirksamem Einfühlungsvermögen, aber deutet zugleich auch an einigen lyrischen Glanzstellen sein dichterisches Talent an, das dann in der in griechischem Stil gestalteten Tragödie *Atlanta in Calydon* (1865) den großen lyrischen Sänger zeigt. Die berühmte Hymne an Artemis, ein Frühlingslied mit der ganzen Leidenschaft des erwachenden Lebens und der Liebe, gehört mit zu dem Besten, was Swinburne geschrieben hat.
Bestimmt durch die freie Entfaltung provozierender Themen und den Hang zum Exzessiven schockierte die Veröffentlichung der *Poems and Ballads* (1878) die viktorianische Ge-

sellschaft und löste einen Sturm der Entrüstung aus. Beeinflußt von Baudelaire und dem Marquis de Sade ist dies Buch einzigartig in seiner Fülle und Intensität der Metrik wie in seiner erotischen Deutlichkeit und moralischen Freiheit.
Die großen Dichtungen in Swinburnes Spätzeit sind epischer Natur und finden ihren Höhepunkt in der Gestaltung des Artusstoffes, *Tristram of Lyonesse* (1882), einer Romanze in neun langen Gesängen, die weniger eine Erzählung ist, als vielmehr in dramatischen Szenen die menschliche Wahrheit einer leidenschaftlichen Geschichte festhält.

c) Die spätviktorianische Dichtung

Hedonistische Anschauungen (i.e. der Sinn des Lebens liegt im Genießen) waren auch in der spätviktorianischen Dichtung nicht selten. Sie wurden unterstützt durch die berühmte Versübertragung persischer Weisheiten, *The Rubáit of Omar Khayyám* (1859), in vierzeiligen Strophen, von denen nur die jeweils dritte nicht reimt (Fitzgerald-Strophe), von EDWARD FITZGERALD (1809-1881). In dieser künstlerisch vollendeten Umdichtung mischt sich der Wunsch, den flüchtigen Augenblick zu genießen, mit der melancholischen, dunklen Fragen nach dem Sinn des Lebens und drückt so das Empfinden des späten 19. Jahrhunderts überzeugender aus als so manche selbständige Dichtung.
Neben anderen Strömungen — Gott suchende oder Gott leugnende Dichtergruppen — trat in den neunziger Jahren die "Décadence" in den Vordergrund und führte zur Vorherrschaft des französischen Einflusses in der englischen Dichtung.
Der neben Oscar Wilde bedeutendste Vertreter dieser Gruppe war ERNEST DOWSON (1867-1900), der mehrere Jahre in Frankreich lebte und dort das Bohèmedasein mit seinen dichterischen Vorbildern Rimbaud und Verlaine teilte. Neben Übersetzungen von Werken von Voltaire, Balsac, Zola und anderen französischen Dichtern und Schriftstellern wurde er bekannt durch seine lyrischen, in Stil und Bau reinen Gedichte, in denen er die "fin de siècle-Stimmung' überzeugend zum Ausdruck gebracht hat.
Mit seinem beeindruckenden Werk, literaturwissenschaftlichen Essays, Lyrik und Dramen, bildet ROBERT SEYMOUR BRIDGES (1844-1930) einen durchaus würdigen Abschluß der viktorianischen Dichtung. In seinem Hauptwerk, dem Epos *The testament of beauty*, steht er ebenso wie in seinen anderen Werken der römisch-präraphaelitischen Kunst ablehnend gegenüber. Bei seiner bevorzugten Bearbeitung antiker Stoffe bemühte er sich, aus der klassisch-antiken Form das ursprüngliche griechische Bild der stillen Heiterkeit wieder deutlich werden zu lassen.
Eng verbunden mit Bridges, in seinem Einfluß aber über die viktorianische Epoche hinausweisend, strebte GERARD MANLEY HOPKINS (1844-1889) nach formaler Erneuerung der Dichtung. In seinem Werk schuf er eine neue Sprache (kühne Metaphrasen, neuartige Syntax und Rhythmik, gehäufte Kompositionen, gedrängte Nominalisierung und gedankliche Komprimierung).
Diese Sprachen und seine Verwendung von Assonanz, Konsonanz, Binnenreim und stabreimartigen Hebungen geben seinem Werk ein modernes Gepräge. Den Höhepunkt seines Schaffens bilden die "terrible sonnets" seiner letzten Jahre (keine Veröffentlichung zu Hopkins Lebzeiten), in denen er den anfänglichen Manierismus überwunden hat und zu seinem wahren Ausdruck gelangte, der für die Dichtung des 20. Jahrhunderts bestimmend wurde.

3. Das Drama

Da die bühnenfremden poetischen Dramen der Romantik mehr zur Dichtung als zum Drama gehörten, waren es hauptsächlich das realistische Schauspiel und die Komödie, die den Ausgangspunkt für die Neubelebung der Entwicklung der Bühnenstücke bildeten, als im Jahre 1843 die Begrenzung der Spielerlaubnis auf nur drei Londoner Theater aufgehoben wurde.
Zuerst wurde die Lücke an bühnenwirksamen Dramen ausgefüllt mit Aufführungen prunkvoll ausgestatteter Shakespearedramen und fremder, meist französischer Stücke. Doch schon bald führte der Bedarf an Dramen zur Schaffung zeitgenössischer Werke. So entstanden die Komödien und Schauspiele (*Society*, 1865; *Caste*, 1867) von THOMAS WILLIAM ROBERTSON (1829-1871), in denen er versuchte, in psychologisch stimmigen Charakteren und angemessenen Dialogen aktuelle Themen, wie z.B. die Macht des Geldes und den Aufstieg der Mittelklasse, darzustellen.
Auch Sir ARTHUR WING PINERO (1855-1934) bemühte sich um die Erörterung aus dem Gegenwartsleben entnommener sozialer und moralischer Probleme. Mit der Berücksichtigung des Einflusses von Milieu und Umwelt (*Iris*, 1901) klingen Pineros Dramen bereits an Ibsens Gesellschaftsdramen an. So entwickelte sich das Theater allmählich zu einem Forum, auf dem die Grundsätze einer neuen Lebenshaltung verkündet wurden.

a) Oscar Wilde

Bevor sich jedoch aus den sozialen Gesellschaftsdramen, unterstützt durch Shaws Schrift *The Quintessence of Ibsenism* (1891), die englische Bühne ganz auf Ibsens Einfluß festlegte, erfuhr die heimische Sittenkomödie und damit der Witz der Restaurationskomödie eine Neubelebung in OSCAR WILDEs (1854-1900) Gesellschaftsdramen.
Bevor Wilde seine Dramen verfaßte, hatte er sich mit seinem lyrischen und epischen Werk bereits einen Namen als Dichter gemacht. Als Lieblingsschüler Paters in Oxford setzte er den konsequenten Ästhetizismus als Extravaganz in das praktische Leben um. Schon seine *Poems* (1881) und seine Sammlung reizvoller Kunstmärchen (*The Happy Prince and other Tales* , 1888) zeigen seine Prinzipien des Schönheitskults, dem er sich nach dem Vorbild des 'L' art pour l'art' ganz hingab. Am deutlichsten und konsequentesten kommt seine ästhetische Weltschau in dem Roman *The Picture of Dorian Grey* (1891) zum Ausdruck, der teilweise bekenntnishaften Darstellung eines skrupellosen Genußmenschen, der an seinen eigenen Lastern und Ausschweifungen zugrundegeht.
Seine Bedeutung für das Drama beruht auf seinen leichten Gesellschaftskomödien *Lady Windermere's Fan* (1892), *A Woman of no Importance* (1893), *An Ideal Husband* (1895) sowie seiner besten Komödie *The Importance of Being Earnest* (1895). Die Themen sind abgedroschen und die Figurendarstellung ist absichtlich oberflächlich (Typisierung), doch seine Komödien, die in der Tradition der "comedy of manners" stehen, glänzen durch geistreiche, oft zynische Dialogführung, die dann für die Gesellschaftslustspiele des 20. Jahrhunderts vorbildlich wurden.

4. Der Roman

a) Dickens und der soziale Roman

Das erste große Werk von CHARLES DICKENS (1812-1870), dem noch heute am meisten gelesenen Romanschriftsteller Englands, *The Posthumous Papers of the Pickwick Club* (1836-37), erschien in Form von Fortsetzungsgeschichten als Texte zu Karikaturen von George Cruikshank. Die auf dem Hintergrund der Donquichotterien des Mr Pickwick begonnene Schilderung sozialer Mißstände steigerte sich im *Oliver Twist* (1837-38), der Geschichte eines im Armenhaus aufgewachsenen Waisenkindes und seines Irrwegs durch die Londoner Unterwelt, zu einer im Ton sentimentalen und melodramatischen Handlung, die mit teilweise überdeutlicher Ironie und rührseliger Komik den sozialen Roman der nachfolgenden Zeit mitbegründete.

Seine Vorliebe für Originale wird in seinem die Mißstände im Schulwesen kritisierenden *Nicholas Nickleby* (1838-39) durch die Fülle der exzentrischen Figuren deutlich, was sich in der rührseligen Geschichte der Little Nell und ihres Großvaters (*The Old Curiosity Shop*, 1840-41) fortsetzt und ihren Höhepunkt in den lebendigen Gestalten des Romans *Martin Chuzzlewit* (1843-44) findet.

Eine andere Gesellschaftsschicht zeigt die Geschichte vom Ruhm und Niedergang des Hauses *Dombey and Son* (1847-48). Die Bemühung, Handlung, Thema und Figuren straffer zu gestalten und die kritisierten Schwächen gründlicher psychologisch zu analysieren, sind deutlich erkennbar, wenn auch nicht ganz gelungen. Diese Mängel sind in Dickens Meisterwerk *David Copperfield* (1849-50), der kleinbürgerlichen Lebensgeschichte, schlicht, autobiographisch und aus der Perspektive eines nur die äußeren Seiten eines Charakters sehenden Kindes erzählt, nicht mehr spürbar. Die biographische Form und der damit vorgegebene Ablauf sowie der gelungene Einbau realistisch wirkender Charakterbilder führten zu einer künstlerischen Geschlossenheit, die durch die Echtheit der Schilderung in einfacher Sprache und die humorvolle Menschlichkeit noch verstärkt wird. Etwa in die gleiche Schaffensperiode fallen auch die als *Christmas Books* zusammengefaßten, alljährlichen Weihnachtsgeschichten (*A Christmas Carol*, 1843 u.a.), in denen Dickens angesichts des Festes der Liebe an Nächstenliebe und Menschlichkeit appeliert. "My chief purpose was", so heißt es im Vorwort, "in a whimsical kind of masque which the good humour of the season justified, to awaken some loving and forebearing thoughts". Richtete sich die Kritik an sozialen Mißständen bislang an den Einzelnen, so trifft in Dickens Spätwerk die Schuld für soziales Unrecht die Institutionen und ihren gefühllosen, unmenschlichen Apparat (Gerichtswesen, Parlament, Kirche etc.).

> In *Bleak House* (1852-53) geht es um den bereits seit Jahrzehnten laufenden Erbschaftsprozeß "Jarndyce and Jarndyce" vor dem Londoner Chancery-Gerichtshof, der schließlich eingestellt werden muß, weil die Verfahrenskosten das riesige Vermögen, um das es geht, aufgezehrt haben. *Bleak House* ist die erbarmungslose Analyse des unmenschlichen Materialismus, der Verantwortungslosigkeit, der Heuchelei und der Gefühlslosigkeit der selbstzufriedenen und wohlhabenden Gesellschaft, die die vernichtende Macht des veralteten Rechtswesens und die schrecklichen moralischen wie physischen Zustände der Armen nicht wahrnimmt.

Vom Gericht aus dringt die vergiftete Atmosphäre, Kälte und Trostlosigkeit verbreitend, in alle Teile der Gesellschaft, wie der Nebel, mit dem das Buch beginnt und der als Symbol den Gesamtzustand Englands umschreibt.

Analog wird *Hard Times* (1854), eine Anklage der industriellen Zustände der Zeit, von dem Symbol der Kohlengrube beherrscht. Ziel des Angriffs in *Little Dorrit* (1857-58) ist das veraltete Verwaltungssystem, das in der phantasievollen Satire in Kapitel X als "Circumlocution Office" bezeichnet wird und strikt nur dem Prinzip 'nichts zu tun' ("how not to do it") folgt.
Nach *A Tale of Two Cities* (1859), einer Erzählung, die zwischen London und Paris zur Zeit der französischen Revolution spielt und ein aufregendes, als Warnung an England gedachtes Geschehen schildert, setzte Dickens mit *Great Expectations* (1860-61) die Reihe der gesellschaftskritischen Romane fort. Hatte Dickens nach dem Schema der Schwarz-Weiß-Malerei bisher Gut und Böse auf verschiedene Figuren verteilt, so strebte er in diesem Roman, der eine dem *Copperfield* vergleichbare Figurenfülle aufweist, nach der Darstellung gemischter Charaktere und seelischer Wandlungen. Dickens letzter vollständiger Roman *Our Mutual Friend* (1864-65) zeigt ein von Enttäuschungen und Befürchtungen bestimmtes, düsteres Bild. Die Handlung ist melodramatisch und wirkt mit ihren falsch identifizierten Toten, mit Mord und Mordverdacht teilweise kafkaesk. Das düstere Bild der Umwelt verdichtet sich in dem Symbol der Abfallhaufen:
"Coal-dust, vegetable-dust, bone-dust, crockery dust, rough dust, and sifted dust — all manner of dust" (I, 2).

Wie Dickens hatte sein Freund und zeitweiliger Mitarbeiter WILLIAM WILKIE COLLINS (1824-1889) einen Hang zum Melodrama und zum theatralischen Pathos sowie eine Vorliebe für exzentrische Figuren. Seine Fähigkeit, durch gezielt eigesetzte realistische Einzelheiten und wohlüberlegte Steigerung im Aufbau spannende Handlungen zu konstruieren, führte zu den ersten Detektivromanen (z.B. *Woman in White*, 1860; *The Moonstone*, 1868), in denen der Erzähler ganz unrealistisch, aber als amüsantes, intellektuelles Spiel, den Leser immer wieder auf eine falsche Fährte lockt.

Wie Collins bediente sich CHARLES READE (1814-1884) melodramatischer Kunstgriffe. Sein Hauptwerk, *The Cloister and the Hearth* (1861) dokumentierte in der locker erzählten Form eines Abenteuerromans ein farbiges Kulturbild Europas zu Beginn der Renaissance.

Die Kritik gesellschaftlicher Mißstände in den Romanen von Reade und Collins war bedingt durch die von Dickens initiierte Mode. Der soziale Roman hatte jedoch schon vor Dickens die gesellschaftliche Ordnung und auch politische Themen zur Diskussion gestellt.

So stand das literarische Schaffen von BENJAMIN DISRAELI, Earl of Beaconsfield (1804-1881) ganz im Dienste seiner politischen Anschauungen, die er in einer Reihe von Tendenzromanen zum Ausdruck bringen wollte.
Als er als Politiker im Jung-England-Flügel der Konservativen Partei bereits eine führende Rolle spielte, legte er das Grundkonzept dieses Kreises, mit dem die jungen Konservativen im Sinne Carlyles gegen Materialismus, Utilitarismus und die Reformfeindlichkeit der Whig-Oligarchie kämpften, in einer Romantrilogie nieder. Der erste Teil, *Coningsby, or*

the New Generation (1844), befaßt sich mit der selbstsüchtigen, gesellschaftlich und politisch führenden Klasse, *Sybil, or the Two Nations* (1845) schildert das soziale Elend des arbeitenden Volkes in England, und der letzte Teil, *Tancred, or the New Crusade* (1847), entwirft das Bild einer Neubelebung des Christentums durch das als rassisch überlegen hingestellte Judentum.
Als Kunstwerk betrachtet fehlt es den Romanen an der klaren Linie, die Disraeli als Staatsmann auszeichnete. Das gilt auch für die nach seiner Amtszeit als Premierminister verfaßten Werke.

In kraftvoller Auflehnung gegen moralische Gleichgültigkeit verkündete CHARLES KINGSLEY (1819-1875) in seinen Romanen *Yeast* (in Buchform 1851) und *Alton Locke*, 1850) den 'christlichen Sozialismus' in breiten Lebens- und Sittenbildern. Beide Bücher sind mehr Traktate als literarische Kunstwerke. Das gilt auch für seine anderen Romane, darunter *Westward Ho!* (1855) — ein Roman aus der Zeit der Armadakämpfe — die das Heldentum verherrlichen und das Evangelium der Stärke und des Opfers predigen sowie die veredelnden Kräfte des Krieges preisen.

b) Thackeray und der Sittenroman

Ironisch distanziert und gänzlich unheldisch präsentiert WILLIAM MAKEPEACE THACKERAY (1811-1863) in seinem bürgerlichen Sittenroman Wirklichkeit. Wiederholt betonte er, daß er sich unter allen Umständen zur Wahrheit verpflichtet fühle, und so gibt er ein schonungsloses, treffendes Bild des begüterten Bürgertums in London. Als Auftakt zu seinen vier großen Romanen sind die ursprünglich im *Punch* (1846-47) veröffentlichten Aufsätze des *Book of Snobs* (1848) zu sehen, die gewissermaßen im voraus die Figurenwelt seines ersten großen Romans charakterisieren.
Vanity Fair 81847-48), längst zu einem Roman der Weltliteratur geworden, ist, wie bereits der Untertitel *A Novel without a Hero* besagt, ein Roman ohne Held. Nicht Figuren, aber auch nicht Ereignisse, bestimmen die Struktur des Buches, sondern die Enthüllung einer Menschenwelt ("Snobland"), die sozial wie historisch festgelegt und dennoch überzeitlich und allgemein ist. Um die verschiedenen Eitelkeiten und die Abhängigkeit der Menschen von ihnen aufzuzeigen, wählte Thackeray die kontrastierenden Schicksalswege, die auf nahezu alle Charaktere und Handlungen in unterschiedlicher Weise bezogen sind, der skrupellosen Becky Sharp und der tugendhaften und von daher schwachen Amelia Sedley und erreicht so eine gewisse planvolle Ausrichtung in der episch breiten und mit dichtem Geschehen ausgestatteten Gestaltung der englischen Gesellschaft.
The History of Pendennis (1848-50) schildert die Jugend- und Lehrjahre des Schriftstellers Arthur Pendennis, genannt Pen. Als Bildungsroman konzipiert gerät die Geschichte durch die verschiedenen Figuren und realistischen Schilderungen eines Lebensganges in der detailliert gezeichneten und mit autobiographischen Elementen ausgestatteten gesellschaftlichen Welt zu einem umfangreichen Gemälde des viktorianischen Lebens, das in seiner Form stark an eine Gesellschaftschronik erinnert.
Die Figur des Schriftstellers Pen ist dann der Erzähler der Familiengeschichte *The Newcomes* (1853), einer Tragikomödie des wohlhabenden Bürgertums, die parallel das Leben zweier Generationen beschreibt.

The History of Henry Esmond (1852) geht zurück in die Zeit der Königin Anna und der Intrigen um die Rückkehr der Stuarts auf Englands Thron. In diesem historischen Roman erzählt der frei erfundene Held Henry aus der Erinnerung die Geschichte seiner Familie, die Glück und Leben dem erfolglosen Bemühen der Stuarts opferten. Die Einheit dieses Buches, das zu den besten englischen Romanen dieser Art gehört, liegt im Historischen, aber auch in dem gewählten Standpunkt der zeitgenössischen Erinnerung, der durch den Eindruck der unmittelbaren Beteiligung wesentlich zur erfolgreichen Verlebendigung der Vergangenheit beiträgt.

Von den vielen Schülern Thackerays, die seinen Realismus fortsetzten, ist ANTHONY TROLLOPE (1815-1882) zu erwähnen, der in 'solider handwerklicher Kunst' (cf. *Autobiography*, 1883) nahezu fünfzig Romane schrieb, von denen die sechs Barsetshire-Romane (u.a. *The Warden*, 1855; *Barchester Towers*, 1857; *The Last Chronicle of Barset*, 1867) mit ihrer lebendigen Chronik viktorianischen Lebens besondere Anerkennung fanden, ebenso wie seine dem politischen und parlamentarischen Bereich zugewandten Palliser-Romane.

c) Der viktorianische Frauenroman

Die Tatsache, daß der Frauenroman in der viktorianischen Literatur eine bemerkenswerte Rolle spielte, zeigen die Romane der Brontë-Schwestern und George Eliots. In ihren Romanen werden erstmals Charaktere und Handlungen aus weiblicher Sicht geschildert, was vor allem zu einer stärkeren Berücksichtigung des Gefühlslebens der Frau führte. So trägt z.B. der von weiblicher Seite ersehnte Liebhaber der Frau viel männlichere Züge, und auch der Charakter der Frau offenbart aus dieser Sicht viel härtere Seiten als die weichen Mädchengestalten der männlichen Romanschriftsteller.

Dies zeigt deutlich der Roman *Jane Eyre* (1847) von CHARLOTTE BRONTË (1816-1855), ein Liebesroman mit autobiographischen Elementen, der das selbstgewählte Liebesschicksal einer unscheinbaren Erzieherin schildert und dabei in bisher unbekannter Offenheit und Unmittelbarkeit die Gefühle einer Frau ausspricht.
Dies gilt in ähnlicher Weise auch für ihren Roman *Shirley* (1849), der zudem wegen seines teils kulturhistorischen, teils sozialkritischen Inhalts bemerkenswert erscheint.

Noch weniger als ihre Schwester nahm EMILY BRONTË (1818-1848) Rücksicht auf viktorianische Konventionen. In ihrem einzigen Roman *Wuthering Heights* (1847), einem Seelendrama, das sich durch zwei Generationen hinzieht, schildert sie die dämonische Haßliebe, die zwei empfindsame und schwierige Charaktere miteinander verbindet. All das spielt sich ab auf dem Hintergrund des einsamen Lebens und der elementaren Mächte der Heide- und Moorlandschaft von Yorkshire, in der Emily aufwuchs. Wie überhaupt in dem Roman die Urgewalten eine bedeutende Rolle spielen, die Natur und Mensch in gleicher Weise durchdringen und die das Handeln wie die Beziehung der Menschen untereinander bestimmen.

Auch die Romane von ANNE BRONTË (1820-1849), die literarisch in bescheidenerem Maße hervortrat (ihr Hauptwerk: *Agnes Grey*, 1847), sind überzeugender Ausdruck des Strebens nach Gleichberechtigung der Frau.

Daß dieses Streben nach innerer Befreiung nicht von triebhaften Empfindungen geleitet, sondern vom Geist aus geschah, dokumentiert am deutlichsten das Werk der Agnostikerin Mary Anne Evans, die sich das Pseudonym GEORGE ELIOT (1819-1880) zulegte. Geprägt durch die Lehren Auguste Comtes, ersetzte sie den christlichen Glauben durch eine rigorose humanitäre Ethik. Die Aufdringlichkeit, mit der die analytisch denkende Rationalistin jeden ihrer Romane auf einer Idee aufbaute und geistig anspruchsvoll ("high-brow") gestaltete, wird mehr als nur ausgeglichen durch ihr humanes Ethos und die lebendige Veranschaulichung von Land und Leuten ihrer Heimat.
In ihren Romanen — auf einer psychologisch-sozialen Linie, die dann von Henry James forgesetzt wurde — meidet sie die Darstellung und Analyse ungewöhnlicher Charaktere und ermöglicht es so dem Leser, sich in ihre Menschen hineinzuversetzen und zu persönlicher Selbsterfahrung und -erkenntnis zu gelangen. Das Wissen um "the secret of deep human sympathy" sowie ihr Bemühen, "some trait of gentle goodness in the faulty people" (*Adam Bede*, XVII) zu entdecken, bestimmen die Erzählung von der sensiblen und intelligenten Maggie Tulliver, die zu innerer Befreiung gelangt, als sie bei dem Versuch, ihren Bruder zu retten, ein äußerlich tragisches Ende findet (*The Mill on the Floss*, 1860), ebenso wie die in ihrer Einfachheit vollendete Geschichte von *Silas Marner* (1861), die von dem Herzenswandel des einsamen Webers Silas erzählt, der, verzweifelt über den Diebstahl seines gehorteten Reichtums und gezwungen durch die Umstände, das mutterlose Kind Eppie bei sich aufnimmt und so zu menschlicher Liebe zurückfindet.
Aus ihrem insgesamt zu stark gedanklich konstruierten Spätwerk ragt *Middlemarch* (1871-72), einer der großen Romane der englischen Literatur deutlich hervor.

> Der umfangreiche Roman ist eine Studie des provinziellen Lebens zu Beginn der viktorianischen Epoche, der es meisterhaft gelingt, die vielfältige Gesellschaft mit ihren inneren Beziehungen und den sich wandelnden Aspekten anschaulich und eindringlich darzustellen. Die feinsinnig gesponnene Geschichte, die in ihrer Haupthandlung Dorotheas Erkennen der Nutzlosigkeit einer erstarrten Religion (Dr. Casaubon) und ihren Weg zur Eigenständigkeit und Lebensoffenheit schildert, bringt vor allem mit ihren sorgfältig ausgeführten Charakterstudien die Eliotsche Kunst voll zur Entfaltung. Das zentrale Thema, der Kampf einzelner Idealisten gegen die Gewalt ihrer geistig getrübten und verworrenen Umgebung wird in Dorotheas Worten deutlich, wenn sie Lydgate gegenüber äußert:
> "This cry from soul to soul, without other consciousness than their moving with kindred natures in the same embroiled medium, the same troublous fitfully-illuminated life" (chapt. 50).

d) Hardy, Meredith und der spätviktorianische Roman

Das Romanwerk, besonders die ersten Romane, von THOMAS HARDY (1840-1928) lehnt sich noch stark an die viktorianische Tradition an (i.e. stark verzweigte und von mehreren Charakteren getragene Handlung). Was seine Romane aber dennoch vor dem Beigeschmack des Veralteten bewahrt, ist ihre Thematik: die fundamentale Beziehung zwischen Mensch und Umwelt, Leben und Universum. Da Hardy diese Grundfragen in der Enge seiner ländlichen Heimat Wessex behandelt, wird er auch oft als bedeutender Heimatschriftsteller angesehen.

Nach anfänglichen pittoresken Erzählwerken wird der seine Romane bestimmende Kampf zwischen dem Menschen und den als böse Mächte zu sehenden widrigen Umständen in immer dunklerer Stimmung geschildert, bis er auf dem Hintergrund düsteren Schicksalsglaubens schließlich in Tragik endet. Seine individuell gestalteten Hauptfiguren sind machtlos gegen Veranlagung und Einflüsse ihres Milieus. Vergeblich versuchen sie, in Kämpfen gegen unerbittlich waltende Zufälle das von ihnen erstrebte harmonische Glück zu erringen. Die Verwicklungen entstehen aus ursprünglicher Leidenschaft einfacher Menschen in hoffnungsloser Auflehnung gegen das Schicksal und gipfeln zumeist in einem inneren Kampf, der in Schilderungen der Natur und der Landschaft (Heidelandschaft in Wessex) sich widerspiegelt.

Far from the Madding Crowd (1874), einer leidenschaftlichen Geschichte voller spannender und symbolhafter Szenen, folgt der ausgewogenste Roman Hardys, *The Return of the Native* (1878), in dem in Egdon Heath die Natur auf unheimliche Weise lebendig wird.

The Mayor of Casterbridge (1886) zeigt dann wie Charakter (Michael Henchard) und Tat sich zu einem unentrinnbaren, tragischen Schicksal verdichten.

Diese tragische Schau bildet die Einheit in Hardys Romanen und übt in ihrem überzeugenden Ausdruck eine starke Wirkung auf den Leser aus.

Ausgesprochen tragisch ist auch das Schicksal der schönen Tess in Hardys wohl bekanntestem Roman *Tess of the d'Urbervilles* (1891):

> Als Tochter eines armen Händlers, der von der adeligen Familie der d'Urbervilles abstammt, hat Tess das leidenschaftliche Temperament ihrer Vorfahren geerbt. Sie wird von Alec, dem Sohn einer neureichen Familie, die den Namen d'Urbervilles angenommen hat, verführt und dann verlassen. Später heiratet sie den Pfarrerssohn Angel, der sie auch verläßt, als er von ihrer Vergangenheit erfährt. Auf unwahrscheinlichen Wegen des Schicksals gerät Tess wieder in die Hände Alecs, wo sie der reumütig zurückkehrende Angel findet. Tess tötet Alec und flieht mit Angel, wird aber nach nur kurzem Glück in Stonehenge verhaftet und hingerichtet.

Die Entrüstung, die dieser Roman hervorrief, wurde noch übertroffen von der Ablehnung von Hardys letztem Roman *Jude the Obscure* (1895), in dem Jude Fawley in seinem Streben nach Bildung durch sein Temperament, seine Charakterschwäche sowie durch das schicksalhafte Spiel der Umstände völlig ruiniert wird.

Anders als Hardy sah SAMUEL BUTLER (1835-1902) in dem dem Einzelwesen unbewußten 'Willen' eine die Evolution vorantreibende Kraft. So stellte er in seinem Roman *The Way of all Flesh* (1872-85) den Kampf der Generationen als evolutionär bedingt dar. Sein Hauptwerk allerdings ist *Erewhon* (1872) — der Titel ist ein Anagramm (cf. "nowhere") — eine satirische Utopie, in der alle geltenden Werte auf den Kopf gestellt werden .

Bedeutender als Butler ist GEORGE MEREDITH (1828-1909), der sich mit seiner Naturauffassung einen eigenen Komplex religiöser Vorstellungen geschaffen hat, in den auch der gängige Evolutionsgedanke, in allerdings vergeistigter Form, Eingang fand.

Seine Romane behandeln als Hauptthema die innere Entwicklung des Menschen und seine Bewährung und wurden folglich häufig als didaktische Romane bezeichnet.
Nach einigen weniger bedeutsamen Versuchen gelingt Meredith mit *The Ordeal of Richard Feveral* (1859) sein erfolgreichster Roman, der von Anfang an in zahlreichen Figuren und Situationen sowie in der überlegenen, spöttischen und ironischen Erzählhaltung als Komödie angelegt ist. Das daher überraschend tragische Ende, das den gescheiterten Helden all seines Glücks beraubt zurückläßt, wurde später zum Merkmal des realistischen psychologischen Romans.
In einer nächsten Gruppe von Romanen spielen die Frauen — Meredith trat mit Entschiedenheit für die geistige Emanzipation der Frau ein und maß den Stand der Kultur an der Stellung der Frau in der Gesellschaft — sei es als Titelfigur oder als treibende Kraft eine dominierende Rolle.
Auch in seinem zweiten Meisterwerk, *The Egoist* (1879), "a game played to throw reflections upon social life", in dem der Egoismus des Helden Sir Willoughby in der Konfrontation mit drei Frauen bloßgestellt wird, kommt die Rolle der Frau deutlich zum Tragen. — Dieser Roman zeigt in reinster Form das allgemeine Thema des Meredithschen Romans, die Charakterstudie, in der alles (Ereignisse, Umstände und Zufälle) allein der psychologischen Beleuchtung der Mittelfigur dient, und erfüllt die von Meredith an den Roman gestellte Forderung: 'Diener einer Weltschau' zu sein, mit Hilfe des "Comic Spirit" alle Anmaßungen von der Selbsttäuschung zu befreien und so den Weg des Menschen zur Einsicht (über "blood" und "brain" zum "spirit") zu öffnen.

e) Kipling und der Abenteuerroman

Mit dem von einer Vorliebe für das Ungewöhnliche und Fremdartige gekennzeichneten Werk GEORGE HENRY BORROWs (1803-1881) flackerte nocheinmal die romantische Phantasie auf, bevor sie dann vom Naturalismus gänzlich erstickt wurde. Seine Bücher, in denen sich Reisebericht, Biographie und Fiktion zu der Form des Romans verschmelzen, sind in ihrer originellen und sprachgewandten Gestaltung unterhaltsame, spannende 'Abenteuerromane' (*The Bible in Spain*, 1843; *The Romany Rye*, 1857).
Mit *Wild Wales* (1862) kehrte er dann zur Reisebeschreibung zurück, ersetzte das Abenteuerliche aber durch so feine Naturschilderungen und so treffende Charakterzeichnungen, daß dieses Werk an Anziehungskraft seine 'Abenteuerromane' sogar noch übertrifft.

Mit seinen frühen Reisebeschreibungen knüpft ROBERT LOUIS STEVENSON (1850-1894) an Borrow an und steigert die Lust am Fremdländischen verbunden mit seiner Erzählkunst zu einer Erneuerung des Abenteuerromans. In bewußt einfachem Stil aus der Perspektive des Kindes erzählt (z.B. *Treasure Island* , 1883) wird die Welt der Abenteuer zum Traumort für die Flucht aus der Wirklichkeit, angelegt zu nichts anderem als zu "clean, open-air adventure". Dies trifft ebenso auf *Kidnapped* (1886) und dessen Folgeroman *Catriona* (1893) zu, auch wenn der Held David Balfour schon etwas älter ist. In der bis dahin wenig gepflegten Gattung der Kurzgeschichte beweist Stevenson dann auch psychologisches Einfühlungsvermögen (*New Arabian Nights*, 1882), was dann vollends zum Ausdruck kommt in *The Strange Case of Dr. Jekyll and Mr Hyde* (1886), einem psychologisch interessanten Roman vom gespaltenen Ich, in dem sich Dr. Jekyll mit Hilfe einer Droge in eine andere Person, die das Böse in Dr. Jekyll verkörpert, verwandelt und Selbstmord begeht, als sie die Oberhand gewinnt.

Der von Stevenson neu belebte Abenteuerroman hatte eine breite und vielfältige Nachfolge. So baute z.B. Sir ARTHUR CONAN DOYLE (1859-1930) die Detektivgeschichte zu einer eigenen Gattung aus und schuf mit dem Detektiv Sherlock Holmes (zuerst in *A Study in Scarlet*, 1887) eine der berühmtesten Figuren der englischen Literatur.

Herausragend aus dem Durchschnitt dieser Nachfolge jedoch ist nur das Werk von RUDYARD KIPLING (1865-1936), der allerdings das Abenteuer nicht um seiner selbst willen darstellte, sondern um seinem Glauben an die kämpferische Tat, das einzige, was der Mensch, seiner Meinung nach, den dunklen Mächten des Schicksals entgegenzusetzen hätte, Ausdruck zu verleihen. In Indien geboren und nach seiner englischen Schulzeit dort wieder als Journalist tätig, ist dieses Land Schauplatz seiner Novellen (*Plain Tales from the Hills*, 1888), seiner dessen Tierwelt schildernden *Jungle Books* (1894/95) sowie seines besten Romans, *Kim* (1901), in dem er in pikaresker Tradition die abenteuerliche Geschichte eines dreizehnjährigen, europäischen Kindes erzählt, das unter Indern aufwächst und als vollwertiges Mitglied des englischen Geheimdienstes an dem "Great Game" gegen die russischen Spione teilnimmt.
Im Mittelpunkt seiner Werke steht immer wieder das verborgene Heldentum der englischen Soldaten und Kolonialisten, die die Pflichten der Herrschernation (neben Tatkraft auch Milde und Menschlichkeit gegenüber den Eingeborenen) tragen, sich aber auch der Solidarität und dem gemeinsamen Auftrag unterzuordnen und gegebenenfalls auch zu opfern haben.
Auch seine Lyrik (*Barrack-Room Ballads*, 1892; Seven Seas, 1896; *Five Nations*, 1903) dient der Verkündigung und dem Preis des Imperiumgedankens, so daß, als ihm 1907 als erstem Engländer der Nobelpreis verliehen wurde, dies keineswegs einhellige Zustimmung fand.
Gänzlich umstritten war Kipling dann nach dem ersten Weltkrieg und wurde für die jüngere Generation zu einem Dichter der nationalen Überheblichkeit, der sich in den Dienst niederer politischer Zwecke begeben hatte.

VIII. Das 20. Jahrhundert

1901-1910	Eduard VII. (Coburg)
1910-1936	Georg V. (Windsor)
1914	blutige Unruhen in Irland
1914-1918	Großbritannien u. d. Empire im 1. Weltkrieg
1914-1922	Unruhen in Irland (1916 Osteraufstand, 1920/21 "Anglo-Irish-War")
1922	Irland: "Irish Free State
1924	erste Labour-Regierung (R. MacDonald)
1928	"Equal Franchise Act" (rechtliche Gleichstellung von Frau und Mann)
1931	"Statute of Westminster" (Festlegung d. Commonwealth)
1936-1952	Georg VI.
1939-1945	GB im 2. Weltkrieg
1949	Unabhängigkeit Irlands
ab 1952	Elisabeth II.
ab 1969	Unruhen in Nordirland
1973	EG-Beitritt von GB
1975	ab Februar Waffenstillstand in Nordirland; ab März neuer Terror der IRA (seit 1969 über 1000 Tote)
1977	Friedensnobelpreis für B. Williams und M. Corrigan (Begründer d. Northern Irish Peace Movements)
1979	M. Thatcher erste Frau im Amt des Premierministers
1983	Sieg der Konservativen bei den allgemeinen Wahlen (M. Thatcher)
1983	Krieg gegen Argentinien um die Falklandinseln

1881	H. James (1843-1916), *The Portrait of a Young Lady*
ab 1891	W.B. Yeats (1865-1939), Gedichte, Dramen
ab 1895	G.B. Shaw (1856-1950) Dramen
ab 1904	J. Galsworthy (1867-1933) Romane, Dramen
ab 1908	Somerset Maugham (1874-1965) Romane, Dramen, Kurzgeschichten
1913	D.H. Lawrence (1885-1930) *Sons and Lovers*
ab 1915	T.S. Eliot (1888-1965) Dichtung, Dramen
ab 1921	V. Woolf (1882-1941) Romane
1922	J. Joyce (1882-1941) *Ulysses*
ab 1924	A. Huxley (1894-1963) Romane G. Greene (geb. 1904) Romane
ab 1932	W.H. Auden (1907-1973) Gedichte, Dramen D. Thomas (1914-1955) Gedichte
ab 1935	G. Orwell (1903-1950) Romane
ab 1956	I. Murdoch (geb. 1919) Romane J. Osborn (geb. 1929) Dramen H. Pinter (geb. 1930) Dramen
1972	J. Betjeman (1906-1984) "Poet Laureate"
1983	W. Golding (geb. 1911) Nobelpreis für Literatur

Mit dem Ende des 19. Jahrhunderts ist auch die viktorianische Epoche abgeschlossen, und bereits die frühen Jahre des 20. Jahrhunderts brachten entscheidende Veränderungen im gesellschaftlichen und politischen Leben Englands.
Grob gesehen hat das 20. Jahrhundert für England zwei tiefgreifende Änderungen gebracht: Zum einen wurde seine Weltgeltung entscheidend reduziert, was sich in der schrittweisen Ersetzung des Imperiums durch die lockere Bindung des Commonwealth dokumentiert, zum anderen hat eine Umschichtung der sozialen Klassen stattgefunden, deutlich vor allem in dem Aufstieg des vierten Standes, was seinen politischen Ausdruck in der Entwicklung der Labourpartei (gegründet 1893) fand.
Die geistigen und literarischen Strömungen des 20. Jahrhunderts angemessen zu würdigen, fällt schwer, da eine wesentliche Voraussetzung dafür, die zeitliche Distanz, nicht gegeben ist. Dennoch fanden und finden entscheidende Ereignisse ihren Niederschlag in der Literatur und lassen sich in dieser Verbindung auch deutlich erkennen.
So wird der soziale Kampf um Anerkennung und Gleichberechtigung der Arbeiterklasse und auch der Frauen zu Beginn des 20. Jahrhunderts nicht nur in Shaws Dramen deutlich.
Die Erfahrungen des 1. Weltkrieges mit seinen blutigen Schützengräbenkämpfen haben in der Literatur zu einer entscheidenden Wende im Hinblick auf ihr Kriegsbild geführt. Der früher noch als Kampf um die Freiheit begrüßte Krieg, in dem sich Heldenruhm und Ehre erringen ließ, wurde für viele (z.B. S. Sassoon, W. Owen) zur absoluten Schreckensvision und hinterließ Verzweiflung und tiefe Erschütterung.
Die Nachwirkungen des Krieges zusammen mit der Weltwirtschaftskrise (1929) und den Erfahrungen mit dem Faschismus in Europa (bes. im spanischen Bürgerkrieg) führten nach anfänglich stark pazifistischem und teilweise kommunistischem Engagement zur Verunsicherung und zum Mißtrauen der Dichter und Schriftsteller gegenüber der öffentlichen Politik, was sich, durch den 2. Weltkrieg gesteigert, in Pessimismus und Nihilismus ausdrückt.

Aber nicht nur äußerliche Ereignisse hatten ihre Auswirkungen in der Literatur. Die zunehmende Auflösung fundamentaler Vorstellungen vom Menschen und seinem Leben, beschleunigt durch die rasante Entwicklung in Technik und Wissenschaft, erzeugte philosophische Skepsis.
Noch stärker jedoch wurde die Literatur wahrscheinlich von Sigmund Freud und seinen psychoanalytischen Forschungen beeinflußt, dessen Entdeckung des Unterbewußtseins den Dichtern und Schriftstellern ein neues Feld für ihre Experimente und Darstellungen eröffnete (J. Joyce, V. Woolf).
Durch diese Entwicklung bedingt, hat sich in der Literatur ein grundsätzliches Infragestellen aller sittlichen und geistigen Werte breitgemacht, und die Lücke, die die Zerstörung des Glaubens hinterlassen hat, ist ausgefüllt von Furcht und Ungewissheit. Daran hat sich bis zur Gegenwart nichts geändert, sieht man von den vielen noch nicht einzuordnenden Reaktionen auf die gegenwärtige existenzielle Lage ab — die geprägt ist von einem möglichen Atomkrieg, der Katastrophe einer Bevölkerungsexplosion und dem Zusammenbruch der Umwelt — von denen die “No hope, no future”- Bewegung in der Gegenwartsliteratur am nachhaltigsten zum Ausdruck zu kommen scheint.

1. Die Dichtung

a) W.B. Yeats

Neben dem Dramatiker G.B. Shaw und dem Romanschriftsteller J. Joyce ist der Dichter WILLIAM BUTLER YEATS (1865-1939) die tragende Säule der sogenannten 'Irischen Renaissance', der Neubelebung der anglo-irischen Literatur. Er gilt als größter irischer Dichter der Neuzeit und erhielt 1923 den Nobelpreis für Literatur.

In Dublin als Sohn eines präraphaelitischen Malers geboren, folgte er zuerst dem Vorbild seines Vaters und studierte Kunst, wandte sich aber bald der Literatur zu und schrieb, beeinflußt von den jüngeren Romantikern, Gedichte, Dramen und Essays. Schon bald wurde er zur führenden Persönlichkeit des sogenannten "Celtic Revival", einer literarischen Bewegung, die versuchte, die nationale irische Literatur mit ihrer Tradition und ihrem Schatz an Sagen und Romanzen zu neuem Leben zu erwecken. Sein Traum von der Freiheit Irlands und einer eigenen, großen Nationaldichtung sowie seine Neigung zu Theosophie und Okkultismus brachten ihn dazu, nach einer Mythologie zu suchen, um seine literarischen, philosophischen und nationalen Interessen zu einer Einheit zu fügen.

So wurde seine Dichtung zu der Enthüllung eines verborgenen Lebens, einerseits geprägt von traumhaften Visionen, die tief in der keltischen Mystik wurzeln, andererseits verbunden mit dem Realismus der aktuellen Existenz, bedingt durch sein wirklichkeitsgetreues Beobachtungsvermögen.

Dies zeigt schon seine erste bedeutendere Dichtung, *The Wanderings of Oisin* (1889), die, in Traumstimmung und Farbenreichtum romantisch, aber die Geschichte selbst immer im Auge behaltend, den Bericht Ossians von seinem Aufenthalt im Feenreich erzählt. Unter dem Einfluß der französischen Symbolisten machte Yeats dann eine Phase einer 'poésie pure' durch *(The Shadowy Waters)*, bevor er zu seinem endgültigen Stil fand, der in natürlicher, der gehobenen Umgangssprache angenäherter Syntax und in metrisch gebrochenen, fließenden Rhythmen Traum und Wirklichkeit in präzisem Ausdruck vereinigt.

Sein Engagement in der irischen Theaterbewegung, das ihn in einen ständigen Kampf gegen politische, moralische und religiöse Vorurteile verwickelte, veranlaßten ihn, seine Distanz aufzugeben, und die in der Folge entstandenen Gedichte (in den Bänden: *The Wild Swans at Coole*, 1919; *Michael Robartes and the Dancer*, 1921; *The Tower*, 1928; *The Winding Stair*, 1933), von denen zahlreiche zum Besten moderner Lyrik zählen, zeigen seine Kunst auf dem Höhepunkt. Wenn auch ihre Bilder klar und konkret sind, sind diese Gedichte in zunehmendem Maße von einer privaten Symbolik geprägt. So wurde für Yeats das vorchristliche Byzanz für ihn die letzte Verwirklichung des religiösen, ästhetischen und praktischen Lebens der Menschheitsgeschichte — zum Symbol der Vereinigung von Natur und Übernatur. Das großartige Gedicht *Sailing to Byzantinum*, das den Band *The Tower* einleitet, enthüllt den Gegensatz zwischen der Wärme des vergänglichen Lebens und der Kälte der Ewigkeit, die der Künstler durch sein Werk schafft. In diesem Gegensatz kommt eine Form inneren Zwiespalts zum Ausdruck, die Yeats mit der für ihn schrecklichen Erkenntnis des Alters zu quälen beginnt und die ihn wünschen läßt, "and gather me / Into the artifice of eternity". Diesen Übergang vom Absterben der Kreatürlichkeit in den Zustand des Kunstwerks selbst bestätigt sich in Yeats' Persönlichkeitstheorie, in der das neue Selbst als Artefact die natürliche Person übersteigt.

Dieser Konflikt zwischen dem Sensualismus der Lebenskraft und dem Ewigkeitsstreben durch die Abstraktion (cf. *The Hawk*, in *The Wild Swans at Coole*) bleibt ungelöst.
Neben seiner Lyrik und seinen poetischen Dramen hat Yeats zahlreiche Prosawerke verfaßt, darunter die Sammlungen irischer Geschichten *The Celtic Twilight* (1893) und *The Secret Rose* (1897) und in *A Vision* (1925, umgearbeitet 1937) legt er sein phantastisches philosophisches System dar, das der Idee des geschichtlichen Fortschreitens ein System vom zyklischen Geschehen, das sich alle 2000 Jahre wiederholt, gegenüberstellt.

b) "Georgian Poetry" und die Kriegsdichtung

Zeigt sich in Yeats' Werk die Entwicklung von der Spätromantik bis zur Neuzeit in ihrer ganzen Breite, so ist die Dichtung der 'Georgians' gemäß ihrem Selbstverständnis als Wegbereiter der neuen Kunst, ganz auf diese Neuorientierung konzentriert. Die 'Georgians' wollten sich mit ihren Beiträgen zu den fünf Anthologien *Georgian poetry* (herausgegeben von E. Marsh, 1912-22) von der Dichtung der vorausgegangenen Viktorianer und Edwardianer entscheidend abheben, indem sie dem 'Poetischen' abschworen und Dichtung nur noch in dem Bereich des wirklichen Erlebten zuließen.

RUPERT BROOKE (1887-1915) betonte, daß der Dichter Menschen und Dinge nicht unter ästhetischen oder moralischen Gesichtspunkten betrachten dürfe, sondern "just as being".
Brookes Dichtung in leichtem, informell gehaltenem Ton, spottend, herausfordernd und nicht selten trivial (cf. *The Old Vicarage, Grantchester*), erreicht dieses Ziel nicht immer, wurde jedoch von seiner Zeit als neuartig empfunden und als Idol der Georgianer gefeiert. Seine patriotischen, den Krieg als ruhmvolles Ereignis verherrlichenden Sonette *1914* hatten ihn zu einem Symbol des Patriotismus gemacht, sind aber heute in ihrer Wirkung verblaßt.

Der bedeutendste Georgianer ist WALTER DE LA MARE (1873-1956), dessen Werk unbeirrt von allen Neuerungen noch ganz in der Tradition von Blake und dem 19. Jahrhundert steht. In seinen Gedichten wird aus dem Erleben des Kindes (*Songs for Children*, 1902) eine Traumwelt lebendig, in der die Grenzen zwischen der Realität der Umwelt und dem Zauber von Märchen und Magie verschwimmen. Dies gilt auch für seine Erzählungen und Romane (*The Return*, 1910; *Memoirs of a Midget*, 1921).

Die Dichtung JOHN MASEFIELDS (1878-1967) befaßt sich mit dem bitteren Schicksal der Zukurzgekommenen, Armen und Unterdrückten: "Mine be the dirt and the dross, the dust and scum of the earth!" (*A Consecration*, in *Salt-Water Ballads*, 1902).
Mit seinen Erzählgedichten verhalf er einer fast vergessenen Gattung zu neuer Beliebtheit und wurde nicht zuletzt aus diesem Grunde 1930 zum "poeta laureatus" ernannt. Mit verblüffender Vielseitigkeit gestaltet er in dieser Form die verschiedenartigsten Themen. So schildert er z.B. in *The Everlasting Mercy* (1911) das Bekenntnis und die Bekehrung eines Trinkers und Wilddiebes, in *The Widow in the Bye Street* (1912) die Geschichte einer Mutter, die wahnsinnig wird, als ihr Sohn wegen Mordes gehängt wird und in *Reynard the Fox* (1919) eine Fuchsjagd.

All diese Verserzählungen, die in Humor und echter Menschlichkeit immer wieder zu einem Vergleich mit Chaucer anregen, sind in ihrer robusten Diktion von hartem Realismus gekennzeichnet, lassen aber besonders in ihren Stimmungsschilderungen auch ein Streben nach Vergeistigung und Schönheit erkennen.

Am konsequentesten kommt die These der "Georgian Poetry", nur die unmittelbare Erfahrung darzustellen, in der Kriegsdichtung der Dichter des 1. Weltkriegs zum Ausdruck. Nach anfänglich patriotischem Idealismus wandelte sich der Ton zu bitterer Satire und Kritik an der Regierung und dem Heldenkult der Heimat.

So wandte sich SIEGFRIED SASSOON (1886-1967) gegen den falschen Patriotismus der Heimat und führte in seinen Gedichten vor allem den Generälen, Politikern und Journalisten die grauenvolle Wirklichkeit an der Front dramatisch vor Augen. Als er nach Kriegsende erkannte, daß die Lehren aus dem Krieg bald verblaßten, setzte er seine Auseinandersetzung in gleichem Maße, wenn auch in Prosa, fort (*Memoirs of an Infantry Officer*, 1930).

Über die Entlarvung und das Aufzeigen der grausamen Wirklichkeit hinaus geht WILFRIED OWEN (1893-1918) in seiner Betrachtung des Krieges als Tragödie. In dem Vorwort zu einem geplanten Gedichtband schreibt er: "Above all I am not concerned with Poetry. My subject is War and the Pity of War. The Poetry is in the Pity." Diese Poesie des Mitleids bestimmt seine besten Gedichte (u.a. *Anthem for Doomed Youth; Futility; Strange Meeting*), in denen in elegischem Ton und durch geschickte Anwendung von Assonanzen oder Halbreimen (i.e. Konsonantengleichheit bei differierenden Vokalen) überirdische Ruhe und Aussöhnung mit dem Schicksal anklingen.

Ebenfalls tiefes, unpathetisches Mitleid spricht aus der Lyrik EDMUND BLUNDENS (1896-1974), dessen Kriegserfahrung in dem zu einem klassischen Werk gewordenen Buch *Undertones of War* (1928) ihren Niederschlag fand. In den dreißiger Jahren dann hat er unter dem Einfluß Hardys meditative Gedichte geschrieben, in denen er nach dem Sinn des Lebens und dem Verhältnis des Menschen zur Natur fragt.

c) Die Dichtung nach dem 1. Weltkrieg

Mit Witz und Satire wandte sich DAME EDITH SITWELL (1887-1964) gegen die "Georgian Poetry" und die Modedichtung ihrer Zeit. Beeinflußt von Baudelaire und Rimbaud wurde sie durch ihre originellen Gedichtexperimente bekannt. Über rhythmische und formale Experimente — in denen sie Teilstücke verschiedenster Bereiche isoliert zu neuen verblüffenden Kombinationen zusammenfügt, ohne dabei auf eine Sinnaussage abzuzielen — nähert sie sich einer abstrakten und symbolhaften Dichtung. Das Spiel mit dem Absurden und Grotesken ist verbunden mit einem eigenwilligen Rhythmus, grotesken Reimen und Assonanz (z.B. "That hobnailed goblin, the bobtailed Hob", *Sir Beelzebub*) und läßt eine kindhafte, bizarre Phantasiewelt entstehen (*Clown's house*, 1918 u.a.). Nach dem 2. Weltkrieg ist ihr Spätwerk dann geprägt von christlich-humanitären Gedanken (*The Shadow of Caine* u.a.).

Ihre Brüder OSBERTH SITWELL (1892-1969) und SACHEVERELL SITWELL (geb. 1897) erreichten in ihrer Dichtung nie ihre Schwester an Bedeutung. Osbert hat sich vor allem durch Romane (z.B. *Before the Bombardment*, 1926) einen Namen gemacht, während Sacheverell sich als Kunst- und Musikkritiker auszeichnete.

Eine Gruppe weiterer Dichter, die sich viel radikaler gegen die "Georgian Poetry" aussprachen, waren die Imaginisten.
Unter der Führung von THOMAS ERNEST HULME (1883-1917), der mit seiner antiromantischen Dichtungstheorie, in der der Mensch ein begrenztes und einer höheren Ordnung unterworfenes Wesen ist, die Grundlagen für die ebenso amerikanische wie englische Bewegung des Imaginismus schuf, schrieben die Imaginisten nicht mehr für das breite Publikum, das sie verachteten, sondern wandten sich an junge Intellektuelle. Dichtung wurde für sie zum Ergebnis disziplinierter Arbeit, vergleichbar mit einer gut funktionierenden Maschine oder einem fehlerfrei gedrechselten Tischbein. So forderten sie das präzise treffende Wort, die knappe und exakt geschnittene Form, die festumrissene Bildlichkeit — "An 'image' is that which presents an intellectual and emotional complex in an instant of time" (Pound, 1918) — und den beherrschten Freivers. Zumeist beschränken sich die imaginistischen Gedichte auf die Entfaltung von nur einer Metapher, vergleichbar den japanischen Miniaturen wie 'haiku' und 'tanka'.

Größeren Einfluß gewannen neben Ezra Pound vor allem RICHARD ALDINGTON (1892-1962) und mehr noch seine amerikanische Frau HILDA DOOLITTLE (1886-1961), deren griechische Evokationen einen Höhepunkt imaginistischer Dichtung darstellen. Sie waren mit ihren Forderungen nach Ökonomie und Präzision in der Darstellung und direkter, objektivierter Aussageintention Wegbereiter für die nachfolgende Dichtung der Generation von T.S. Eliot.

Nicht in eine Schule oder Gruppe einordnen läßt sich ROBERT GRAVES (geb. 1895), der seit 1927 mit der Amerikanerin Laura Riding zusammen auf Mallorca arbeitet (*A Survey of Modernist Poetry*, 1927). Seine Nachkriegslyrik behandelt philosophische und psychologische Themen in ironischem, provozierendem Ton. Ab den vierziger Jahren gewinnt sein bis dahin rein intellektuelles Schaffen durch die Einbeziehung mythischer und magischer Elemente an emotionaler Tiefe (*The White Goddess*, 1948).
Erfolgreicher als seine Lyrik sind seine Romane, vor allem *I Claudius* (1934) und *Claudius the God* (1934), in denen ihm in Form fiktiver Aufzeichnungen des Kaisers Claudius eine mit zahlreichen Anspielungen auf die Gegenwart versehene Rekonstruktion des Lebens in der römischen Kaiserzeit gelang.

Bekanntester schottischer Dichter dieser Zeit ist der von den Orkney-Inseln stammende EDWIN MUIR (1887-1959). Außer schottischen Heimatromanen, wertvollen Beiträgen zu literaturkritischen Fragen (z.B. *The Structure of the novel*, 1928) und Übersetzungen (zusammen mit seiner Frau) von Kafka schrieb er vor allem religiöse, metaphysische Gedichte, in denen er Alltägliches symbolhaft gestaltet. Besonders beschäftigt hat ihn das Problem der Zeit (*Variations on a Time Theme*, 1934), das in seinem späteren Werk zum hoffnungsvollen Hinweis auf die Ewigkeit wurde.

d) E. Pound und T.S. Eliot

EZRA POUND (1885-1972) war einer der hervorragendsten Anreger und Reformer der modernen Dichtung. Geboren in Amerika lebte er nach Reisen durch Spanien und Italien in London, wo er zu einem führenden Vertreter der Imaginisten wurde und deren Konzept entscheidend mitprägte. Eine umfassende humanistische Bildung, vielseitige Literaturkenntnisse und große Sprachbegabung bildeten die Grundlage zu seiner die Länder- wie die Zeitgrenzen aufhebenden, kosmopolitischen Dichtung.

Wird in seinen früheren Gedichten und schon im Titel ihres Sammelbandes (*Personae*, 1909) das Erbe Brownings, dessen Form des dramatischen Monologs er aufgriff, deutlich, so ist er in seinen nachfolgenden Gedichten den Präraphaeliten verpflichtet. Den Höhepunkt seiner Lyrik erreichte Pound in einer freien Übertragung des römischen Dichters Properz in den Ton und den Stil des 20. Jahrhunderts (*Homage to Sextus Propertius*, 1919) und in dem Gedichtzyklus *Hugh Selwyn Mauberley*, 1920), in dem er teils autobiographisch, aber auch in ironischer Distanz das Verhältnis des ästhetischen Dichters zu seiner Zeit behandelt und mit dieser Diagnose der geistigen Situation in England sich von diesem Land verabschiedete.

In Italien dann begann Pound sein ehrgeiziges Werk, die *Cantos*, eine nach der Struktur von Dantes *Divina Comedia* geplante epische Dichtung in einer freiryhthmischen Mischsprache mit westeuropäischen und chinesischen Elementen sowie Wendungen der amerikanischen Umgangssprache, in der er die Geschichte nicht chronologisch, sondern morphologisch (i.e. gewisse Leitmotive in immer wieder neuen Variationen) und in elliptisch komponierten, prägnanten Bildern lebendig werden läßt.
Thematisch sind seine *Cantos* geprägt von einem Dualismus zwischen dem idealen Leitbild der Vereinigung von griechischer Naturreligion, konfuzianischer Staatsphilosophie und dem Menschenbild der Renaissance auf der einen Seite und der "Usura" (oder "credit capitalism"), einer den Staat und die Kultur korrumpierenden Macht als Gegenpol. Es gelang Pound nicht, den kühnen Versuch einer Gesamtvision des westlichen und östlichen Kulturguts zu vollenden, aber dennoch gehören einige Passagen der über 100 Gesänge, darunter die *Pisaner Gesänge* (74-84, 1948), zu dem Besten anglo-amerikanischer Lyrik des 20. Jahrhunderts.

Sowohl durch seine Dichtung wie auch durch seine kritischen Werke hat der mit Pound befreundete und ebenfalls in Amerika geborene THOMAS STEARNS ELIOT (1888-1965) den literarischen Geschmack seiner Zeit mitgeformt.
Nach seinem Studium in Harvard, Paris, Marburg und Oxford wählte er schließlich England zu seiner Heimat und wurde Mitglied der Anglikanischen Kirche sowie britischer Staatsbürger (1928). Im Jahre 1948 erhielt Eliot, der sich selbst als "an Anglo-Catholic in religion, a classicist in literature, and a royalist in politics" charakterisierte, den Nobelpreis für Literatur in Anerkennung seiner großen Leistung für die zeitgenössische Literatur.

Die wichtigsten Positionen seiner Dichtungstheorie sind bereits abgesteckt in seiner ersten Sammlung literaturkritischer Aufsätze (*The Sacred Wood*, 1920), von denen der Essay *Tradition and the Individual Talent* 1919) den Rang des bereits klassischen Manifests einer modernen Dichtungstheorie einnimmt. Große Dichtung ist danach erst dann möglich, wenn das persönliche Erleben des Dichters objektiviert und abstrahiert, sich mittels des 'historischen Sinns' mit der Tradition verbindet und auf diese Weise die Vergangenheit in der Gegenwart sichtbar wird ("a simultaneous existence").

Im Mittelpunkt seines schöpferischen Werks steht die Lyrik. In seiner ersten Sammlung *Prufrock and Other Observations* (1917), einer Folge satirischer Porträts, die seelische Zustände, Emotionen oder Bewußtseinslagen konkretisieren, wird der Leser durch ein Labyrinth von Bildern geführt, die aus ihrer zeitlichen und örtlichen Umgebung gerissen, in kurzen, unverbundenen Szenen ironisch und zugleich wertend der leeren Gegenwart die sinnerfüllte Vergangenheit gegenüberstellen. Wie das Titelgedicht *The Love Song of J. Alfred Prufrock*, der innere Monolog eines neurotischen Junggesellen mittleren Alters, der zur Liebeswerbung unfähig die Liebe nur in seiner Phantasie erlebt, entstammen auch die anderen Bilder vornehmlich der Alltagswirklichkeit. So enthält der Monolog *Gerontion*, wiederum im Aufbau unverbunden, Bruchstücke der Überlegungen eines alten Mannes, der eine verfallende Kultur betrachtet ("thoughts of a dry brain in a dry season"). Mit dem Bild des alten Mannes, der in einem verfallenen Haus auf Regen wartet, weist das Gedicht bereits auf *Das Wüste Land* hin.

Nach eigenen Anmerkungen hat Eliot seiner Dichtung *The Waste Land* (1922), die in einer Fülle verschiedenartiger Motive aus allen Zeitaltern und in zahlreichen disparaten Erscheinungen die Suche nach der Lösung des Existenzproblems darstellt, die Gralslegende zugrundegelegt. Neben der unauflösbaren Simultanität der Räume und Zeiten bewirkt die Fülle von Implikationen und Anspielungen auf den gesamten europäischen Kulturbereich und darüberhinaus eine Vieldeutigkeit, die zu unterschiedlichsten Interpretationen geführt hat.

Während Eliots Betrachtung der menschlichen Situation in *The Hollow Men* (1925) ihren Tiefpunkt erreicht, zeigen die nach seinem Übertritt zum Anglokatholizismus entstandenen Gedichte (z.B. *Ash Wednesday*, 1930) eine deutlich positivere Tendenz.

Eliots letzte große Dichtung sind die 'religiösen' *Four Quartets* (1944), in denen er eine Sinngebung des Seins sucht und findet.

Jedes der vier Quartette, mit jeweils autobiographisch entscheidenden Ortsnamen als Titel, gliedert sich in fünf Abschnitte, die nach denselben inhaltlichen Prinzipien aufgebaut sind: Der einleitenden Gegenüberstellung von zeitlichem Wandel und Ewigkeit folgen Betrachtungen des Diesseits, anschließend das Loslösen von irdischen Dingen, und nach der Betonung der Notwendigkeit göttlicher Hilfe schließt das Gedicht mit der gedanklichen Verbindung vom Streben nach Vollkommenheit in der Kunst mit dem Streben nach vollkommenem Leben. Diese Gliederung in fünf Sätze, die die jeweiligen Themen nach Art der Sonate einführen, entwickeln, variieren und auflösen, in Tempo und Tonart deutlich gegeneinander abgehoben, geben der abstrakten Dichtung das Gepräge einer in Worten verwirklichten musikalischen Komposition.

e) W.H. Auden und seine Generation

WINSTAN HUGH AUDEN (1907-1973) begann mit dem Dichten bereits während seines Studiums in Oxford und wurde bald der anerkannte Führer einer Gruppe junger Dichter ("Pylon Poets"), die angesichts der Weltwirtschaftskrise und dem Aufstieg des Faschismus sich entschlossen dem Sozialismus zuwandten und am Spanischen Bürgerkrieg teilnahmen.
Seine ersten Veröffentlichungen, *Poems* (1930), *The orators* (1932) und *Look stranger* (1936) sind meist Auseinandersetzungen mit Zeitproblemen, in denen er mit propagandistischem Pathos für eine neue, sozialistische Gesellschaftsordnung eintritt. Auffällig jedoch ist hier bereits eine ungewöhnliche Beherrschung von Stil und Diktion, die in der Einbeziehung von Jargon und Klischees des zeitgenössischen Journalismus sowie Jazzrhythmen ein starkes Ausdrucksvermögen zeigt. Nach *Spain* (1937), das seine im Spanischen Bürgerkrieg gewonnenen Eindrücke gestaltet, und *Journey to war* 1939), dessen Stoff Auden einem Chinaaufenthalt während des chinesisch-japanischen Krieges verdankt, fand die frühe Periode seines Schaffens mit *Another time* (1940) ihren Abschluß.
Die philosophische Dichtung *New Year Letter* (1941), entstanden nach seiner Übersiedlung nach Amerika, leitete eine neue Phase seines Dichtens ein, in der er auch nicht mehr sein Ziel in einer politisch-sozialen Revolution sieht, sondern sich unter dem Einfluß Kierkegaards und Niebuhrs mit den Problemen der menschlichen Existenz auseinandersetzt, was zwangsläufig zu umfangreicheren Dichtungen führte.
Einen Höhepunkt in seinem, besonders in der reiferen Phase, vielfältigen Schaffen (vom Opernlibretto über Oratorien, symbolischen Landschaftsgedichten, Elegien und komischer Liebeslyrik bis hin zu Schriftstellerporträts) bildet die pessimistische Vers- und Prosadichtung *The Age of Anxiety* (1948), in der er in überzeugender Weise das Ausgeliefertsein des heutigen Menschen dichterisch zum Ausdruck bringt.

Bei seiner frühen Lyrik stand der anglo-irische Dichter CECIL DAY LEWIS (1904-1972) noch ganz unter dem Einfluß von Auden und Spender und fand erst später, in seiner rein lyrischen Dichtung, in der er Naturvorgänge und besonders die Schönheiten der englischen Landschaft verherrlicht, zu seinem eigenen Wesen. Seine Gedichte, in denen er Motive der "Georgian Poetry" aufgreift, sind oft von erheblicher gedanklicher Tiefe (*A Time to Dance*, 1935). Beachtenswert sind neben seinen Vergilübersetzungen auch seine kritischen Essays (z.B. *The Poetic Image*, 1947).

Auch der Nordire LOUIS MACNEICE (1907-1963) teilte Audens politischen wie poetischen Ansichten. Liberaler Humanismus und ein scharfes Auge, das im Vertrauten oft das Fremde und bisweilen Unheimliche entdeckte, sowie eine spielerisch wirkende Beherrschung der Ausdrucksform, in der sich klassisch-antike Elemente mit Umgangssprache mischen, kennzeichnen seine besten Gedichte, die impressionistischen Darstellungen wie z.B. *Circus* oder *The British Museum Reading Room* (in *Collected Poems*, 1949).

Ebenfalls zur Oxforder Gruppe (um Auden) gehörte STEPHEN SPENDER (geb. 1909), der sich vom Repräsentanten einer revolutionären, linksradikalen Lyrik, nicht zuletzt beeinflußt durch seine Übersetzungen von Hölderlin und Rilke, zum Vertreter einer humanitären Dichtung wandelte. Im Mittelpunkt seiner Gedichte, die in der späteren Zeit verhaltener und zarter wurden, steht der einzelne Mensch als Unterlegener und Entrechteter, der sich seiner Umwelt stellen muß.

Der viktorianischen Tradition verbunden war der jüngst verstorbene "poeta laureatus", Sir JOHN BETJEMAN (1906-1984), der mit seinem Band *Collected Poems* (1958) eine überwältigende Popularität in England erreichte. Seine Vorliebe für einfache Sprache und traditionelle Strophenformen sowie seine nostalgische Liebe zur viktorianischen Architektur, besonders von Bahnhöfen, kennzeichnet seine Gedichte, in denen er, manchmal nostalgisch, die Schönheit seiner Jugendzeit — einer vergangenen Zeit — beschwört und sich so gegen den "destructive progress" wendet.

f) Die neuere englische Dichtung

Als Gegenreaktion zu der als Einengung des dichterischen Schöpfungsbereichs betrachteten, intellektuellen, politisch-sozialen Dichtung um Auden, entstand noch in den dreißiger Jahren eine Suche nach dem Geheimnisvollen und Unbewußten im Menschen und in seinem Leben, die bei DAVID GASCOYNE (geb. 1916) noch durch den Surrealismus gestützt wurde (*A Short Survey of Surrealism*, 1935). Das strikte Programm des französischen Surrealismus fand jedoch keinen Eingang in die englische Literatur, und so war Gascoyne eine Zeit lang der einzige bedeutendere Vertreter des Surrealismus in England, bevor er später unter dem Einfluß des christlichen Existenzialismus visionäre und meditative Lyrik schrieb.

Dem Surrealismus nahe stand der Waliser Dichter und Schriftsteller DYLAN THOMAS (1914-1953), der, der Trunksucht verfallen, während einer Vorlesungs-Tournee in den USA den frühen Tod fand und so nur ein schmales Werk hinterließ. Seine Gedichte, erfüllt vom leidenschaftlichen Bekenntnis zur lebendigen Schöpfung, von der Liebe als Gegenpol zum Tod und dem dichterischen Geist als dem Schöpfer ähnlich, beziehen ihren hohen poetischen Reiz aus den eindrucksvollen Naturbildern, der kraftvollen Rhythmik und der sprachlichen Stärke. Thomas, der in den vierziger Jahren die Leitfigur der "Apocalyptic"-Bewegung war, definiert die Dichtung als "the rhythmic, inevitable, narrative, movement from an overclothed blindness to a naked vision". In seinen späteren Gedichten findet er zu zusammenhängenderen Aussagen und schlichtem Ton *(The Hunchback in the Park)* und erreicht eine fast balladenhafte Einfachheit *(Fern Hill; Poem in October)*. Erwähnenswert sind seine reizvollen Kurzgeschichten (*Portrait of the Artist as a Young Dog*, 1940) und mehr noch sein Hörspiel ("a play for voices") *Under Milk Wood* (postum 1954), das das Leben des kleinen walisischen Ortes Llaregby an einem Frühlingstag vom Morgen bis zum Abend einfängt und eine Fülle von Personen (Stimmen) zeigt, in deren Gedanken und zum Teil unterbewußten Regungen sich das Thema der Liebe in vielfältigen Variationen offenbart.

In den fünfziger Jahren entstand mit der Herausgabe der Anthologie *New Lines* (1956) eine Bewegung, die dem 'Poetischen', allem Diffusen und Außergewöhnlichen mißtrauend, ohne rhetorisch große Gesten und poetische Experimente ihre eigenen Erfahrungen und ihr eigenes moralisches Urteil klar zum Ausdruck bringen wollte. Für diese Gruppe (u.a. Kingsley Amis, John Wain, T. Gunn, P. Larkin) war Dichtung nicht eine Frage des Gefühls, sondern eine Angelegenheit der gesunden Vernunft ("an affair of sanity"). Dieses Bekenntnis reizte zum Widerspruch und so traten neben den "Movement"-Dichtern gleichzeitig einzelne Dichter in Erscheinung, die in dem dionysischen Element den wahren Charakter der Dichtung sahen.

Das dichterische Werk PHILIP LARKINS (geb. 1922), der mit Romanen begann (*Jill*, 1946) ist nicht umfangreich. Auf dem Hintergrund der Erfahrung, daß es keine wirkliche Verbindung von Mensch zu Mensch gibt, wurde Dichtung bei ihm zur Beschäftigung mit sich selbst ("Poetry is about yourself"). Seine Sicht des Lebens ist gekennzeichnet von der Eintönigkeit, der Ungewißheit sowie der Unzulänglichkeit des Menschen, was er immer wieder mit feiner Ironie in seinen Gedichten andeutet (*The Whitsun Weddings*, 1964; High Windows, 1974), und am Ende stehen Alter und Tod. Trotz der verhaltenen Melancholie, der Resignation und Trauer über Vergänglichkeit und Zufälligkeit des Lebens, ist seine Dichtung nicht ohne metaphysisches Sehnen.

Ganz anders versucht THOM GUNN (geb.1929) der Existenzfrage entgegenzutreten. Angeregt von der amerikanischen Szene, er lebt seit der Mitte der fünfziger Jahre in Kalifornien, gelangte er in seinem Band *The Sense of Movement* (1957) zu der Erkenntnis, daß der Mensch Entscheidungen treffen muß, auch wenn er den Sinn des Lebens nicht kennt. Dieses Bekenntnis zur "toughness" und physischen Stärke wird besonders deutlich in seinem Gedicht *On the Move*, in dem er die Lederjacken auf ihren Motorrädern in überraschenden Kontrast zur Natur stellt und als Symbol für die ziellose Wanderschaft des Menschen sieht: "One is always nearer by not keeping still". Dieses Motto des "Man you gotta go" als Mittel gegen die Resignation angesichts der Sinnlosigkeit des Daseins stellt für Gunn aber noch keine Lösung des Problems dar, und so befindet er sich auch in seinen jüngeren Bänden (*Moly*, 1971; *Jack Straw's Castle*, 1976) weiter auf der Suche.

Wie bei Gunn spielt auch bei TED HUGHES (geb. 1930) die Vitalität und Härte eine elementare Rolle in seiner sinnverneinenden Darstellung des Daseins. Seine Dichtung, die wegen der Verherrlichung dieses Elements schon "poetry of violence" genannt worden ist und der Morbidität und Sadismus vorgeworfen wurde, verdeutlicht in vielen Natur- und Tiergedichten (*The Hawk in the Rain*, 1957) das Prinzip des Lebens, die Vitalität, die sich seiner Auffassung nach in den Tieren in Vollkommenheit offenbart (" ... continually in a state of energy which men only have when they've gone mad ..."). So feinsinnig und einfühlend seine erstaunlich genaue Beobachtung und Darstellung der Tiere ist, so grob und undifferenziert muten seine philosophischen Vorstellungen an, in denen die Gewalt als Grundprinzip des Universums erscheint und Gott ("the great Emptiness") an der Natur, die gegen ihn ist, scheitert.

2. Das Drama

a) Das realistische und sozialkritische Drama

Nach dem Niedergang des englischen Dramas im 19. Jahrhundert kam es, bedingt durch den großen Erfolg der Stücke Henrik Ibsens in England, um die Jahrhundertwende zu einer neuen Entwicklung des literarischen Dramas, das aber erst durch GEORGE BERNARD SHAW (1856-1950) zu Ansehen und Weltgeltung gelangte. Shaw, in Dublin geboren, stammte aus einer unter dem Alkoholismus des Vaters leidenden und zerrütteten Familie und folgte 1876 seiner Mutter, die sich von seinem Vater getrennt hatte, nach

London, wo er sich mit einigen Romanen und politischen wie volkswirtschaftlichen Schriften (ab 1884 Mitglied der Fabian Society) zunächst erfolglos literarisch durchzusetzen versuchte. Das gelang ihm dann ab 1885 als Musik- und Theaterkritiker, wobei seine kritischen Schriften einen wesentlichen Beitrag zur Essayliteratur der Zeit darstellen, und später vor allem mit seinen Dramen, was sich in zahlreichen Ehrungen ausdrückt, darunter der Nobelpreis für Literatur 1925.
Seine ersten Schauspiele (gesammelt in *Plays: Pleasant and Unpleasant*, 1898) stehen mit ihren gesellschaftskritischen Themen ganz in der Nachfolge Ibsens. So behandelt *Widowers' Houses* (1892) das Problem der Ausbeutung der Armen durch den Mietwucher der "Slumlords", während *Mrs Warren's Profession* (1893) sich mit dem Problem der Prostitution befaßt. Frei von Illusionen greift er die Scheinmoral der Gesellschaft an, prüft alle ihre Werte an dem Maßstab der Vernunft und macht sie lächerlich, wenn sie sich nicht als haltbar herausstellen.
Da Shaw die Bühne als Kanzel betrachtete und so seinen Dramen didaktische Funktion verlieh, stießen diese bisweilen unerfreulichen Diskussionsstücke auf heftige Ablehnung, was Shaw veranlaßte, seine Kritik in geistreiche und witzige Argumentation zu verpacken. So zerstört er in *Arms and the Man* (1894) auf amüsante, unterhaltsame Weise idealisiertes Kriegsheldentum und präsentiert in *Candida* (1895) die im Gegensatz zu viktorianischen Vorstellungen stehende, wahre Position der Frau, indem sich die Heldin einer Dreiecksgeschichte, nachdem sich ihr Mann als selbstsüchtiger Schwätzer herausstellt, überraschend für ihn als Schwächeren entscheidet, da er ihres Schutzes mehr bedarf als der unentschlossene, furchtsame, junge Dichter.
In einer Fülle weiterer Dramen hat Shaw gängige Werte als Schein und Illusion entlarvt und auch vor der Geschichte nicht Halt gemacht (*Caesar und Cleopatra*, 1898).
Sein wohl bekanntestes Werk ist die brillante Satire auf den Snobismus, *Pygmalion* (1913), die den Stoff für das Musical *My Fair Lady* bildete und in der durch die Komödienhandlung hindurch das Problem der Benutzung eines Menschen als Mittel zum Zweck anklingt.

Man and Superman (1903) ist das Drama, mit dem Shaw, beeinflußt von Nietzsche, seine Philosophie der "Life Force" (i.e. schöpferische Evolution) vorstellt. In der geistreichen Komödie wird der Mann, in Umkehrung des romantischen Mythos vom Herzensbrecher Don Juan, von der Frau eingefangen, die, getrieben von der "Life Force", nach einem Vater für den Übermenschen sucht. Die Richtung, in welche sich die von der "Life Force" getragene schöpferische Evolution bewegen soll, wird in dem aus fünf nur thematisch zusammenhängenden Teilen des Dramas *Back to Methusalem* (1921) angedeutet. Von derselben Idee bestimmt ist auch Shaws Interpretation der Geschichte der Jeanne d'Arc in seinem künstlerisch gelungensten Drama *Saint Joan* (1923), welches das Wirken der "Life Force" — die Stimmen, die Joan hört, sind die Personifikationen ihrer Intelligenz und ihrer Einsicht, deren sich die "Life Force" bedient — in einem bestimmten historischen Augenblick darstellt. Gerade dieses Drama zeigt, daß Shaws Wirken auf der Bühne über die Erörterung soziologischer Thesen hinausgeht und in den Bereich des allgemein Menschlichen hineinreicht.

In dem gesellschaftskritischen, dramatischen Schaffen von JOHN GALSWORTHY (1867-1933), das sich ebenfalls hauptsächlich mit sozialen Fragen beschäftigt, bewegt sich das Problemstück auf die Tragödie zu. Wie in seinen Romanen kennzeichnen Realismus und didaktische Tendenz seine kurzen, meist bühnenwirksamen Dramen. Sein erstes Stück, *The Silver Box* (1906), das das Problem der Ungleichheit von Armen und Reichen vor dem Gesetz an zwei miteinander verknüpften Fällen deutlich macht, klagt nicht nur die Gesellschaft an, die solches Unrecht ermöglicht, sondern plädiert indirekt auch für Toleranz und Verständnis. Noch deutlicher wird die Unangemessenheit des Strafgesetzes und -vollzugs in *Justice* (1910), in der die "chariot-wheels of Justice" (II) den bedauernswerten Kanzleibeamten Falder in den Selbstmord treiben. Andere Dramen behandeln das Thema des Klassenkampfes (z.B. *Strife*, 1909; *The Skin Game*, 1920; *Loyalties*, 1922) in denen der Autor sich bewußt in die Distanz des unparteiischen Beobachters begibt, um das Problem unmittelbar und dadurch tragisch erscheinen zu lassen. Welche Probleme Galsworthy auch immer in seinen Thesenstücken gestaltet, er sieht sie in Form von Schicksalen und Konflikten. Und sein Mitgefühl ist echt, wenn auch nicht immer ohne Rührseligkeit.

Mit der kritischen Darstellung gesellschaftlicher Probleme befaßt sich auch das Werk von WILLIAM SOMERSET MAUGHAM (1874-1965), der allerdings mit seinen Romanen mehr Geltung erlangte als im Drama. Neben den leichten Gesellschaftskomödien im Stil von Sheridan und Oscar Wilde liegen seine besten Leistungen in jenen, nach dem ersten Weltkrieg entstandenen Dramen, die, als "comedies of manners", vielfach skeptisch-ironisch Eheprobleme analysieren (*The Circle*, 1921) oder zynisch-desillusionierende Lebenskritik üben (*Sheppey*, 1933).

Der Schotte Sir JAMES MATTHEW BARRIE (1860-1937) entfernte sich mit seinen überaus bühnenwirksamen Gesellschaftskomödien und Phantasiestücken vom Realismus. Den größten Erfolg erzielte er mit seinem Märchendrama *Peter Pan* (1904), in dem sich Wirklichkeit, Groteske mit Traum- und Kinderromantik verbinden. Mit *The Admirable Crichton* (1902), gelingt ihm eine der besten modernen englischen Komödien, in der ein konservativer Butler die modernen Gleichheitsideen seines Herren ablehnt, und als sich die Verhältnisse umkehren, nachdem man auf eine Insel verschlagen von den praktischen Fähigkeiten des Butlers abhängt, seine Machtposition gebührend genießt. Gerettet und zurück in der Alltagswelt sind alle wieder in ihre alten Positionen gerückt und Crichton wird in dem Buch, das Lord Loams Neffe über das gemeinsame Abenteuer schreibt, bezeichnenderweise lediglich in einer Fußnote erwähnt. Die soziale Kritik an dem System, das einen Mann nicht die ihm aufgrund seiner Fähigkeiten gebührende Stellung erreichen läßt, ist dabei nicht zu überhören.

Auch andere Dramatiker dieser Zeit entfernten sich vom Realismus. So gelang es JOHN DRINKWATER (1882-1937) durch seine bühnenwirksame Bildtechnik, die er den mittelalterlichen Chroniken entlehnt hatte, sowie durch die psychologische Ausrichtung auf den Helden ("lord of his event") das Theater erneut für historische Stücke zu gewinnen. In seinem erfolgreichsten Stück, *Abraham Lincoln* (1918), verbindet er sechs Episoden aus dem Leben des amerikanischen Präsidenten durch lyrische Zwischenstücke zu einem biographischen Drama, das den Konflikt des Helden, der den Krieg haßt und ihn doch führen muß, sowie die Problematik des Bürgerkrieges eindringlich vor Augen führt.

Diskussionsstücke wie Shaw schrieb der schottische Dramatiker JAMES BRIDIE (Osborne Henry Mavor, 1888-1951), bevorzugte jedoch biblische Stoffe (z.B. *Jonah and the Whale*, 1932), die er anachronistisch behandelte und die vornehmlich im scheinbar Außergewöhnlichen das Alltägliche entlarven, um so auf unterhaltsame Weise zum Nachdenken anzuregen.
Mit dem realistisch-analytischen Drama *Daphne Laureola* (1949), das nach und nach das Leben einer Neurotikerin aufdeckt, die aus enttäuschter Sehnsucht nach Erfüllung der Trunksucht verfällt, erreichte Bridie seinen größten Bühnenerfolg.
Insgesamt zeichnen sich seine Stücke durch groteske Situationskomik, geistreiche Dialoge und eine Mischung von Realistik und Phantasie aus, wirken aber häufig etwas locker und oberflächlich im Aufbau.

Der Kritiker und freie Schriftsteller JOHN BOYNTON PRIESTLY (1894-1984) hatte sich schon als Journalist und mit Romanen einen Namen gemacht, als er mit seinen Komödien und Problemstücken die Gunst des Theaterpublikums eroberte. In seinen realistischen, meist mit expressionistischen Elementen durchsetzten Stücken bringt er unaufdringlich und behutsam seine Sozialkritik zum Ausdruck. Sein wohl populärstes Stück ist *An Inspector Calls* (1946), in dem er die Mitglieder einer Familie unbeabsichtigt ihre Mitschuld am Selbstmord eines Mädchens aufdecken läßt.

b) Die irische Renaissance

In der 2. Hälfte des 19. Jahrhunderts bemühten sich irische Nationalisten und Gelehrte verstärkt um die Wiederbelebung der Kultur aus der irischen Heldenzeit und gründeten 1893 die 'Gaelic League' zur Erneuerung der irischen Sprache, deren erster Präsident Douglas Hyde (später auch erster Präsident des Irischen Freistaats) nicht nur mit seiner *Literary History of Ireland* (1899) wesentlich zur Förderung der 'irischen Sache' beitrug.
Am nachhaltigsten jedoch prägte sich die irische Renaissance im Drama und in der nationalen Theaterbewegung aus. Nachdem sich die National Literary Society unter Yeats' Leitung seit 1892 bemüht hatte, den Gedanken der Nationalliteratur zu verbreiten, kam es 1899 zur Gründung des Irish Literary Theatre, aus der später die Irish National Theatre Society hervorging (1902). Mit Hilfe von Miss A.E.F. Horniman aus Manchester wurde das Abbey Theatre trotz vieler Widerstände zu einer Stätte hoher Kunst ("repertory theatre" mit einem ständig wechselnden Spielplan). Später dann ging die Tradition der irischen Theaterbewegung auf die Dublin Drama League (1918) und das Dublin Gate Theatre (1928) über.

Der Motor dieser Bewegung und die treibende Kraft seiner Gründungen war WILLIAM BUTLER YEATS (1865-1939), der als Lyriker und Dichter der romantischen Tradition das Drama in den Bereich der großen Leidenschaften und urtümlichen Konflikte zurückzuführen suchte. 1926 erhielt er den Nobelpreis für Literatur.
Als Dramatiker begann Yeats mit dem Blankversstück *The Countess Cathleen* (1892), mit dessen Erstaufführung das Irish National Theatre 1899 eröffnet wurde. Es zeigt eine aus französischer Quelle auf Irland übertragene Geschichte, in der die Heldin Cathleen — Verkörperung der Seele Irlands — sich dem Teufel verschreibt, um ihre Landsleute, die in ihrer höchsten Not ihre Seelen dem Abgesandten des Teufels verkauft hatten, zu retten. Ihr selbstloses Opfer wird am Ende mit ihrer Befreiung durch die Engel belohnt.

Das ebenfalls in Versen geschriebene Märchenspiel *The Land of Heart's Desire* (1894) gehört zu seinen populärsten Stücken. Unter der neuerlichen Verwendung der Spannung zwischen realer und imaginärer Welt handelt es von einer jungvermählten Bauersfrau, die sich, mit ihrem Alltagsleben unzufrieden, ins Feenreich entführen läßt.
Die Bedeutung des Dichters im nationalen Leben stellt Yeats in den Versen des Einakters *The King's Threshold* (1903) dar, in dem sich ein Dichter in altirischer Zeit, vom Königshof verdrängt, auf den Stufen des Palastes dem Hungertod preisgibt und auf diese Weise nach altem irischen Volksglauben das Volk dem König entfremdet. Wie andere irische Dramatiker bearbeitete Yeats auch den berühmtesten aller irischer Sagenstoffe, die Geschichte der Deirdre, die, dem König als Frau bestimmt, von ihrem Geliebten entführt wird und nach dessen Ermordung sich das Leben nimmt.
Nach antikem Vorbild konzentriert sich Yeats in *Deirdre* (1907) auf das letzte Stadium der Liebeserfüllung im Tod.
Nach weiteren volkstümlichen Dramen wandte sich Yeats, durch Ezra Pound mit dem japanischen Nō-Spiel vertraut gemacht, diesem Maskenspiel zu, das ihm in seiner betonten Wirklichkeitsferne, in seiner Zeremonie und seiner Verwurzelung in der Tradition als vollkommene Ausdrucksform erschien. Nach diesem Konzept schrieb er *Four Plays for Dancers* (1921), in denen wie früher der Konflikt auf der Spannung zwischen der realen und einer sehnsuchtsvollen erträumten höheren Welt beruht. Im Gegensatz zu früher jedoch sind Sprache und Bilder jetzt ganz verinnerlicht. Seine letzten Versdramen münden dann in einen reinen mythisch-mystischen Symbolismus (*Purgatory*, 1958).

Der größte Dramatiker der irischen Renaissance war JOHN MILLINGTON SYNGE (1871-1909). Er lebte als Bohemien in Paris, wo er von Yeats 1896 entdeckt und für das "Irish literary revival movement" gewonnen wurde. Seine essayistischen Skizzen *The Aran Islands* (1907) beruhen auf seinen Aufenthalten in diesem äußersten Westen Irlands, einem der ärmsten und zugleich volkstümlichsten Teile des Landes . In Berührung mit den einfachen Inselbewohnern fand Synge unter den Fischern und Bauern nicht nur Inspiration für seine Dramen, sondern in dem vom Gaelischen beeinflußten anglo-irischen Dialekt auch eine kraftvolle und bildreiche Sprache, die Synge in seinen Dramen bühnenfähig machte.
Auf einer der Aran Inseln spielt die kurze Tragödie *Riders to the Sea* (1904), in der er das nahezu übermenschliche Dulden einer Mutter, die nach ihrem Mann und vier Söhnen nun auch den letzten Sohn der mörderischen Gewalt des Meeres überlassen muß ("They've all gone now, and there isn't anything more the sea can do to me."). Die Einfachheit der Sprache und die charakterliche Größe der Hauptfigur geben der Tragödie Intensität.
Die eigentliche Domäne Synges ist jedoch die Komödie. Seine erste Komödie, *In the Shadow of the Glen* (1903), zeigt, eingebettet in die wild-schöne Umgebung eines einsamen Tals, wie ein alter Bauer, der von seiner Frau des Geldes wegen geheiratet worden war, sich totstellt, dadurch seine Frau der Untreue überführt und sie aus dem Haus wirft. Auch wenn Synges Sympathien und sein Verständnis eindeutig auf Seiten der um ihr Eheglück betrogenen Frau liegen, erfuhr dieses Stück, ausgelegt als Verleumdung der irischen Frau, heftige Ablehnung.

Mit *The Well of the Saints* (1905) erweist sich Synge als Meister seines Fachs, indem er aus einer an sich absurden Idee eine bittere, menschlich relevante Komödie in drei Akten schrieb. Ein altes, blindes Bettlerpaar lebt glücklich, weil beide Partner sich für schön halten. Durch einen Heiligen von ihrer Blindheit befreit und mit ihrer wirklichen Häßlichkeit konfrontiert, geraten sie in heftigen Streit und finden erst wieder zu Selbstachtung und Glück zurück, als sie sich erneut erblindet gegenseitig überreden, daß sie doch schön sind. Sprache, Rhythmus, Phantasie und Humor vermischen sich zu einer Ausdrucksvielfalt, die nur noch in Synges letzter und bester Komödie *The Playboy of the Western World* (1907) übertroffen wird.

> Der Held und 'Playboy' des Stückes, Christy Mahon, kommt in ein Wirtshaus eines einsamen Dorfes an der Küste von Mayo und erzählt, er habe seinen betrunkenen, brutalen Vater erschlagen. Zu seiner eigenen Überraschung beeindruckt er mit seiner Erzählung die Dorfbewohner und auch Pegeen, die schöne Wirtstocher, mit der er sich dann auch verlobt. Die unerwartete Reaktion veranlaßt Christy, der eigentlich schüchtern und ängstlich ist, die Geschichte wieder und wieder zu erzählen, wobei sie jedesmal neue Ausschmückung erfährt. Auf dem Höhepunkt seines Triumphes jedoch kommt sein Vater herein und zerstört so seinen Glanz. Um die Achtung, vor allem Pegeens, wiederzugewinnen, stürzt er seinem Vater nach und erschlägt ihn anscheinend wirklich. Diesmal aber ist die Reaktion der Leute anders. Sie erkennen die Gemeinheit der Tat und binden ihn als Mörder. Doch sein Vater erscheint ein zweites Mal und rettet ihn so vor dem Galgen. Die Enttäuschung über Pegeen, die trotz ihrer Bindung wie die anderen reagiert hatte, vollendet seine Wandlung zum Mann, und so geht Christy mit seinem Vater davon. Zurück bleibt Pegeen, die in ihrer Verblendung nicht erkannt hatte, daß mit Christy sich ihr langgehegter Traum verwirklicht hatte, klagend über ihren Verlust:
> "I've lost the only Playboy of the Western World."

Durch seinen frühen Tod beschränkt sich Synges dramatisches Schaffen auf nicht einmal zehn Jahre, aber mit seiner Kunst der Charakterzeichnung und seinem Humor, vor allem aber seiner poetischen und bildreichen Sprache schuf er Dramen, die gelungen sind in ihrer Verbindung von Realismus und Phantastik und die ihm einen bleibenden Platz in der Geschichte des englischen Dramas sichern.

Mit Synges frühem Tod ging auch die Blütezeit des Abbey Theatre zu Ende. Erst in den zwanziger Jahren tauchte mit SEAN O'CASEY (1880-1964) wieder ein bedeutender irischer Dramatiker auf und trat das Erbe von Synge an. Nach anfänglichen realistischen Versuchen (*The Shadow of a Gunman*, 1923) gelangte sein Meisterwerk, *Juno and the Paycock* (1924) im Abbey Theatre zur Aufführung. Auf dem Hintergrund des irischen Bürgerkrieges zwischen dem Freistaat und den fanatischen Republikanern wird das Unglück einer irischen Familie in den Slums von Dublin geschildert, die sich auf die Nachricht einer Erbschaft hin in Schulden stürzt. Der so begonnene Ruin wird vollendet durch die Verführung der Tochter sowie die Ermordung des Sohns, der von den Revolutionären erschossen wird, weil er einen Kameraden verraten hatte. Komik und ergreifende Tragik, Melodram und Ironie erscheinen hier als Elemente der Realität in enger Verbindung. Nach der Fahne der Irish Citizen Army ist das Drama *The Plough and the Stars* (1926)

benannt, das den Osteraufstand von 1916 mit seinem Leid und seinen Opfern als fragwürdig hinstellt. Der Sturm der Entrüstung, den dieses Stück, aufgefaßt als Verleumdung der irischen Nationalhelden, entfachte, zwang O'Casey, Irland zu verlassen und nach England zu gehen. In Devonshire dann versuchte er unter dem Einfluß des kontinentalen Expressionismus, neue Wege zu gehen. Mit der pazifistischen Tragikomödie *The Silver Tassie* (1929) kam es zum endgültigen Bruch mit Yeats und dem Abbey Theatre. Ebenfalls Kritik an dem Elend und an der Orientierungslosigkeit der Zeit übte O'Casey in dem allegorischen, aber gedanklich überfrachteten Drama *Within the Gates* (1933).
Auch mit seinen letzten Stücken, oft als Erweckungsdramen für Irland bezeichnet, stieß er in Irland immer wieder auf Ablehnung. *Cock-A-Doodle-Dandy* (1949), das Irland als ein von der Priesterschaft geführtes Land des Kriechertums zeigt, ebenso wie *The Bishop's Bonfire* (1955) und *The Drums of Father Ned* (1958) üben scharfe Kritik an der Bevormundung durch Staat und Kirche im neuen Irland.

c) Das poetische Drama

Wie Yeats lehnte auch THOMAS STEARNS ELIOT (1888-1965) den Realismus für das Drama ab und rühmte bereits in seinen theoretischen Schriften die strenge Form des griechischen und des mittelalterlichen Dramas als vorbildlich. Im Auftrag der Kirche schrieb er für das Canterbury Festival von 1935 *Murder in the Cathedral* (1934), ein modernes christliches Mysterienspiel, in dem die zwei Teile, die Versuchung Beckets und sein Martyrium, durch das Zwischenspiel der Weihnachtspredigt verbunden sind. Nach dem Mord treten die Ritter vor das Publikum und rechtfertigen ihre Tat in modernem Jargon ("platform prose") als historische Notwendigkeit. Die Intensität, die auch durch das Zusammendrängen der Handlung auf wenige Wochen entsteht, wird noch gesteigert durch die Frauen von Canterbury, die wie der antike Chor kommentierende und vorausdeutende Funktionen übernehmen.
Auch seine nächsten Dramen schrieb Eliot in einem Vers, der, dem Rhythmus der zeitgenössischen Rede angepaßt, nahezu wie Prosa wirkt, aber an emotional gedrängten Stellen als Vers empfunden wird. Mit *The Family Reunion* (1939) gestaltete Eliot eine Situation aus dem griechischen Drama im Geist der modernen Zeit.

> Wie Orest in Aeschylus' *Orestie* kehrt Harry, der älteste Sohn der herrschsüchtigen, egozentrischen Lady Amy Monchensey, zum Geburtstag seiner Mutter auf den angestammten Landsitz zurück. Wirklich oder vermeintlich hat er seine Frau, die er vor Jahren gegen den Willen seiner Mutter heiratete, bei einem Sturm auf dem Atlantik über Bord gestoßen. Seitdem wird er schuldbeladen von Eumeniden verfolgt, denen er nicht entgehen kann und die er erst bejaht, als er nach einem Akt der Bewußtseinserhellung — er erkennt seine Schuld als Glied einer Kette von Ursache und Wirkung — sich in Demut und Liebe zur Sühne bereit gemacht hat.

Angelehnt an Euripides' *Alkestis* versucht die Gesellschaftskomödie *The Cocktail Party* (1949) in den beiden Frauengestalten Lavina und Celia zwei unterschiedliche Wege im

Leben darzustellen, den der Mittelmäßigkeit und der Routine des Alltagslebens ("the building of the hearth") und den schwereren Weg der Unsicherheit, des Opfers, der 'Realität' ("those who go upon a journey).
Auch die späteren Stücke Eliots, *The Confidental Clerk* (1953) und *The Elder Statesman* (1958) versuchen, ausgehend von einem antiken Drama, tiefere Bezüge und Geist in der Oberflächlichkeit und Vordergründigkeit des modernen Lebens deutlich werden zu lassen.

Neben Eliot hat CHRISTOPHER FRY (geb. 1907) das poetische Drama im 20. Jahrhundert zu hohem Ansehen gebracht. Begonnen hatte er mit religiösen Festspielen, aber erst mit seinen nach dem 2. Weltkrieg geschriebenen Dramen gelang es ihm, aus dem Schatten von Eliot zu treten.
Nach *The Firstborn* (1946), einer Tragödie, die in der Gestalt Moses die Dialektik von Freiheit und Tyrannei behandelt, erregte er mit den religiösen Dramen *Thor, with Angels* (1948), einem Bekehrungsspiel vor dem Hintergrund der Missionierung Kents und vor allem *A Sleep of Prisoners* (1951) Aufsehen, weil er mit dramentechnisch kunstvoller Verflechtung von Traum- und Wachgeschehen zu einer existenziellen Aussage über den leidenden Menschen zu gelangen versuchte.
Stärker noch als die religiösen Festspiele wirken seine Komödien, die Fry selbst als "comedies of mood" bezeichnete, weil die Komödien den Jahreszeiten und damit gewissen Grundstimmungen untergeordnet oder angeglichen sind, was in der Einbeziehung lyrischer und deskriptiver sprachlicher Elemente in das Geschehen zum Ausdruck kommt.
Dies zeigt sich noch nicht in Frys erster Komödie (*A Phoenix too Frequent*, 1946), jedoch bereits von seiner nächsten Komödie, *The Lady's Not For Burning* (1948), sagte Fry selbst, sie müsse im Licht des unbeständigen Aprilsonnenscheins gesehen werden. Diese 'Frühlingskomödie' spielt in einer pseudomittelalterlichen Zeit an einem Apriltag. Von der Sinnlosigkeit des Lebens angeekelt, bezichtigt sich ein entlassener Soldat des Mordes und will gehängt werden, wird aber durch die Liebe zu Janet Jourdemayne, die als Hexe verbrannt werden soll, für das Leben zurückgenwonnen.
Noch klarer wird die Beziehung zwischen den Ereignissen und Personen des Dramas und der Jahreszeit, der sie untergeordnet sind, in *Venus Observed* (1950). Die Atmosphäre herbstlicher Reife stellt sich in diesem Stück in den Figuren eines alternden Herzogs und drei seiner früheren Geliebten dar, die er eingeladen hat, in seinem Observatorium eine Sonnenfinsternis zu beobachten und auch damit sich sein Sohn eine passende Mutter aussuche. Die aus Amerika zurückkehrende Tochter des Verwalters, die plötzlich im Licht der wieder hervorkommenden Sonne steht, entfacht sofort in Vater wie Sohn begehrendes Verlangen. Am Ende gewinnt der Sohn das junge Mädchen und der Vater entschließt sich zur Ehe mit derjenigen Freundin, die ihn noch immer liebt.
Die 'Winterkomödie' *The Dark is Light Enough* (1954) mit der sterbenden Gräfin Rosmarin Ostenburg als zentraler Figur in dem dramatischen Geschehen während der ungarischen Revolution 1848-49 offenbart in dem alles umgebenden Dunkel mit dem menschlichen Handeln der Gräfin zwar einen Hoffnungsschimmer auf Güte und Liebe, kann aber mit Mängeln in der Fabel und der Szenenfolge ebensowenig an die Qualität von *Venus Observed* heranreichen wie die abschließende 'Sommerkomödie' *A Yard of Sun* (1970), in der sich Mitglieder durch den Krieg gespaltener italienischer Familien unmittelbar nach Kriegsende in Siena zu Versöhnung und Neubeginn treffen.

Frys Stücke sind gekennzeichnet durch Wortvirtuosität, glanzvolle Rhetorik, bildreiche Metaphorik und zeigen, in den späteren Dramen in etwas gedämpfterer Form und differenzierteren Sprechweisen, die Möglichlichkeit des Ausweichens vor scheinbar unausweichlicher Tragik oder mit Frys eigenen Worten: "an escape not from truth but from despair: a narrow escape into faith".

d) Das moderne Drama

Nach dem 2. Weltkrieg setzte sich erneut die Vorstellung durch, daß das englische Drama den Zusammenhang mit dem Leben der Gegenwart verloren habe, und so erhob sich die wütende Stimme des Protests, allerdings diesmal nicht wie früher von der Erwartung einer Veränderung zum Besseren getragen, sondern in der Überzeugung, daß sich doch nichts ändern werde. Aber gerade aus diesem Grund wird der Angriff gegen das Establishment umso heftiger geführt.

Das Zeichen zum Umbruch war JOHN OSBORNES (geb. 1929) *Look Back in Anger* (1956), das den Unmut der "angry young men" sowie ihre Unzufriedenheit mit der gesellschaftlichen Ordnung mit Zynismus und beißendem Spott deutlich machte.

> Der Held, Jimmy Porter, ein aus Arbeiterkreisen hervorgegangener Akademiker, unzufrieden mit sich selbst und dem Establishment, richtet seine aggressiven Anklagen und Beschimpfungen vor allem gegen seine aus Bürgerkreisen kommende Frau Alison und deren Eltern. Alisons Freundin gelingt es, nachdem Alison ihren Mann verlassen hat, seine Wut in Liebe und Leidenschaft zu verkehren. Als aber Alison zurückkehrt, räumt sie den Platz und überläßt die beiden einer neuerlangten, illusionären Harmonie.

Das Drama, das zugleich Problemstück und Seelenstudie sein soll, verdankt seinen Erfolg wohl in erster Linie der Figur des Helden, der von einer unbefriedigten Generation als deren Sprecher empfunden wurde, zumal er bisweilen über das Persönliche hinausgeht und deutlich macht, daß er machtlos ist, weil ihn die Welt ("the Brave New Nothing-very-much-thank-you") dazu verdammt.

Von seinen weiteren Dramen konnte bisher keines den Erfolg von *Look Back in Anger* wiederholen. Das gilt für das sich an das epische Theater anlehnende Stück *Entertainer* (1957) ebenso wie für die weiteren Dramen über die statischen Konversationsstücke *The Hotel in Amsterdam* (1968) oder *West of Suez* (1971) bis hin zu dem Drama *A Sense of Detachment* (1973), in dem noch immer Zorn und Auflehnung im Mittelpunkt der Gestaltung stehen.

Leidenschaftliches Aufbegehren gegen die soziale Ungerechtigkeit und das kulturelle Versagen der Zeit bestimmen auch das dramatische Werk von ARNOLD WESKER (geb. 1932), das seinen thematischen Kern in einer neuen Besinnung auf das eigentlich Humane, auf den Menschen und sein Verhältnis zu den anderen Menschen hat.

Dies wird deutlich in seiner Trilogie *Soup with Barley* (1958), *Roots* (1959) und *I'm talking of Jerusalem* (1960), die das Scheitern der jüdisch-ungarischen Einwanderungsfamilie Kahn in den Jahren zwischen 1936-56 schildert. "To build Jerusalem", wie es im

dritten Akt des letzten Teils heißt, ist das unzerstörbare Wunschbild einer vollkommenen menschlichen Gemeinschaft, ein Ziel, das zwar unerreichbar ist, aber das Kraft verleiht, den lebensbedrohenden Mächten zu widerstehen. Dieses Ziel beflügelt auch Andrew Cobham in *Their Very Own and Golden City* (1966), auch wenn die Wirklichkeit desillusionierend ist.
Die Liebe ist für Wesker die letzte entscheidende Kraft, die zu wahrer Humanität führt, und wo sie fehlt, kommt es zu Gewalt, Unheil und zur Katastrophe, wie es sich im Betrieb der Großküche eines Speiserestaurants in *The Kitchen* (1961) zeigt. *Chips with Everything* (1962) läßt mit seinem direkten Angriff auf die etablierte Gesellschaft diese Thematik zwar in den Hintergrund treten, aber in *The Four Seasons* (1966) und in *The Old Ones* (1973) stehen sozialistische und humanitäre Ideen wieder im Mittelpunkt.

Schwer zu bestimmen ist der Standort JOHN ARDENS (geb. 1930), da sein Werk von der Kritik wie auch vom Theaterpublikum sehr unterschiedlich aufgenommen worden ist. Seine Dramen beschäftigen sich mit sozialen, politischen und moralischen Problemen, ohne dabei jedoch für irgendeine Seite Stellung zu beziehen.
Die Grundsituation, in der etwas Außerordentliches und Zersetzendes in die normale Ordnung einbricht, findet in seinen Dramen immer wieder neue Variationen. So dringt in *Live Like Pigs* (1958) eine Familie von Vagabunden, weil ihnen eine Sozialwohnung angewiesen wird, in die Welt von Kleinbürgern ein. Eine Stellungnahme oder Kritik seitens des Autors bleibt jedoch aus. Auch *Serjeant Musgrave's Dance* (1959) läßt jede Stellungnahme für oder gegen den Pazifismus, den die Handlung impliziert, offen. Und selbst Ardens ehrgeizigstes Drama *Armstrong's Last Goodnight* (1964), bei der er, angeregt durch zeitgenössische Ereignisse im Kongo, auf ein historisches Ereignis in Schottland des 16. Jahrhunderts zurückgreift, gibt keinen Anhaltspunkt für eine eindeutige Bewertung der beiden Gegner, des schottischen Raubritters Armstrong und des wendigen Staatsmannes Lindsay, der den Raubritter in eine Falle lockt und ihn dem Strick überantwortet. In der Tatsache, daß Arden dem Publikum eine Lösung versagt, dürfte wohl der Grund für die mangelnde Popularität zu suchen sein, denn sowohl die dramatischen Techniken als auch Sprache und Dialogführung sind brillant, auch wenn Arden mit Handlungsdichte, eingefügten Liedern sowie seinen Bemühungen, dem Zuschauer die Theatersituation ständig vor Augen zu führen, seinem Publikum einiges zumutet.

Bedingt durch die fortschreitende Lockerung moralischer Normen sowie die Aufhebung der Zensur (1969) hat die Darstellung von Sexualität und Aggression in zunehmendem Maße die Bühne erobert. So sieht EDWARD BOND (geb. 1935) das Problem der sittlichen Verwahrlosung als eine Folge der Beschneidung persönlicher Freiheit, die sich notgedrungen in Frustration oder Gewalt äußert.
Seine Stücke sind lose aneinandergereihte Szenen, die in ihren Berichten über Fakten und ihren Enthüllungen von Tatbeständen Bewußtseinsbildung betreiben wollen. So stellt *Saved* (1966) die Verrohung moderner Jugendlicher dar, *Early Morning* (1968) die Degeneration des Menschen zum seelenlosen Menschenfresser. In seinem *Lear* (1971) und dem Stück *Bingo* (1974) steht die Beziehung der Gesellschaft zum Künstler thematisch im Mittelpunkt.

Geht es in den bisher genannten modernen Dramen weitgehend um Sozialkritik, so dreht sich das absurde Drama um die Frage nach Sinn und Zweck der menschlichen Existenz im allgemeinen. So spielen in den Dramen SAMUEL BECKETTS (geb. 1906), der 1969 den Nobelpreis für Literatur erhielt, Zeit und Ort keine Rolle. Und da es in ihnen weder einen Konflikt noch irgendeine zielgerichtete Handlung gibt, wird auch das Sprechen seiner kommunikativen Funktion beraubt und zu reinem sprachlichen Sichäußern reduziert. Nach einem längeren Gedicht (*Whoroscope*, 1930) sowie in Englisch und Französisch geschriebenen Romanen — er lebt schon seit jungen Jahren in Paris — machte er sich einen Namen mit dem Drama *Waiting for Godot*, das in seiner ursprünglichen französischen Fassung 1952 Paris und bald darauf auch die englischen Bühnen eroberte. Das Gespräch der beiden Landstreicher Vladimir und Estragon, die auf den geheimnisvollen Godot warten, der nicht kommt, wird zum reinen Ritual des Aneinandervorbeiredens und in seinem Andauern ohne fortzuschreiten zum Symbol endlos verrinnender Zeit. Verschärft zeigt sich die Hilflosigkeit des Menschen in seiner Daseinsnot in *Endgame* (1957). Hamm ist blind und an den Rollstuhl gefesselt, seine Eltern sind schwachsinnig und verstümmelt in Mülleimern und der Diener Clov, von dem aller Weiterleben abhängt, droht wiederholt mit seinem Fortgang.
In weiteren Stücken wird in Variationen der sinnlosen Grundsituation die Reduktion aller menschlichen Funktionen, des Sprechens, der Bewegung, des Denkens und Fühlens konsequent bis zum menschlichen Endzustand weitergeführt. So sprechen in dem Drama *Play* (1964) zwei Frauen und ein Mann nur noch aus Urnen auf Scheinwerfersignale hin. Der Endpunkt der Reduktion dürfte dann mit *Breath* (1970) erreicht sein, dem Stück, das mit dem Ein- und Ausatmen eines Neugeborenen eine Dauer von nur 35 Sekunden hat.

Die Entwicklung in Becketts dramatischem Schaffen zeigt deutlich, daß eine auf dem Prinzip der Reduktion basierende Entwicklung des Dramas das Erreichen des Endpunkts und damit seine Stagnation impliziert.
So ist es auch nicht verwunderlich, daß HAROLD PINTER (geb. 1930) zwar in thematischer Problematik an das absurde Theater anknüpfte und auch geeignete dramatische Mittel übernahm, jedoch von Anfang an versuchte, die Selbsteingrenzung zu vermeiden. Für Pinter genügte in einer absurd gewordenen Welt die gewissenhafte Beschreibung des Realen, um den Eindruck außergewöhnlicher Irrealität zu erwecken. So ist das hervorstechende charakteristische Merkmal seiner Dramen, Hör- und Fernsehspiele die konsequent bis ins Detail realistische Gestaltung der Dialoge in Sprachmustern, Redewendungen und Rhythmen der Alltags- und Umgangssprache. Bereits der Einakter *The Room* (1957) enthält die Grundthemen — Alltagssituationen, die nach und nach von Bedrohung, Schrekken und Geheimnis überflutet werden ("comedy of menace") — sowie die unheimlich grausame Genauigkeit bei der Wiedergabe der sich endlos wiederholenden Banalität alltäglicher Gespräche.
In *The Dumb Waiter* (1957) wird das Geheimnisvolle und Übernatürliche, das in *The Room* nur sentimental wirkte, zu einem zusätzlichen Element der Komik und erfüllt so Ionescos Postulat, die Tragödie müsse mit der komischen Farce verschmolzen werden. Pinters erstes abendfüllendes Stück *The Birthday Party* (1958) spielt in einer Strandpension, in der Stanley vor der feindlichen Welt Zuflucht sucht, aber von zwei Eindringlingen entführt wird, ohne daß irgendein Grund oder ein Ziel für diese Aktion ersichtlich wird.

In dem Hörspiel *A Slight Ache* (1959) wird von Pinter die Beschränkung des Hörfunks vorzüglich genutzt. Von den drei Personen sprechen nur zwei, die dritte, der Streichholzverkäufer, der am Ende den Platz mit dem Ehemann tauscht, bleibt stumm. Diese Tatsache läßt offen, ob der Streichholzverkäufer überhaupt existiert oder nur ein Phantasieprodukt der beiden alten Leute ist. Mit seinem zweiten abendfüllenden Stück *The Caretaker* (1960), gelang Pinter der endgültige Durchbruch. Der alte Landstreicher Davies, nicht nur heimatlos, sondern auch ohne Identität, versucht in seinem vergeblichen Kampf um einen Platz in der Welt, zwei Brüder gegeneinander auszuspielen. In seiner Komik und vor allem in seiner gelungenen Nachahmung des Idioms der unteren Volksschichten hat sich das Stück lange und erfolgreich auf den Spielplänen vieler Theater gehalten.
Auch in weiteren Stücken geht es um die Suche nach der Identität (*The Collection*, 1962; *The Lover*, 1963; *The Homecoming*, 1964). Die jüngeren Dramen Pinters (*Old Times*, 1971; *No Man's Land*, 1975) befassen sich mit dem Verhältnis des einzelnen zu seiner eigenen Vergangenheit, wie es sich in dem Prozeß des Sicherinnerns ausdrückt. Die in dem Vergegenwärtigungsprozeß zutage tretenden unterschiedlichen Spiegelungen und Sehensweisen lassen dabei offen, ob das Erleben Abbild der Wirkichkeit, psychologische Verzerrung oder überhaupt nur Ausdruck geheimen Wunschdenkens ist und machen so die Wirklichkeit zu einem nicht greifbaren Niemandsland.

3. Der Roman

a) Der psychologische und der realistische Roman

Obwohl das literarische Schaffen von HENRY JAMES (1843-1916) zum größten Teil in den Zeitraum der viktorianischen Epoche fällt, ist seine Wirkung auf die Entwicklung der modernen Romankunst in solchem Maße richtungsweisend gewesen, daß es nur recht und billig erscheint, das Kapitel über den modernen Roman mit James als Initiator zu beginnen.
Auch wenn er den größten Teil seines Lebens als einer der frühen amerikanischen Rückwanderer in Europa verbrachte und unter dem Eindruck des 1. Weltkrieges kurz vor seinem Tode auch die britische Staatsbürgerschaft annahm, wurde seine amerikanische Herkunft bestimmend für sein Werk, in dem die Begegnung von Amerikanern mit der traditionsreicheren und vielfältigeren, aber auch verdorbeneren Gesellschaft der alten Welt zum Hauptthema wurde.
Schon seine Frühwerke (z.B. *The American*, 1877; *Daisy Miller*, 1879) zeigen deutlich den Kontrast zwischen amerikanischer Offenheit und europäischer Durchtriebenheit.
Das Grundelement seines Werks ist ethischer Natur. Was sein Werk jedoch für den modernen Roman so maßgeblich werden ließ, ist die Bedeutung des Bewußtseins. Nicht nur die äußeren Ereignisse stehen im Mittelpunkt, in ihnen stellen sich nur die komplexen, vielfältigen Reaktionen und Beziehungen der Helden dar, sondern eine moralische Situation, die der Leser intensiviert durch das Bewußtsein des Helden erlebt.
Dieses Konzept wird in anschaulicher Weise deutlich in dem Roman *The Portrait of a Lady* (1881), in dem die schöne und intelligente Amerikanerin Isabel Archer, die ihre Unabhängigkeit über alles liebt, in Europa mit gewissen romantischen Ideen und Vorstellun-

gen nach Selbstverwirklichung und kultureller Bildung sucht. Aus seinem Bestreben heraus, auch die subtilsten Regungen des Inneren zu registrieren, verfeinerte James die "point de vue"-Technik (Standpunkttechnik) — so stellt z.B. die Novelle *What Maisie Knew* (1897) eine korrupte Welt ausschließlich durch das Bewußtsein eines noch unerfahrenen Mädchens dar — in seinen Spätwerken (z.B. *The Ambassadors*, 1903; *The Golden Bowl*, 1904) zu einer für den modernen Roman grundlegenden Methode und sagte sich damit gänzlich vom herkömmlichen Roman los.
Mit der Aufgabe des auktorialen Erzählers und mit der unmittelbaren Präsentation der nuancenreichen Vielfalt innerer Vorgänge schaffte Henry James die Voraussetzungen für den psychologischen Realismus.

Einem mehrfachen Wandel unterworfen war der Ire GEORGE MOORE (1852-1933). Mit 18 Jahren ging er nach Paris, um Maler zu werden, wandte sich jedoch dann bald, beeindruckt von Zola und dem französischen Naturalismus, der Literatur zu (*Confessions of a Young Man*, 1888). Sein erster Roman, *A Mummer's Wife* (1885), beschreibt mit konsequentem Naturalismus, den er selbst "the idea of a new art based upon science" nannte, die Geschichte einer bürgerlichen Frau, die, von einem Provinzschauspieler verführt, ihren Mann und die bürgerliche Welt verläßt und in dem neuen Milieu des Theaters im Trunk und in Elend endet.
Ohne Pathos und Parteilichkeit erzählt sein bester naturalistischer Roman *Esther Waters*, 1894) den Kampf der Heldin, die, als Dienstmädchen verführt und im Stich gelassen, versuchen muß, unter unwürdigen Umständen und gegen moralische Voreingenommenheit sich und ihren Sohn durchzubringen. In der Zeichnung der charakterstarken Heldin und in dem Ausgang des Romans, der die Heldin alle sozialen Vorurteile und Widrigkeiten des Milieus überwinden läßt, gelangte Moore bereits über den Naturalismus hinaus.
Nach weniger erfolgreichen Versuchen im psychologischen Roman (*Evelyn Innes*, 1898; *Sister Teresa*, 1901) wandte er sich, nun in Irland lebend, der irischen Renaissance zu. Eine neue protestantische und antiklerikale Haltung — er konvertierte zum Protestantismus — zeigt sich außer in seinen irischen Novellen (*The Untilled Field*, 1903) vor allem in dem Roman *The Lake* (1905), der die Flucht eines jungen Geistlichen aus dem 'Gefängnis des Katholizismus' schildert, sowie in dem agnostischen Christusroman *The Brook Kerith* (1916). In dieser Phase fand Moore auch zu seiner gleichmäßig ruhig fließenden, vom assoziativen Stil geprägten Erzählwese ("melodic line"), die dann seine große, ganz vom Standpunkt der Heldin aus erlebte Liebesgeschichte des 12. Jahrhunderts, *Héloïse and Abélard* (1921), auszeichnet.

Von unterschiedlicher literarischer Qualität ist das Werk ARNOLD BENNETTs (1867-1931). Hervorragende Beispiele in der Entwicklung des englischen Realismus sind jedoch die Romane, die in der provinziellen Gesellschaft seiner Heimat, des "Pottery District" (Staffordshire) spielen (z.B. *The Old Wives' Tale*, 1908; *Clayhanger*, 1910) und die sich durch ihr spontanes Erfassen sowie ihre genaue, unbeschönigte Wiedergabe der Realität auszeichnen. In realistischer Detailzeichnung und trotz aller Abneigung gegen die provinzielle Enge ist es nicht die häßliche Seite des Lebens, die im Mittelpunkt der Darstellung steht. Vielmehr gelingt es Bennett mit Güte und Humor, in der Alltagswirklichkeit menschlich positive Aspekte zu betonen.

Bekannt wurde JOHN GALSWORTHY (1867-1933), der 1932 den Nobelpreis für Literatur erhielt, durch seinen Roman *The Island Pharisees* (1904). Weltweiten Ruhm brachte ihm jedoch erst sein Hauptwerk, die Trilogie *The Forsyte Saga* (1922) ein, die in der mehrere Generationen umfassenden Familiengeschichte der Forsytes ein breit angelegtes, gesellschaftskritisches Zeitgemälde der ausklingenden viktorianischen Epoche erstellt. Obwohl einfühlsam und realistisch, mit nahezu photographischer Treue hier das erwerbsorientierte, in materiellen Kategorien denkende, wohlhabende englische Bürgertum am Beispiel der weitverzweigten Forsyte-Familie bis in den seelischen Innenraum einzelner Charaktere hinein lebendig wird, übertrifft der kulturgeschichtliche Wert des Werks seine literarische Bedeutsamkeit.

Von großem Einfluß auf die Literatur des beginnenden 20. Jahrhunderts jedoch waren die Romane von HERBERT GEORGE WELLS (1866-1946), einem der ersten Autoren der englischen Literatur, der die humanistische Tradition verließ und der Wissenschaft in seiner 'Science-Fiction' (*The Time Machine*, 1895; *The War of the Worlds*, 1889) breiten Raum gewährte. Wells schrieb aber auch autobiographisch gefärbte, realistische Romane, die in der ihm vertrauten Welt des Kleinbürgertums spielen und sowohl durch ihre frische erzählerische Vitalität als auch ihren an Dickens erinnernden Humor gefallen (*Kipps*, 1905; *The History of Mr Polly* u.a.).
Sein Meisterwerk in dieser Hinsicht, *Tono-Bungay* (1909), die Geschichte eines großangelegten Reklamebetrugs mit der Patentmedizin, ist eine Tragikomödie der Dummheit und zugleich eine beißende Satire auf das moderne kommerzialisierte Leben, das nur noch auf Lüge und falschem Glanz beruht.
Erwähnenswert ist neben seinen künstlerischen Beiträgen auch sein Bemühen um die Veränderung der Gesellschaft. So verkündete er seine sozialistischen Ideen sowie den von zuversichtlichem Fortschrittsglauben geprägten Gedanken eines einheitlichen Weltstaates in Flugschriften, Aufsätzen, utopischen Phantasien und volkstümlichen Geschichtswerken (*The Outline of History*, 1920), wobei sein Spätwerk allerdings von zunehmendem Pessimismus gekennzeichnet ist und mit dem Widerruf seiner Fortschrittsgläubigkeit in Resignation endet (*Mind at the End of its Tether*, 1945).

Kosmopolitisch denkend und an den Werken des französischen Naturalismus geschult, bieten die Romane von WILLIAM SOMERSET MAUGHAM (1874-1965) eine leidenschaftliche, von Toleranz geprägte Darstellung von Menschen, die sich in kritischen Situationen bewähren oder untergehen. Sein erster großer Erfolg war der autobiographisch geprägte Entwicklungsroman *Of Human Bondage* (1915), der in den Erfahrungen des heranwachsenden Waisenkindes Philip Carey Nichtigkeit und Unaufrichtigkeit der bürgerlichen Welt sowie sexuelle Hörigkeit und perverse Liebesinstinkte enthüllt.
The Moon and Sixpence, 1919) beschreibt — angeregt durch das Leben des Malers Gaugin — den Ausbruch eines Malers aus den bürgerlichen Fesseln und dessen Flucht nach Tahiti, wo er an Aussatz stirbt. Seine scharfe, nahezu medizinische Diagnose menschlicher Schwächen sowie seine zu zynischer Desillusionierung neigende Analyse psychologischer Fragen werden deutlich in dem besten seiner späteren Romane, *Cakes and Ale* (1930), der das öffentliche Bild eines verstorbenen Schriftstellers als Maske enthüllt.

Mit seiner Kunst, aus den kleinen Träumen und Wünschen des Alltags von Lebensfreude und Humanität bestimmte, humorvolle Geschichten zu spinnen, fand JOHN BOYNTON PRIESTLEY (1894-1984) großen Anklang. Sein erster und vielleicht bester Roman, *The Good Companions* (1929), mit seiner pikaresken Reihung von Episoden und seiner Vorliebe für exzentrische Charaktere der großen englischen Romantradition beeindruckt durch einen unverwüstlichen Sinn für Komik und Humor. Bemerkenswert, aber ebenso ohne Einfluß auf die Entwicklung des modernen Romans, ist sein Großstadtroman *Angel Pavement* (1930), der ein Bild des Londoner Kleinbürgertums dieser Zeit vermittelt.

b) J. Conrad

JOSEPH CONRAD (1857-1924) ist wohl aufgrund seiner Herkunft und seines Berufs als Außenseiter unter den englischen Romanschriftstellern seiner Zeit zu sehen.
Geboren in Polen, wuchs er als Waise bei russischen Verwandten auf, bevor er in Marseille eine Marineschule besuchte und zur englischen Handelsmarine gelangte. Ab 1884 naturalisierter Engländer wurde er Kapitän und befuhr die Meere Südamerikas sowie des fernen Südosten, wo viele seiner Erzählungen und Romane spielen, bevor er sich 1894 in England als Schriftsteller niederließ.
Schon Conrads Erstlingswerk *Almayer's Folly* (1895), die psychologische Studie eines Europäers, der in der exotischen malaiischen Welt seinen Untergang findet, zeigt, daß sein Werk in dem Bemühen um Seinsergründung — Conrads Figuren müssen sich, herausgerissen aus ihrer gewohnten Umgebung, in extremer Situation und fremder Umwelt bewähren und so im Moment der Tat ihr eigentliches Sein enthüllen — über den traditionellen Abenteuerroman hinausreicht. Mit der umfangreichen Novelle *The Nigger of the "Narcissus"* (1897) hatte Conrad dann seinen eigenen Stil gefunden. Die Handlung der Geschichte, die die Reise des Segelschiffs "Narcissus" von Bombay um das Kap der guten Hoffnung nach England und die Auseinandersetzung mit dem Meer als zugleich Gegner wie Verbündeter erzählt, ist vor allem durch seine symbolträchtige Atmosphäre bestimmt. Mit impressionistischen Mitteln gelingt es Conrad, seine in dem ausführlichen Vorwort benannte künstlerische Absicht, die Schwingungen des Lebens auf dem Meer, im Herzen der Seeleute sowie in der Seele des Schiffes selbst wiederzugeben, zu verwirklichen und dem Leser durch den Zauber des Wortes die Dinge hören, fühlen und vor allem sehen zu lassen. Die Technik, im Verlauf des Erzählens vom neutralen Erzählerstandpunkt zu dem anonymen Standpunkt der Mannschaft repräsentierenden 'wir' überzugehen, verstärkt die Illusion der unmittelbaren Teilnahme.
Den Höhepunkt in der Entwicklung seiner kunstvollen Erzähltechnik erreichte Conrad in dem Roman *Lord Jim* (1900), in dem das Aufdecken und Zusammenfügen der Geschichte — erzählt wird die Geschichte von Captain Marlow: teils selbst miterlebt, teils ihm berichtet oder aus eigener Erfahrung konstruiert — gleichsam vor den Augen des Lesers erfolgt. Im Mittelpunkt der Handlung steht dabei ein junger Seeoffizier, der in einer plötzlichen und ihm später unerklärlichen Anwandlung feige das scheinbar sinkende Pilgerschiff verläßt, sein weiteres Leben der Wiederherstellung seiner Ehre opfert und erst mit dem Tode seinen Frieden findet. Von den nachfolgenden Novellen, die meist die Bewährung in schicksalhaften Situationen zum Thema haben (*Youth*, 1902; *Typhoon*, 1903) ragt *Heart of Darkness* (1902), die Geschichte vom Untergang des Agenten Kurz, der der tropischen

Urwaldatmosphäre verfallen im belgischen Kongo wie ein Herrscher lebt, als ein Meisterstück der Erzählkunst heraus. Nach und nach enthüllt der Bericht des nachdenklichen Erzählers Marlow den dunklen Sinn des symbolhaften Geschehens um Mr Kurz und das entsetzliche Grauen über die Abgründe seiner Seele. Der Roman *Nostromo* (1904), den Conrad selbst "a Novel pure and simple" nannte, beleuchtet das Schicksal einer Fülle von Figuren aus verschiedenen Perspektiven. In der erfundenen südamerikanischen Republik Costaguana herrscht eine durch Revolution, Aufstände, Massaker, Erpressungen und Überfälle explosiv geladene Atmosphäre, die den Hintergrund für die dramatischen Vorgänge um ein Silberbergwerk bildet. Die Silbermine steht im Mittelpunkt allen Handelns und wird auch Nostromo zum Verhängnis.

Brillant erzählt sind auch die nachfolgenden Romane. So erreicht *The Secret Agent* (1907) in der Auseinandersetzung von Polizei und Londoner Unterwelt die Spannung eines Detektivromans und *Under Western Eyes* (1911), das von Umtrieben russischer Revolutionäre handelt, verführt in seiner Atmosphäre von Verrat, Furcht und Mißtrauen sowie den Motiven von Schuld und Sühne zu einem Vergleich mit Dostojewsi.
In dem Roman *Chance* (1913), der zwei Haupterzähler hat und das sich vornehmlich in den Bereichen komplexer Seelenregungen abspielende Geschehen in der Standpunkttechnik offenbar werden läßt, schafft erst der Zufall die Bedingungen für die beiden Charaktere, ihre wahren Gefühle zu entdecken.
Weitere Romane folgten, von denen vielleicht noch *Victory* (1915) und *The Shadow Line* (1917), der fast eine Allegorie der Conradschen Grundsituation des Sichbewährens in einer äußerst bedrängten Lage darstellt, besondere Erwähnung verdienen.

c) D.H. Lawrence und der Roman nach dem 1. Weltkrieg

Für DAVID HERBERT LAWRENCE (1885-1930) stand der Kampf gegen Unnatürlichkeit und die den Menschen einengende Zivilisation sowie die Forderungen nach freier Entfaltung der Persönlichkeit im Mittelpunkt seines Schaffens. Eine bedeutsame Stellung erfährt dabei das Erotische und Sexuelle, weil die Unterdrückung des Trieblebens, nach Lawrence, zu einer Spaltung der geistigen und leiblichen Einheit und damit zu einer Verkümmerung des Menschen geführt hat.
Stark autobiographisch schildert *Sons and Lovers* (1913) die Entwicklung des künstlerisch veranlagten Sohns eines Bergarbeiters, der von seiner in der ehelichen Liebe enttäuschten Mutter zum sozialen Aufstieg getrieben wird und ganz in Abhängigkeit zu ihr gerät. Der Roman endet schließlich mit dem willensstarken Entschluß des Helden, sich, trotz der schweren Erschütterung durch den qualvollen Tod seiner Mutter, dem Leben zu stellen.
Umfassende Behandlung erfährt das Thema der Geschlechterbeziehung in den beiden Romanen *The Rainbow* (1915) und *Women in Love* (1916), in denen nach dem Muster des Generationsromans in der Geschichte der Bauernfamilie Brangwen der Kampf der Geschlechter durch drei Generationen gezeigt wird, bis er in dem stürmischen Verhältnis von Ursula und Birkin, einer echt partnerschaftlichen Beziehung, in wahre Erfüllung mündet.
Auch Aaron, in *Aaron's Rod* (1922) und Kate, in *The Plumed Serpent* (1926), machen sich auf die Suche nach echter Selbstverwirklichung. In seinem letzten, künstlerisch schwachen, Roman *Lady Chatterley's Lover* (1928) wird auf dem Hintergrund einer korrumpierten mittelenglischen Gesellschaft der Charakter des verbitterten, einsamen Wild-

hüters Mellors zur Verkörperung der Lawrenceschen Lebenshaltung. Für ihn und das volle Leben entscheidet sich Lady Chatterley, unbefriedigt geblieben in der steril intellektuellen Ehe mit einem Industriellen, und so kommt es zu einem detailliert beschriebenen Liebesverhältnis.

Betont konservative Gesichtspunkte vertritt EDWARD MORGAN FORSTER (1879-1970) in seiner vielgelesenen Abhandlung über den Roman *Aspects of the Novel* (1927). Das Thema aller seiner sechs Romane, geprägt von liberalem Humanismus, ist der Konflikt zwischen Gut und Böse, der sich meist in dem Aufeinandertreffen zweier Lebensauffassungen konkretisiert (so z.B. England und Italien in *Where Angels Fear to Tread*, 1905 oder in *A Room with a View*, 1908). In *Howards End* (1910) steht den kultivierten Schwestern Schlegel die materialistisch eingestellte Familie Wilcox gegenüber.
Forsters bekanntester Roman, *A Passage to India* (1924), behandelt in dem Aufeinandertreffen von Engländern und Indern den unlösbaren Gegensatz von Ost und West.
Für Forster entscheidend sind die von Toleranz und Liebe bestimmten mitmenschlichen Beziehungen. Nur sie könnten das Trennende der Kulturen und Weltanschauungen überbrücken.

Ganz philosophisch sieht CHARLES LANGBRIDGE MORGAN (1894-1958) das Wesen des Menschlichen in der Idee. In seinen philosophischen Romanen verbinden sich Platonismus mit modernen Erzähltechniken des psychologischen Romans.
Sowohl die Variation einer Dreiecksgeschichte in *The Fountain* (1932) als auch der Künstlerroman *Sparkenbroke* (1936) leiden unter dem unausgewogenen Verhältnis von Reflexion und Handlung. Auch *The Voyage* (1940), *The Judge's Story* (1947) und *The River Line* (1949), die alle immer wieder die Weisheit 'dem Herzen zu glauben' zum Motto haben, leiden erheblich unter philosophischer Überhöhung.

d) Der Bewußtseinsroman

Der Bewußtseinsroman will aus scheinbar unzusammenhängenden Satzteilen, aus sinnlosen, fragmentarischen Gedankenfetzen eine neue Sinngebung aufbauen, die die 'schwebende' Wirklichkeit der modernen Welt festzuhalten versucht.

Am klarsten ist diese Technik zu erkennen und zu verstehen anhand des Werkes von DOROTHY RICHARDSON (1873-1957), die in ihrem Roman *Pointed Roofs* (1915) — Beginn der zehnbändigen Romanreihe *Pilgrimage* (1915-38) — die inneren Erfahrungen (i.e. den ohne Anfang und Ende dahingleitenden 'Bewußtseinsstrom') des jungen Mädchens Miriam Henderson, das in einem Pensionat in Hannover Lehrerin ist, in chaotisch anmutenden Gesprächs- und Gedankenfetzen, Empfindungen, Eindrücken und Erinnerungen darstellt. Äußere Ereignisse, Konflikte und Spannung fehlen. Die Darstellung ist ganz allein beschränkt auf das innere Geschehen, auf die emotionalen und gedanklichen Reaktionen der allerdings etwas langweiligen Helden.

Diese neue Gestaltungsform wurde von dem Iren JAMES JOYCE (1882-1941) aufgegriffen und zur Meisterschaft geführt.
Das in seinem Umfang verhältnismäßig geringe Werk von Joyce ist stark autobiographisch bestimmt. In Jesuitenschulen erzogen, wurde er für das Priesteramt ausersehen, seiner künstlerischen Berufung bewußt, entsagte er aber diesem Amt.

Sein erster Prosaband, *Dubliners* (1914), umfaßt 15 Kurzgeschichten, in denen er mit unerbittlicher Präzision die Gefangenschaft von Bürgern des Dubliner Alltags in den Fesseln ihrer eigenen Unzulänglichkeit, ihres Milieus und ihrer gesellschaftlichen Konventionen enthüllt. Damit tritt an die Stelle der handlungsbetonten Erzählung eine Situation, in der eine Erkenntnis oder geistige Erhellung stattfindet. Diese Beschränkung auf eine bedeutsame Grundsituation ist zu einem wesentlichen Merkmal der modernen Kurzgeschichte geworden.

Nach längerem Reifungsprozeß erschien 1916 der Roman *A Portrait of the Artist as a Young Man*, dessen Handlung sich ausschließlich im Bewußtsein des Helden Stephen Dedalus abspielt, der sich aus den Fesseln seiner jesuitischen Erziehung und dem ihn umgebenden Einfluß des irischen Katholizismus befreit und seinem Instinkt folgt, der ihn zum Leben und zur Kunst treibt.

Das Hauptwerk von Joyce bilden zwei Romane, das 'Tag-Buch' *Ulysses* (1922) und das 'Nacht-Buch' *Finnegans Wake* (1936), die auch den Höhepunkt der Bewußtseinskunst darstellen.

Der umfangreiche Roman *Ulysses* präsentiert die Bewußtseinsinhalte und -vorgänge von Stephen Dedalus, einem alltäglichen jungen Mann, sowie von dem jüdischen Inseratenagenten Leopold Bloom und von dessen Frau Molly an einem einzigen Tag in und bei Dublin. Dabei hat Joyce Wünsche, Hoffnungen und Ängste seiner Figuren verbunden mit nahezu allen Bereichen des menschlichen Lebens (Geburt und Tod; Liebe und Ehebruch; Wut und Wahnsinn; Religion, Literatur, Philosophie, Politik etc.) indem er die Hauptcharaktere mit vielen Nebenfiguren an allen möglichen Orten der Stadt Dublin (Kneipen, Friedhof, Krankenhaus, Museum, Kirche, Bordell etc.) zusammentreffen läßt und so die alltägliche kleine Welt Dublins zum Sinnbild kosmischen Lebens schlechthin weitet. Der Titel verweist auf den literarischen Bezug zur *Odyssee*. Dieser Bezug dient nicht nur dem ironischen Kontrast der trivialen Gegenwart zur heroischen Vergangenheit, sondern betont auch die Zeitlosigkeit der unveränderten Grundsituationen und bestimmt die ästhetische Struktur. So hat wie Stephen in Telemach und Leopold Bloom in Odysseus (zudem auch eine Anspielung auf den Mythos vom Ewigen Juden) nahezu jede Figur und Szene ihre Entsprechung im Homerschen Werk. Eine besondere Leistung liegt in der Entwicklung der für die Zwecke der Bewußtseinskunst geeigneten sprachlichen und stilistischen Mittel. Die Technik des inneren Monologs (d.h. der Registrierung des Bewußtseinsstroms) machte die Aufhebung syntaktischer und grammatischer Regeln notwendig und führte mit seinem fragmentarischen Charakter sprachlicher Äußerungen sowie Bewußtseinsstenogrammen zu einer synchronen, vielschichtigen, akausalen Äußerungsweise, die in ihrer Natur ein Stadium des Sichäußerns repräsentiert, das vor der Konventionalisierung sprachlicher Kommunikation liegt.

Ist die kosmische Darstellung im 'Tag-Buch' *Ulysses* noch enträtselbar, da sie im Bewußtsein der Hauptfiguren abläuft, so wird die im 'Nacht-Buch' *Finnegans Wake* dargestellte Universallegende, die der Tagwelt im *Ulysses* die Nacht- und Traumwelt des Unterbewußtseins gegenüberstellt, nahezu unentschlüsselbar. In der Traumsaga des Gastwirts Humphry Chimpden Earwicker vom Fall und der Wiederauferstehung der Menschheit — u.a. dargestellt in einer Fülle archetypischer Muster menschlicher Konstellationen — steigert sich die wortschöpferische Kunst von Joyce zu einem riesigen, multilingualen Prozeß gedanklichen und sprachlichen Anreicherns, Spaltens und Wucherns.

Von Joyce ausgehend verwendete auch VIRGINIA WOOLF (1882-1941) die Technik des inneren Monologs zur Darstellung von Bewußtseins- und Erinnerungsströmen. Der Schriftstellerin — 1917 Mitbegründerin des Verlages "Hogarth Press" und gesellschaftlicher Mittelpunkt wie auch zeitweilig führende Vertreterin der Bloomsbury Group — ging es vor allem um die Darstellung der seelischen Wirklichkeit, des Gleichzeitigen, des in der Erinnerung oder im Traum als Einheit erlebten vielfältigen Geschehens, bevor der Verstand mit seinem Ordnungsbestreben diese Wirklichkeit verfälscht. Nach zwei mehr konventionellen Romanen (*The Voyage Out*, 1915; *Night and Day*, 1919) war *Jacob's Room* (1922), in dem der Held impressionistisch aus den flüchtigen Eindrücken anderer gestaltet wird, der erste Versuch, die komplexe Wirklichkeit der Erfahrung im Bewußtsein sichtbar zu machen. In *Mrs Dalloway* (1925) entwickelte Virginia Woolf ihre impressionistische Technik weiter und es gelang ihr, das vielfältige, sich ständig ändernde Leben in der auf einen Tag und ein einziges Ereignis (Mrs Dalloways Abendgesellschaft) konzentrierten Darstellung zu erfassen.

To the Lighthouse (1927) gilt allgemein als ihr bestes Werk. Der Roman beginnt mit dem Plan einer Bootsfahrt und endet nach der Schilderung der zehn inzwischen ablaufenden Jahre ("Time Passes") mit seiner Ausführung. Anfang und Schluß dienen dabei ganz der Schilderung der Innenwelt, während der kurze Mittelteil lyrisch gefärbt über die zwischen Plan und Ausführung verstreichende Zeit berichtet.

Orlando (1928) ist eine Mischung aus fiktivem Roman und imaginärer Biographie der mit ihr befreundeten Dichterin Victoria Sackville-West. Beginnend in der elisabethanischen Zeit als schwärmerischer Jüngling durchlebt Orlando dreieinhalb Jahrhunderte englischer Geistesgeschichte — erst männlich und später weiblich, erst verliebt und später geliebt, erst als tatkräftiger Mann und Dichter und später als modebewußte Frau und viktorianische Lady — bis er (sie) um 1928 als erwachsene Frau und Mutter gezeigt wird.

Diesem heiteren Buch folgt Virginia Woolfs extremstes Unterfangen, *The Waves* (1931). Unter völliger Ausschaltung der äußeren Welt entwickelt sie die 'Wirklichkeit' in Gesprächen und inneren Monologen von sechs Personen, die zunächst als Kinder auftreten und dann an mehreren Stationen ihrer unterschiedlichen Lebenswege wieder zusammentreffen.

Ästhetisch von besonderem Reiz ist die verspielte, aus der Perspektive ihres Lieblingshündchens geschriebene Biographie der Elizabeth Barrett-Browning *Flush* (1933). Nach *The Years* (1937), der Chronik der Familie Pargiter von 1880 bis zur Gegenwart, folgte Virginia Woolfs letztes Werk, *Between the Acts* (1941), in dem versucht wird, einer Gemeinschaft von Figuren in ländlicher Umwelt die Dimension historischer Vergangenheit zu verleihen durch die Einbeziehung historischer Szenen eines Dorffestspiels ("pageants"). In der die Aufführung leitenden Dorfschullehrerin wird eine burleske Selbstdarstellung der Schriftstellerin gesehen. Kennzeichnend für das Werk Virginia Woolfs in seiner Gesamtheit ist der äußerst kultivierte Ästhetizismus sowie die intellektuelle, geistige Atmosphäre, die ihre Romane prägt. Inhaltlich gestalten ihre Romane meist existenzielle Probleme, vor allem die Frage nach der Diskrepanz zwischen realer Zeitvorstellung und der erlebten Zeit. So werden für ihre Figuren, zumeist isoliert in deren eigener Bewußtseinswelt, die Augenblicke entscheidend, in denen sich Vergangenes mit Werdendem noch unsortiert vom Raster einer rationalen Zeitvorstellung vereint.

Um die entscheidenden Momente des Aufleuchtens von innerer Erhellung geht es auch in den alltäglichen Situationen der Kurzgeschichten der Neuseeländerin KATHERINE MANSFIELD (Kathleen Beauchamp, 1888-1923). So durchleidet die alte Putzfrau in *Life of Ma Parker* (in *The Garden Party*, 1922) während ihrer alltäglichen Arbeit in einem Moment der Erhellung das Leid und die Teilnahmslosigkeit der Welt; oder ein älterer Geschäftsmann in *The Fly* (in *The Dove's Nest and other stories*, 1923) erkennt während seiner Erinnerung an seinen gefallenen Sohn kosmisches Wirken des Schicksals. Wie Virginia Woolf ist Katherine Mansfield eine bewußte Künstlerin, die sich, wie ihr Vorbild Tschechow, die Kurzgeschichte als ihr Medium wählte, da ihr die Wahrheit nur fragmentarisch in signifikanten Momenten faßbar schien.

Ein weiterer bedeutender Vertreter der Bewußtseinskunst ist SAMUEL BECKETT (geb. 1906). Zeitweilig Freund und Helfer von Joyce ging er jedoch den entgegengesetzten Weg. Während bei Joyce der Bewußtseinsroman immer weitere Erlebensbereiche einzubeziehen versuchte, gestaltete sich die Entwicklung von Becketts Schaffen als ein Reduktionsprozeß, ein stetiger Rückzug aus der Erfahrungswelt der Realität.

Dem Roman *Murphy* (1938), der noch über eine fortlaufende Handlung verfügt und in dem Tod des arbeitsscheuen Dubliners einen Höhepunkt erkennen läßt, folgte *Watt* (1953), dessen Geschichte von dem introvertierten Watt, der in den Lebensgewohnheiten seines Herrn vergebens irgendeine Gesetzmäßigkeit zu entdecken versucht, in einer rein fiktiven Welt spielt.

Das Hauptwerk Becketts als Romanschriftsteller ist die Tetralogie *Molloy* (1955), *Malone Dies* (1956), *The Unnameable* (1958) und *How it is* (1964), die ihn als Verfechter der Absurdität menschlichen Daseins und als Vertreter eines absoluten Nihilismus zeigen. In ihrem Nacheinander verdeutlichen die vier Romane den bereits angesprochenen Reduktionsprozeß.

> In *Molloy* berichtet der bettlägerige Held von der Suche nach seiner Mutter, während im zweiten Teil der ebenfalls gebrechlicher werdende Detektiv Moran nach Molloy sucht. In *Malone Dies* ist die Mobilität und Lebenskraft noch stärker reduziert. Im Sterbebett spricht der auf den Tod wartende Malone zu sich selbst, wobei reale und fiktive Erlebnisse nicht mehr voneinander unterscheidbar sind. In *The Unnameable* sind Bewegungsfähigkeit und Identität dann völlig verlorengegangen. Es bleibt der Geist, der hilflos und unter dem Zwang weiterzuexistieren versucht, dem grauenvollen Abgrund des Nichts Fiktionen schwarzen Humors entgegenzusetzen. Sein Ende erreicht der Reduktionsprozeß in *How it is*, in dessen Mittelpunkt ein Wesen steht, das sich nackt durch den Schlamm wühlt.

Der Reduktionsprozeß findet in Übereinstimmung auf allen Ebenen statt: Dem Realitätsverlust entspricht die Reduzierung der Fabel bis zur völligen Enthüllung als Fiktion und damit zu ihrer Aufhebung sowie der Sprachverlust, der sich als Strukturverfall in den assoziativen Satzketten über Satzteilfolgen und lose aneinandergereihten Wörtern bis in die Nähe völligen Verstummens fortsetzt.

Mit dieser Sprache, die nur noch einen bestimmten Zustand der erfahrbaren Welt und des menschlichen Bewußtseins ausdrückt, wird Literatur begrenzt auf die Auswertung gewisser Qualitäten einer gegebenen Sprache. Dieser Verlust jeglichen Sagens in seinem Werk macht Beckett zu einem Hauptvertreter der sogenannten Anti- oder Nicht-Literatur.

e) Der Roman der Gegenwart

Wenn dieses letzte Kapitel den Begriff 'Gegenwart' in seiner Überschrift verwendet, so ist damit weniger eine zeitgemäße Eingrenzung oder Bestimmung der nachfolgenden Romanliteratur gemeint, als vielmehr ihr gemeinsames Merkmal mangelnder zeitlicher Distanz, die eine charakteristische Einordnung der Romane heute noch nicht zuläßt.

Besondere Aufmerksamkeit erfahren gegenwärtig die Distopien (Anti-Utopien), nicht zuletzt durch das Eintreten des Jahres 1984, was zu einem Vergleich mit dem gleichnamigen Roman des als politisch-satirischen Schriftstellers bekannt gewordenen GEORGE ORWELL (Eric Blair, 1903-1949) herausforderte. In *Nineteen Eighty-Four* (1984) werden die Grundsätze des totalitären Staates konsequent zu Ende gedacht und so in Form einer Distopie grauenvolle Bilder der Zukunft entworfen. Der Staat hat die völlige Kontrolle über seine Parteimitglieder bis hinein in den letzten Winkel der Privatsphäre, bestimmt die politische Wahrheit, indem historische Dokumente getilgt oder verfälscht und so der jeweiligen intendierten Linie angepaßt werden, und ist im Begriff, dank der eigens entwikkelten Sprache ("newspeak") und der ihr zugrundeliegenden Philosophie ("double-think"), sogar selbständiges Denken unmöglich zu machen.
Vom verderblichen Einfluß der Macht handelt auch seine Tierfabel *Animal Farm* (1945), die das Wesen der Revolution am Beispiel eines Bauernhofes aufzeigt, auf dem sich nach der Vertreibung des Bauern unter den Tieren bald ein autoritäres Regime unter der Herrschaft der Schweine entwickelt.

Wie bei Orwell ist auch bei ALDOUS HUXLEYs (1894-1963) literarischem Werk stets die Fabel den Ideen untergeordnet und die Form des Romans mehr ein Vehikel für seine Kulturkritik.
Mit den Dingen des Geistes und der Welt auf allen Gebieten vertraut, gefiel er sich als distanzierter Beobachter, meist skeptisch, oft sogar zynisch, in der Rolle des geistreichen Spötters, des Zerstörers von Illusionen und Tabus, der das Schockieren der Bravheit genießt. Sein enzyklopädisches Wissen, die Schärfe seines Intellekts sowie die geschliffene Sprache kennzeichnen sein literarisches Werk. Seine frühen Romane (*Crome Yellow*, 1921; *Antic Hay*, 1923 und *Those Barren Leaves*, 1925) erörtern in boshaft witziger Weise die verschiedensten Probleme menschlicher Beziehungen.
Ehrgeiziger und anspruchsvoller entwirft Huxley in *Point Counter Point* (1928) mit satirischer Schärfe ein rücksichtslos enthüllendes, breites Sittengemälde der Gesellschaft der zwanziger Jahre, das formal nach dem musikalischen Prinzip des Kontrapunkts strukturiert ist.

Ganz im Swiftschen Geist steht die Distopie mit dem aus Shakespeares *Tempest* entlehnten Titel *Brave New World* (1932), die eine verwissenschaftlichte Welt zeigt, in der ihre Bewohner künstlich gezeugte, nach Güteklassen sortierte und auf ihre spätere Verwendung hin konditionierte Produkte sind, die ohne Persönlichkeit und Seele ein hygienisches und mechanisches Dasein fristen. In diese Welt gerät ein 'Mensch' (Wilder) aus einem Reservat, noch natürlich geboren und mit menschlichem Denken und Fühlen ausgestattet, kann aber in der neuen Welt nicht leben und erhängt sich.

In einer weiteren Distopie, *Ape and Essence* (1949), hat Huxley dann ein grauenvolles Bild der Erde nach einem Atomkrieg gezeichnet. Der in den Distopien zum Ausdruck kommende düstere Pessimismus hinsichtlich der Zukunftsaussichten findet erst in Huxleys letztem Buch, *The Island* (1962) zu einer gemilderten Form.
Die bei diesen Zukunftsvisionen äußerliche Rolle des Beobachters gab Huxley in dem Roman *Eyeless in Gaza* (1936) auf und engagierte sich aktiv für den Pazifismus, der für ihn — entsprechend der Philisophie des "non-attachment" — zu einer Art religiösem Glauben wurde, weil er von Leidenschaft freimacht und damit den Weg zu jenem mystischen Zustand eröffnet, der immanent in Gott ist.

Ähnlich wie Huxley zeichnet EVELYN WAUGH (1903-1966) in seinen frühen Romanen geistreich spöttisch, bisweilen auch zynisch, Karrikaturen des hektischen Lebens einer jungen, vergnügungssüchtigen Gesellschaft im London der zwanziger Jahre. Während in *Decline and Fall* (1928) noch die Komödie die Kritik überwiegt, wird in *Vile Bodies* (1930) und in *Black Mischief* (1932) der beißende Humor hintergründiger. Sein späteres Werk (*Brideshead Revisited*, 1960 und die Trilogie *Sword of Honour*, 1965) ist, abgesehen von der brillanten Satire auf den kommerzialisierten Sentimentalismus kalifornischer Begräbnisgebräuche (*The Loved One*, 1948) neben der Gesellschaftskritik vor allem von seinem Katholizismus — er konvertierte 1930 um katholischen Glauben — und seiner Sehnsucht nach konservativer Kultur geprägt.

Wie Waugh konvertierte auch GRAHAM GREENE (geb. 1904) zum Katholizismus. Er macht in seinem Schaffen einen Unterschied zwischen "entertainments" und ernsthafteren Romanen. Seine Popularität, die zumindest seit dem nach seinem Skript gedrehten Film *The Third Man* international ist, verdankt er der zeitgeschichtlichen Aktualität seiner Stoffe sowie der Verwendung spannungsfördernder Motive aus dem Bereich der Kriminal- und Abenteuerliteratur. Diese Mittel dienen ihm jedoch nicht nur zur Milieuschilderung, sondern auch zur Darstellung moralischer Grundlagen der menschlichen Existenz in der heutigen Welt.
Der im Verbrechermilieu spielende Roman *Brighton Rock* (1938) stellt in dem verkommenen Viertel Brightons nicht nur das soziale Milieu dar, in dem Pinkie, der jugendliche Anführer einer Gangsterbande, aufwuchs, sondern zugleich ein Abbild der Hölle, deren Satanismus Pinkie verkörpert.
Greenes bedeutendster Roman, *The Power and the Glory* (1939), verfolgt den Weg eines katholischen Priesters, der in einem kommunistisch gewordenen mexikanischen Staat illegal weiterwirkt und so zum Gehetzten wird, bis er schließlich durch sein Leiden und im Tod Erlösung von seinen Sünden findet. Als ein dem Whisky verfallener Sünder und Vater eines unehelichen Kindes trägt er keine Züge eines Märtyrers, aber auch seiner bedient sich Gott.
The Heart of Matter (1948), die Geschichte eines Polizeikommandanten, der, von Gewissenskonflikten getrieben, Selbstmord begeht, beeindruckt durch klaren Aufbau und verdichtetes Geschehen. Auch die übrigen Romane zeigen den gejagten Menschen zwischen Verdammung und Erlösung und Greenes Theologie vom unergründlichen und letztlich doch barmherzigen Wirken Gottes. So z.B. in dem Roman *The Comedians* (1966), der im Polizeistaat Haiti spielt oder auch in *The Honorary Consul* (1973), der Schilderung des Schicksals eines von paraguayanischen Guerillas irrtümlich entführten Honorarkonsuls.

Greene ist fasziniert von dem Problem des Bösen in der Welt und von der Anziehungskraft, die das Schlechte auf den Menschen ausübt. Aber gerade dieses Böse und die Hölle des Menschen auf Erden ist für Greene der Beweis für die Existenz Gottes.

Schon vor Osbornes Drama *Look Back in Anger* begehrten die sogenannten "Angry Young Men" im Roman laut auf gegen die etablierte Gesellschaft und ihre überkommenen Wertvorstellungen. Zu dieser Gruppe gehörte auch JOHN WAIN (geb. 1925), dessen erster Roman, *Hurry On Down* (1953), die pikaresken Abenteuer eines jungen, bürgerlichen Akademikers schildert, der aus Protest gegen die etablierte Gesellschaft zum Außenseiter wird und nach einer Reihe von Jobs schließlich eine gutbezahlte Stellung beim Rundfunk findet, die es ihm ermöglicht, ohne soziale Festlegung seine gesellschaftliche Neutralität zu bewahren.
Auch in seinen weiteren Romanen geht es Wain um die Wahrung der Individualität und der Würde des Menschen in der Auseinandersetzung mit der modernen Gesellschaft, die von Apathie (*Living in the Present*, 1955), von Erfolgsstreben (*The Contenders*, 1958), von lieblosen Beziehungen der Geschlechter (*A Travelling Woman*, 1959) oder von Verständnislosigkeit (*Strike the Father Dead*, 1962) geprägt ist. Doch der Kampf des einzelnen gegen die Bedrohung durch seine Umwelt ist aussichtslos, wie die Figur des Yeary in *The Smaller Sky* (1967) erfahren muß, der, aus seiner Familie geflohen, auf dem Paddingtoner Bahnhof lebt, bis er entdeckt und in den Tod getrieben wird.

Ebenfalls zu der sogenannten Generation der zornigen jungen Männer gehört der aus der Arbeiterklasse kommende ALAN SILLITOE (geb. 1928). Die Probleme des Arbeitermilieus, aber auch die Unterwelt derjenigen, die mit der Gesellschaft in Konflikt geraten sind, stehen daher im Vordergrund seines Werkes. Sein erster Roman, *Saturday Night and Sunday Morning* (1958), der mit unverhüllter Offenheit die Nachkriegsstimmung in der britischen Arbeiterklasse darstellt, ist eine totale, nahezu anarchistische Ablehnung der etablierten Gesellschaft und ihrer Scheinmoral. Für den Helden Arthur Seaton erscheint die Welt wie ein Dschungel, in dem man sich behaupten muß. Die Welt der Familie Seaton beschäftigt dann auch einen weiteren Roman, *Key to the Door* (1961).
Programmatisch wird der Protest gegen die Gesellschaft in der Kurzgeschichte *The Loneliness of the Long-Distance Runner* (1959) — die ebenso wie sein erster Roman verfilmt wurde — in der der Insasse einer Erziehungsanstalt während eines Langstreckenlaufs in Gedanken seinen Privatkrieg mit der Gesellschaft durchspielt und seinen Behauptungswillen dadurch dokumentiert, daß er absichtlich den greifbaren Erfolg verschenkt.

Die produktivste Schriftstellerin dieser Generation ist die Anglo-Irin IRIS MURDOCH (geb. 1919), die in ihrem Werk versucht, die Beziehungen des Menschen zur Wirklichkeit und damit auch sein Verhältnis zu sich selbst zu ergründen. Für Iris Murdoch — mehrere Jahre Dozentin für Philosophie in Oxford — liegt die menschlich erfahrbare Wahrheit nicht im rational Geplanten oder Folgerichtigen, sondern vielmehr im Zufälligen, welches sie mit Sartre als 'Kontingenz' bezeichnet und ins Positive gekehrt sieht.
Schon ihr erster Roman, *Under the Net* (1954), gewährt der Kontingenz einen weiten Raum. In der pikaresken Geschichte voller überraschender und zum Teil grotesker Episoden erkennt der Held, daß seine Selbstverwirklichung nur außerhalb des Netzes der Ordnungsvorstellungen und -strukturen der Gesellschaft möglich ist, knüpft jedoch paradoxer-

weise selbst ein Netz sich gegenseitig bedingender und notwendiger Entscheidungen im Hinblick auf seine Zielvorstellungen. Das Symbol (hier: in *The Bell*, 1958, die Glocke; sowie das Wasser, das in fast allen ihren Romanen für die Kontingenz steht) gewinnt im Verlauf ihres Schaffens immer stärker an Bedeutung. Allerdings gelingt es ihr nicht in allen Romanen, äußeres Geschehen und symbolische Bedeutung in Kongruenz zu bringen.
In späteren Romanen führt ihr Hang zum Symbolismus soweit, daß die Figuren zu Allegorien stilisiert werden, wie z.B. in *The Nice and the Good* (1968) oder in *Bruno's Dream* (1969).

Auch in den Romanen von Durrell und Golding geht es um die Erfassung von Wirklichkeiten. Allerdings nicht, wie im Bewußtseinsroman, um die komplexe Erfahrung in ihrer Entstehung und Spiegelung im Bewußtsein, sondern um ihre Verwurzelung in der existenziellen Situation des Menschen. Das führt zu einer Neubewertung moralischer Qualitäten, zur Trennung von Gut und Böse und hat zwangsläufig ein didaktisches Engagement zur Folge, das sich nicht unbedingt in einer Gesellschaftskritik im Sinne der "Angry Young Men" äußern muß.

LAWRENCE DURRELL (geb. 1912), weniger psychologisch interessiert als metaphysisch, geht bei seiner Erörterung des Problems der Identitätssuche des Menschen von einem Dualismus aus, der z.B. in dem Gegensatz von Theorie und Praxis, Meditation und Aktion oder von der Suche nach dem Sinn und der "Erforschung der Liebe" erkennbar wird.
Sein Hauptwerk, die Tetralogie *The Alexandria Quartet* (1957-60), ist entsprechend seiner Realitätsauffassung bestimmt von Vorstellungen der Relativitätstheorie. Da die Realität von keinem Punkt aus perspektivisch korrekt und unverfälscht faßbar ist, kann man der Wirklichkeit nur nahe kommen mit einer Vielzahl unterschiedlicher Perspektiven, in der sich einzelne Verfälschungen untereinander korrigieren. So werden auch die Figuren herausgelöst aus dem Bezugssystem von Raum und Zeit. Damit stehen die vier Romane auch nicht in einem zeitlichen Fortsetzungsverhältnis zueinander, sondern dienen einmal, bei der Aufhebung der Zeitdimension, der räumlichen Erfassung von Wirklichkeit (*Justine*, 1957; *Balthazar*, 1958; *Mountolive*, 1958), zum anderen der Verkörperung der zeitlichen Dimension (*Clea*, 1960). Die künstlerische Bedeutung dieser Tetralogie wurde von seinen späteren Romanen (z.B. *Tunc*, 1968 oder *Monsieur, or the Prince of Darkness*, 1974) nicht mehr erreicht.

Im Gegensatz zu Durrell verzichtete WILLIAM GERALD GOLDING (geb. 1911) bisher auf Experimente mit neuen Romanstrukturen, was jedoch Bedeutung und Faszination seines Werkes nicht im geringsten beeinträchtigt, wie die Verleihung des Nobelpreises für Literatur 1983 zeigt.
Im Mittelpunkt seiner Romane stehen die Protagonisten, deren Gedanken, Wünsche, Ängste und Motive er rücksichtslos offenlegt. Und da es ihm weniger auf das Individuelle als vielmehr auf die Darstellung der Grundelemente des Menschen ankommt, verbindet er in seinen Romanen realistische Einzelschicksale mit verallgemeinernden Zügen und allegorischer Sinngebung.
So stellt sein erster Roman, *Lord of the Flies* (1954), am Beispiel einer auf eine Südseeinsel verschlagenen Gruppe Jugendlicher, die ganz auf sich gestellt sind, beängstigende

Möglichkeiten menschlichen Verhaltens dar. Obwohl alle schädlichen Milieueinflüsse ausgeschaltet sind, schwindet nach und nach die Kultur. Die Jugendlichen verrohen zusehends, bis das Zerstörerische in ihnen die Oberhand gewinnt und zu Folter und Mord führt. Es zeigt Goldings Gefühl für Ironie, daß die Jugendlichen am Ende ausgerechnet von einem Kriegsschiff der Erwachsenenwelt aus der Hölle dieses Miniaturstaats totalitärer Prägung befreit werden.

Der Mensch leidet, wie Golding einmal sagte, an einer "erschreckenden Unkenntnis seines eigenen Wesens".

So ist in *Pincher Martin* (1956) der Titelheld, der sich bei einer Schiffskatastrophe auf einem Felsen sicher vor dem Ertrinken wähnt, unfähig, angesichts des Todes sich selbst und seine Situation zu erkennen, da der rettende Felsen nur ein Trugbild der Phantasie des Ertrinkenden ist. Auch der Maler Mountjoy in *Free Fall* (1959) wird bei der Suche nach dem Punkt in seinem Leben, an der er seine Seele verlor, zum Opfer einer Selbsttäuschung.

The Inheritors (1955) hält Golding selbst für sein gelungenstes Werk. Es stellt eine Umkehrung der These von der Aufwärtsentwicklung des Menschen dar, indem es den Menschen der Neuzeit (homo sapiens) als bösen und brutalen Zerstörer des wertvolleren, unschuldigen Neandertalers zeichnet. Gleichzeitig kommt in den Bildern, die sich beide Seiten von der Wirklichkeit und sich selbst jeweils machen, das Grundthema der Illusion zum Ausdruck.

Erst in den fünfziger Jahren, nach ihrem Übertritt zu Katholizismus, fand MURIEL SPARK (geb. 1918) zur Gattung des Romans, nachdem sie sich vorher der Lyrik und erfolgreicher der Form der Kurzgeschichte gewidmet hatte. In ihrem ersten Roman, *The Comforters* (1957), in dem sich eine Hauptfigur mit ihrer Theorie des Romans beschäftigt, wird der Leser darüber aufgeklärt, daß er das teilweise drastische Geschehen nicht als vordergründig wirklich, sondern als auf einer anderen Seinsebene ablaufend zu sehen habe. Es geht ihr in den Romanen also nicht um die Wiedergabe oder Nacherzählung von Wirklichkeit, sondern vielmehr um Aussagen über die Realität. Nach satirischen, grotesken und teils tragikomischen Darstellungen bestimmter Gesellschaftsgruppen (*Memento Mori*, 1959; *The Bachelors*, 1960) sowie ironisch desillusionierenden Schilderungen aus dem Alltag gehen ihre späteren Romane über die Gesellschaftssatire hinaus und behandeln grundsätzlichere Probleme, vor allem das Problem der Selbstfindung (*The Mandelbaum Gate*, 1965); *The Public Image*, 1968).

INDEX

Zeitübersicht

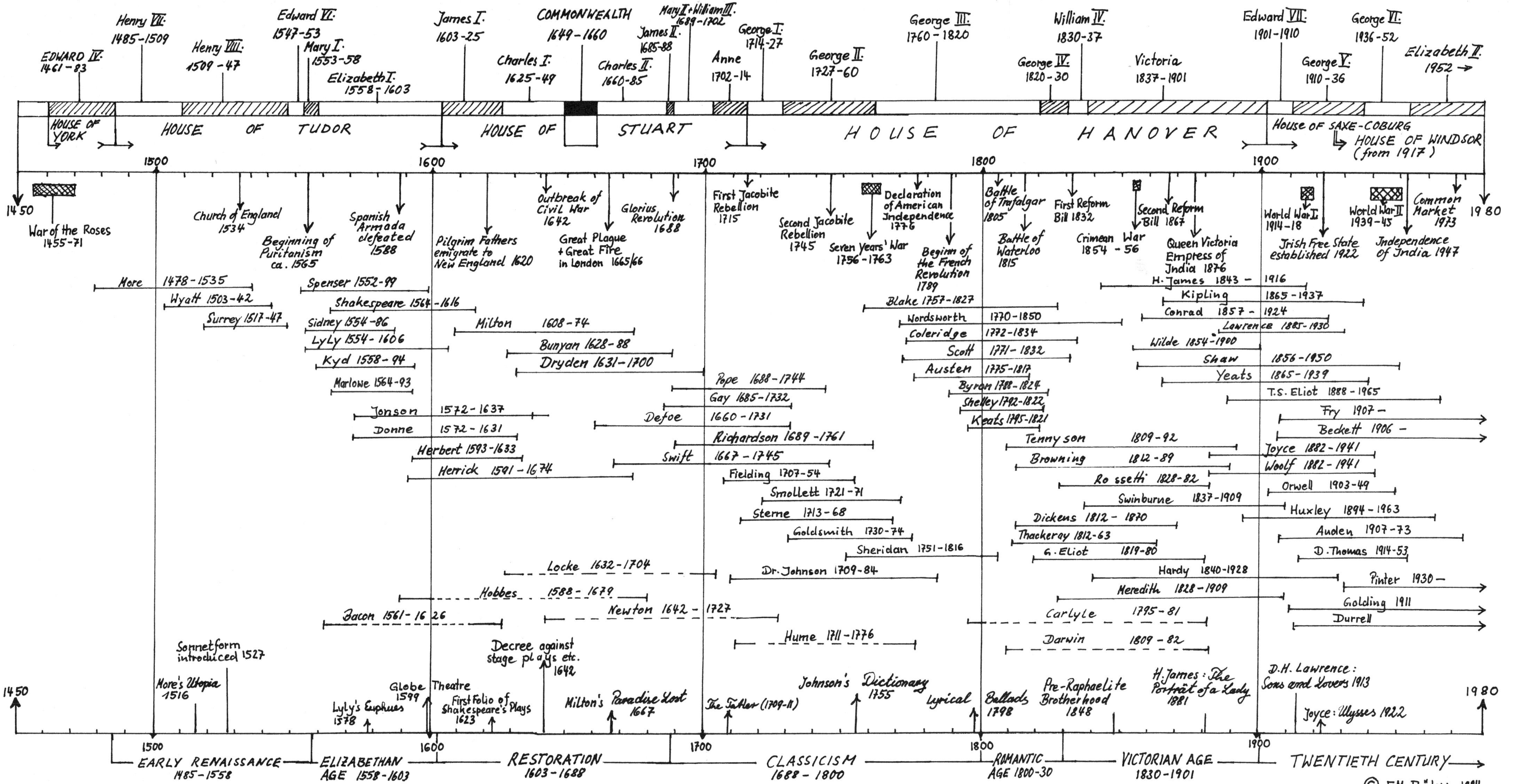

Bitte hier abtrennen

Haben Sie Vorschläge zu diesem Buch?

Anregungen zur Verbesserung sind uns immer willkommen.
Bitte informieren Sie uns mit diesem Schein.

Ihr Stark Verlag

Titel-Nr.	Seite	Fehler, Verbesserungsvorschlag

Bitte hier abtrennen

Der Besteller ist:

- ☐ Lehrer
- ☐ Fachbetreuer
- ☐ Seminarlehrer
- ☐ Oberstufenbetreuer
- ☐ Schulleiter
- ☐ Beratungslehrer
- ☐ Sekretariat
- ☐ Schüler

an: Zutreffendes bitte ankreuzen!

- ☐ Gymnasium
- ☐ Gesamtschule
- ☐ Kolleg
- ☐ Berufl. Gymnasium
- ☐ BOS (auch TO/WO)
- ☐ Fachakademie
- ☐ Fachoberschule
- ☐ Fachschule
- ☐ Berufskolleg
- ☐ Realschule
- ☐ Mittel-/Regelschule
- ☐ Wirtschaftsschule
- ☐ Berufssaufbauschule
- ☐ Berufsfachschule
- ☐ Berufsschule
- ☐ Hauptschule
- ☐ Grundschule
- ☐ Fachhochschule
- ☐ Universität
- ☐ Volkshochschule
- ☐ Forschungsinstitut
- ☐ Buchhändler

Unterrichtsfächer: ____________________

Schule/Schulstempel: (Bitte immer angeben)

Bitte ausfüllen und im frankierten
Umschlag an uns einsenden.
Für Fensterkuverts geeignet.

V4G3

Stark Verlag
Postfach 1852
85318 Freising

Alte Postleitzahl: 8050 Freising

Absender/Versandanschrift: (Bitte in Druckbuchstaben)

Name/Vorname

Straße/Nr.

PLZ/Ort

Bundesland